Mo Yanik

Born to be a teacher – Zum Lehrer geboren

Warum nicht jeder Lehrer*in sein kann
und was gute Lehrer*innen ausmacht

Schneider Verlag Hohengehren GmbH

Covergestaltung: Mo Yanik

Gedruckt auf umweltfreundlichem Papier (chlor- und säurefrei hergestellt).

Bibliografische Information der Deutschen Nationalbibliothek

Die Deutsche Nationalbibliothek verzeichnet diese Publikation in der Deutschen Nationalbibliografie; detaillierte bibliografische Daten sind im Internet über ›http://dnb.dnb.de‹ abrufbar.

ISBN: 978-3-8340-2058-1

Schneider Verlag Hohengehren, Wilhelmstr. 13, D-73666 Baltmannsweiler

Homepage: www.paedagogik.de

Printed in Germany – Druck: Format Druck, Stuttgart

Für meine wundervolle Familie

Inhaltsverzeichnis

Vorwort

Of all the hard jobs around, one of the hardest is being a good teacher.

(Maggie Gallagher)

Ich habe dieses Buch geschrieben, weil ich in vielen Gesprächen mit meinen Kolleg*innen, im Familien-, Freundes- und Bekanntenkreis festgestellt habe, dass den allermeisten Menschen außerhalb von »Schule« gar nicht klar ist, dass es sich bei einer Schule zwar um eine staatliche Institution handelt, jedoch zugleich um einen »Mikrokosmos« – ein *einzigartiges* System, das mit nichts vergleichbar ist: weder bezogen auf das Personal oder alle Bediensteten, noch auf die Schüler*innen. Das ist einerseits gut so, denn dadurch erhält sich »das System Schule« etwas Besonderes, gar Einzigartiges. Trotzdem ist es ungeheuer schade, dass nur ein vergleichsweise kleiner Personenkreis tatsächlichen Einblick in ein System hat, das in Deutschland verpflichtend ist.

Insbesondere geht es mir um alle angehenden Lehrer*innen: der Lehrerberuf ist für mich nicht nur der schönste und beste Beruf, den es gibt. Ich bin der festen Überzeugung, dass »Lehrer sein« eine *Identität* ist – keine (Lehrer-)Rolle, in die man hineinschlüpft und von der in der ganzen Fachliteratur die Rede ist, sondern eine *Haltung*, die die inneren Werte zutage bringt oder zum Vorschein bringen *muss*. Leider denken viele Mitbürger in unserer Gesellschaft, dass sie sozusagen »der bessere Trainer« sind, weil ja alle beschult worden sind und somit zu wissen glauben, was innerhalb der Schule so passiert und was von den Lehrkräften so erwartet wird. Ich widerspreche dem energisch! Nur die allerwenigsten Nicht-Lehrer*innen wissen, was es heißt, Lehrer*in zu sein und was es vor allem heißt, Lehrer*in im System Schule zu sein. Dies gilt übrigens auch für viele Fachleiter*innen und Ausbilder*innen im Referendariat – viele von ihnen haben leider völlig utopische, realitätsfremde Erwartungen und Ansichten bezüglich Lehrer*innen. Schule ist nämlich vieles: sie ist der Spiegel der Gesellschaft, die Projektionsfläche gesellschaftlicher Hoffnungen, Träger hoheitlicher Verantwortung, gesellschaftliche Ausbildungsstätte, Schmiede der Demokratieerziehung, Anker der Sozialisation, aber auch Gebäude im Brennpunkt, Auffangbecken im Stadtteil, staatliche Betreuung mit Bildungsanteilen, familiäre Problemlöseeinrichtung, Verantwortungsübernehmer und mehr.

Das alles geht nicht ohne die Lehrer*innen. Alles, was an Schule herangetragen wird, läuft meiner Meinung nach zu 95 % nur, weil es Lehrer*innen gibt, die sich aus irgendeiner Motivation heraus darum bemühen, dass es läuft. Mal schlechter, mal besser. Trotzdem ist das Grundprinzip bei jeder neuen Aufgabenstellung an Schule dasselbe: eine Idee wird an Schule herangetragen und damit im Grunde den Lehrer*innen überlassen und ich sage das bewusst »unpersönlich«, denn sobald in Talkshows und politischen Floskeln die Rede davon ist, dass »Schule XY leisten muss«, spricht niemand von den Lehrer*innen. Mal mit mehr Ressourcen und Regulationen, oft mit viel zu wenigen. Viele Lehrer*innen fragen sich deshalb: »Das auch noch?« oder auch »Was noch alles?«

Schule soll immer mehr leisten, immer mehr Probleme lösen – sehr sehr oft wird Bildung, die durch Schule vermittelt und bereitgestellt werden soll oder muss als Allheilmittel vieler Bereiche gesehen: Bildung ist die beste Prävention für fast alles. Nur: wer denkt an die Lehrkräfte, die das alles leisten sollen? An die Bedingungen, unter denen das alles passieren soll? An die Kompetenzen der Lehrkräfte, eine solch breite Palette überhaupt anzubieten oder im Unterricht abbilden zu können? An die Schüler*innen? An diejenigen Inhalte, die zurückgestellt werden müssen, um neue an deren Stelle treten zu lassen? Diese Details sind meinen Erfahrungen nach erschreckend häufig unbedacht, wie sich im Laufe des Buches noch zeigen wird. Das sind vor allem Perspektiven, die von außen an Lehrer*innen herangetragen werden. Es soll in diesem Buch aber nicht um eine defizitäre und äußere, sondern gänzliche und innere Betrachtung des Lehrerberufes gehen: die schönen, wundervollen, unvergleichlichen Erfahrungen, die Begegnungen mit Kindern und Jugendlichen, die viel mit sich bringen und die auch Lehrer*innen ihr Leben lang prägen (können). Für mich ist wichtig zu zeigen, dass einige Lehrer*innen entgegen landläufiger Witze und lustiger Sprüche extrem viel Arbeit und *Effort* investieren, unabhängig von dem – meiner Kenntnis nach – eher schlechten, langweiligen und erstarrten Ruf des Berufs. Gleichzeitig geht es mir aber auch darum, neue Erkenntnisse der Pädagogik den alten und zum Teil erschreckenden Haltungen und Sichtweisen obsoleter Pädagogik entgegenzustellen. All diese Aspekte und Gedanken drehen sich zusammengefasst um eine einzige Frage, die mir ein Schüler (12 J.) ganz lapidar und mit einem erstaunten Gesichtsausdruck stellte: »Herr Yanik, wieso wird man denn *ausgerechnet Lehrer*?« Hier geht es also um *meine* Antworten, um meine Sichtweisen, um meine Problembeschreibungen der Dinge, die den Beruf zu dem machen, was er ist oder wie er leider gesehen wird und wieso *ich* Lehrer werden wollte. Auch, was *ich* glaube, wieso Schule unvergleichlich ist, welche Dinge *meiner Ansicht nach* fehlen und anderes.

Dieses Buch hat zwar nicht auf den ersten Blick eine besondere Leserschaft im Auge, dennoch sind die Gedanken dieses Buches spätestens auf den zweiten Blick an die zukünftige Lehrerschaft gerichtet: also an Student*innen, Referendar*innen und Berufsanfänger*innen.

All das geschrieben, in der Hoffnung, viele »hungrige«, motivierte und interessierte junge Leute für den schönsten Beruf der Welt begeistern zu können und dadurch in letzter Instanz auch Schüler*innen Spaß am Lernen und Freude in der Schule zu ermöglichen.

Mo Yanik, 12/2018-03/2020.

1 Lehrer*in sein – Lehrer*in werden?

Herr Yanik, wieso wird man denn *ausgerechnet Lehrer*?

(Schüler, 12 J.)

Die Frage nach der Ergreifung und Ausbildung eines Beruf ist, das ist nichts Neues, ganz individuell und höchst persönlich. Für den Lehrerberuf kann ich, insbesondere für mich selbst, bestimmte Dinge in den Vordergrund stellen, von denen ich der Meinung bin, dass sie mir und meinen Kolleg*innen auf der Welt fehlen oder bei uns allen sichtbar sind – bei einigen mehr, bei anderen weniger. Bereits im Vorwort ist ansatzweise deutlich geworden, dass ich das Berufsbild Lehrer absichtlich nicht mit den Worten »Job« oder »Arbeit« verbinde, sondern mit dem Begriff des »Berufes«. Aber auch dieser greift nicht weit genug.

Als Religionslehrer benutze ich hier gerne die Überlegungen von Martin LUTHER[1], die ich zusammenfassen möchte: Gott bringt jedem Menschen einen »Ruf« entgegen, der die Talente, Fähigkeiten, Fertigkeiten, Motivation, die Persönlichkeit und den Charakter eines jeden Einzelnen umfasst. Die Motivation Gottes dahinter ist, dass dieser individuelle, geistige Ruf für den Menschen in einem **Be**-ruf (der äußere Beruf) mündet, der die innere Ebene und den inneren Ruf nach außen hin abbildet. Wir benutzen heute in der deutschen Sprache und in wissenschaftlichen Kontexten andere Begriffe für denselben Zusammenhang (»Berufung«, »intrinsische« oder »extrinsische« Motivation) den LUTHER

[1] Zu seinen Lebzeiten hat LUTHER das Wort »Beruf« auf zwei Ebenen gefasst: als *vocatio spiritualis* (»geistiger Beruf«) und *vocatio externa* (»äußerer Beruf«), vgl. LUTHER 2009, Bd. 34 oder II Predigten 1531, 300.306.

zu seiner Zeit als eine von Gott zugeschriebene Erfahrung erklärte. *Weil* Gott jeden Menschen anders rufe, sei die Motivation jedes Menschen zwar gleich, münde aber in einem anderen Beruf: der Bäcker backt das beste Brot, dass er kann, weil sein Ruf von Gott ihn dazu bringt, dass er die Stadt bestmöglich versorgen will. Er erfüllt seinen individuellen Ruf und bringt dazu all sein Können und seine Mühe ein. Er fühlt sich von Gott berufen. Der Bäcker greift dabei unter anderem auf Mehl zurück, das vom Müller gemahlen wurde und dieser hat, wiederum seinem Ruf folgend, das beste Mehl gemahlen, das er konnte, um dem Ruf Gottes in einem qualitativ hochwertigen Produkt durch geleistete Arbeit zu folgen. An diesem Beispiel zeigt sich, welcher Unterschied heutzutage immer wieder betont wird: man fühlt sich berufen und wählt einen entsprechenden Beruf oder man arbeitet in einem anderen Bereich – »Arbeit« oder »Job«. Es gibt in jeder Branche Menschen, die sich berufen fühlen und den Beruf zu ihrer Berufung wählen – ich kenne jedenfalls einige Lehrer*innen, die eine Berufung im Lehrer-Sein sehen und sich tagtäglich, so gut sie können, bemühen. Natürlich kenne ich auch Lehrer*innen, die dieselbe *Arbeit* machen, um den Kühlschrank zu füllen und die Ferien zu genießen.

1.1 Lehrer-Sein durch Verhalten und Handlungen

Jeder von uns kennt den Spruch »Das war aber lehrerhaft«, wenn jemand sich *verhält* wie ein Lehrer, z.B. durch eine vermeintlich schlaue Erklärung. Jeder von uns kennt somit auch Verhaltensweisen und Handlungen, die Lehrkräften typischerweise zugeordnet werden. Ich kenne kaum andere Berufe, bei denen das so eindeutig zuzuordnen und gleichzeitig Vielen bekannt ist. Die Fragen, die sich hier stellen, sind für Lehrer*innen nichts Neues, denn »unter uns« sind sie Teil des Alltags:

> *In welchem anderen Beruf ist das, was ich tagtäglich mache, unter der Beobachtung von 15-30 Kindern, die meist schon in der Lage sind, zuhause (nicht) zu verbalisieren, was heute so passiert ist?*

> *Manchmal völlig überzogen, überspitzt, heruntergespielt, dramatisiert oder unwahr dargestellt. In welchen anderen Berufen soll ich auf verschiedenen Ebenen tagtäglich Vorbild für meine Schüler*innen sein – und zwar auch nach Feierabend, wenn ich denselben Personen (meist mitsamt ihren Familien) gelegentlich in der Freizeit begegne? In welchem anderen Beruf muss ich mir mein tagtägliches Material für die Qualitätssteigerung und Gestaltung meiner Tätigkeit fast ausnahmslos selbst kaufen? In welchem anderen Beruf sind meine Handlungen und Taten gemessen an meinen Reaktionen und Sanktionen in der Gesellschaft ein Dauerthema? In welchem anderen Beruf gibt es die Chancen über mehrere Jahre eine Beziehung zu den Beschulten aufzubauen und diese, beruflich* **und** *persönlich auszugestalten (in der Wirtschaft spräche man von »Kunden«)? …*

Lehrer*innen werden gemessen an ihrem Verhalten – also an dem, was man *sehen* und vermeintlich durchschauen kann. Ich meine hierbei bewusst nicht nur Eltern, die die Lehrer*innen so »messen«, sondern jeden! Das ist einerseits auch logisch und sinnig, nur eben nicht »das Ganze«, sondern nur *eine* Seite der Medaille. Jeder kennt aus Schülersicht Lehrer*innen, die durch ihr *Verhalten* einen prägenden Eindruck hinterlassen haben: durch schräges oder träges, lautes oder leises, verrücktes oder langweiliges, strukturiertes oder verplantes, erzählendes oder wortkarges, lustiges oder knochentrockenes, aggressives oder ruhiges, lobendes oder sanktionierendes … etc.

Deshalb *muss* es sogar so sein, dass man Lehrer*innen einerseits nach ihrem Verhalten bewertet, denn wir können nicht in die Kolleg*innen hineinschauen und ergründen, wieso sie sich so verhalten, wie sie es nunmal tun. Viele pädagogisch-psychologische Forschungen der vergangenen Jahrzehnte haben aufgezeigt[2], dass sich Menschen »nicht einfach so« verhalten, wie sie es tun. Die Grundlagen menschlichen Verhaltens sind komplex und damit auch die Grund-

[2] Um die Mannigfaltigkeit der Forschungsergebnisse abzubilden, sei exemplarisch auf Rogers 1976; Reason 2009; Maio 2017 verwiesen.

lagen des Verhaltens der Lehrer*innen, die den Unterricht gestalten. Wichtig zu verstehen ist deshalb, dass *Verhalten* ein Oberbegriff ist: einerseits ist mit Verhalten gemeint, dass ich bestimmte Handlungen zeige, andererseits steckt im Verhalten das »Innere«, das nach außen gekehrt ist. Es gehört zu mir als »bewusstem« Lehrer also unweigerlich dazu, mein Verhalten zu kennen und mir selbst klar zu machen, dass mein Verhalten einerseits nicht nur auf meine Schüler*innen abstrahlt, sondern dass mein Verhalten meine Schüler*innen *prägt*. Dadurch entsteht auch die Sicht meiner Schüler*innen auf den Lehrerberuf. Es ist kein Wunder, dass unser Beruf in vielen Ländern dieser Welt einen *eher schlechten* Ruf hat – denn die Bewertung unseres Rufes geht in fast allen Fällen darauf zurück, dass unser Verhalten bewertet wird. Klassische Zuschreibungen an den Lehrerberuf, die mir bisher begegnet sind:

- Lehrer hätten doch vormittags Recht, nachmittags frei?
- Niemand hat so viel *Urlaub* wie Lehrer*innen... Dazu passt der bereits gepackte Camper, der am letzten Schultag mit laufendem Motor auf dem Lehrerparkplatz wartet
- Nur die Zeit des Referendariats und die ersten 2-3 Jahre danach seien ein bisschen anstrengend, denn danach könne man ja aus der Schublade arbeiten ...
- Wie schön das doch sein muss, wenn man immer krank machen könne, weil man Dank des Beamtenstatus' ja niemals in das Krankengeld abrutsche... und Krankheit sei ja auch kein ausreichend triftiger Grund, dass einem der Beamtenstatus genommen werden könne...
- Ob mir das auch schon mal passiert sei, dass ich den Kaffee auf Klassenarbeiten verschüttet hätte, da das ja alle so machen!?
- Überhaupt, ob ich *schon* ein Alkoholproblem habe, denn Lehrer*innen würden ja immer gerne mal »einen« Wein trinken: bei Korrekturen, auf Klassenfahrten, ständig!?

- Es sei sowieso schon unfair, dass Lehrer*innen nicht nach *Performance* bezahlt würden, denn der sichere Beamtenstatus und die beachtliche Pension sorgen ja nur dafür, dass Lehrer*innen sich keine Gedanken zur Zukunft und Gegenwart machen müssten – außer man behandele Zeitformen im Deutschunterricht. Im Übrigen sorge dieser Zustand angeblich dafür, dass schulische Führungskräfte ja »zahnlose Tiger« seien, ohne jegliche Handhabe...

Wie anhand dieser Auflistung deutlich wird, ist jede Zuschreibung auf das sichtbare Verhalten zurückzuführen. Diese Überlegungen zeigen uns, dass sich viele Lehrer*innen nicht hinreichend mit der *Wirkung* ihres Verhaltens auseinandergesetzt haben. Das ist insofern auch schwierig, als das in der Ausbildung der vergangenen 40 Jahre die Lehrer*persönlichkeit* und die schülerhafte Zentrierung darauf kaum eine Rolle gespielt haben – dies ist im fachlichen Diskurs erst seit einigen Jahren der Fall. Gleiches gilt auch für die Aufnahme dieser Gedanken in die Ausbildung – darauf komme ich gleich noch einmal zurück.

Pädagogisches und schulisches Verhalten

Kommen wir zum *pädagogischen* und *schulischen* Verhalten: es sind einige Bücher erschienen, die sich mit »Lehrertypen« auseinandergesetzt haben[3], aber nicht damit, was das für das tägliche Lehrer*innen-Dasein eigentlich heißt.

In nahezu allen Diskussionen um Lehrer*innen wird eine Sache vergessen: das Verhalten der Lehrer*innen ihren Schüler*innen gegenüber begründet sich aus der Motivation heraus, den Schüler*innen etwas beizubringen. Bis auf wenige, vereinzelte Ausnahmen sind mir keine Lehrer*innen bekannt, denen ihre Schüler*innen *egal* sind! Die überwiegende Mehrzahl der Lehrkräfte bemüht sich darum, die Schüler*innen »durchzubringen«. Das heißt: es wird einige Lehrer*innen geben, die ihre Schüler »nur« zum Abschluss bringen wollen, wohin-

[3] Ich denke hierbei an Horn 2013; Peschel und A. Koch 2014; Mockridge 2014; Knoll 2014; Knoll 2015; Imgrund 2015; Knoll 2017; Golluch 2017; Böhm 2017 (nicht alle mit wissenschaftlichem Fokus geschrieben).

gegen sich andere Lehrkräfte ergänzend auch noch andere Ziele gesetzt haben.

Dieser *Grundmotivation* folgend lässt sich Lehrerverhalten im pädagogischen und schulischen Kontext auch anders be-greifen. Die eben formulierte Behauptung ist zentral und soll als Grundüberlegung dienen. Wenn man sich vor Augen führt, dass jede Lehrkraft eine »Mission« verfolgt[4], dann erklärt sich ihr Verhalten auch auf eine eigentümliche Art und Weise. Viele Lehrkräfte legen beispielsweise großen Wert auf »Organisiertheit«, weil es zum Beispiel für sie selbst wichtig ist (aufgrund ihrer Lebenssituation, ihrer Bildungsbiografie oder schlicht aus ihrem Berufsverständnis heraus).

Einbringung der Lehrer*innen-Verhaltensweisen – in meinem Fall: Verhalten bezogen auf Migration

Ich nehme mich hier selbst auch gar nicht aus, im Gegenteil. Ich selbst habe auch Schwerpunkte, die ich setze, die andere Kolleg*innen nicht oder völlig anders setzen. Beispielsweise ist mir aus meiner Lebens- und Bildungsbiografie, meinem Studium und aus gezielten Beobachtungen in der Schule ein bestimmter Teufelskreis bekannt und stets präsent: Schüler*innen mit Migrationshintergrund haben schlechtere Chancen auf dem Arbeitsmarkt[5], was dazu führt, dass sie weniger Geld verdienen, was wiederum dazu führt, dass sie in eher struk-

[4] Diese Metapher passt zur Erklärung auf S. 4, dass Lehrer-Sein ein **Be-ruf** ist und man sich gerufen oder berufen fühlt und somit auch einer Mission folgt.

[5] Dies ist durch viele verschiedene Untersuchungen gezeigt worden, vgl. dazu Leibold und Kühnel 2006; Weichselbaumer 2016; Siemann 2018; OECD 2018a; OECD 2018c. In Deutschland liegt der Anteil der Schüler*innen mit Migrationshintergrund mit ca. 28% deutlich über dem OECD-Schnitt von ca. 23%, vgl. OECD 2018c, Tab. 3.1. Deshalb ist es interessant, dass Untersuchungen gezeigt haben, dass Schüler mit Migrationshintergrund eher das Gefühl haben, in der Schule nicht dazuzugehören, häufiger über schulbezogene Ängste klagen und insgesamt weniger mit ihrem Leben zufrieden sind als Schüler ohne Migrationshintergrund, dagegen sind Jugendliche mit Migrationshintergrund in der Schule deutlich motivierter als Jugendliche ohne ausländische Wurzeln vgl. OECD 2018c, Abb. 1.2. Diese Überlegungen lassen sich aber auch auf andere Bereiche ausführen: genauso benachteiligt sind Schüler*innen aus sozial-schwachen Verhältnissen, insbesondere diejenigen die armutsgefährdet sind (vgl. dazu die beiden umfassenden Strukturstudien der OECD: OECD 2018a; OECD 2018b), genauso aber auch diejenigen, deren Eltern aus bildungsferneren Schichten kommen (vgl. dazu OECD 2018c, Abb. 6.7).

turschwachen Gegenden leben, woraus sich für den Arbeitsmarkt schlechtere Bedingungen ableiten – auch für die Zukunft ihrer eigenen Kinder. Wenn ich diese Schüler*innen unterrichte, gehen bei mir »besondere Alarmglocken« an und ich achte auf andere Signale, als bei Schüler*innen, deren sozio-kulturelle Situation schlechter ist. Das heißt nicht, dass ich mir für diese Kinder mehr Mühe gebe, aber ich achte bei ihnen auf andere Dinge und das führt bei den Schüler*innen zur Wahrnehmung unterschiedlichen Verhaltens. Beispielsweise *pushe* ich diese Schüler*innen auf eine andere Art und Weise, damit sie eine stärkere Frustrationstoleranz aufbauen können, denn diese werden sie aufgrund des Teufelskreises öfter brauchen. Das heißt nicht, dass ich *ausnahmslos alle Schüler*innen mit Migrationshintergrund* so behandele, aber diejenigen, bei denen die Startbedingungen schon schlechter sind. Viele meiner Kolleg*innen achten beispielsweise bei Schüler*innen mit Migrationshintergrund darauf, dass sie lexikalisch einen soliden Wortschatz aufbauen, der idealerweise schnell wächst. Das ist sinnig und richtig, allerdings ist das nicht *meine* erste Baustelle. Für mich ist in diesem Zusammenhang wichtiger, die Regeln, Rituale und den Alltag zu meistern. »Den Alltag zu meistern« führe *ich* nicht ausschließlich auf den Schrift-Spracherwerb zurück, sondern auf den Umgang miteinander, auf das »Ankommen«, auf das »sich Einlassen« – andere sehen es anders und haben damit nicht mehr oder weniger Recht. Das fällt den Schüler*innen schwerer, als sich mit Vokabeln zu beschäftigen.[6]

Zusammenfassend lässt sich festhalten, dass das Verhalten der Lehrkräfte einerseits bewertet werden muss, andererseits aber auch einer intrinsischen, also inneren, Motivation folgt. Diese Motivation wird bei einer Bewertung leider oft nicht hinterfragt und auch in direkten Gesprächssituationen oder auch Konfrontationen nicht angesprochen. Das ist nicht nur sehr schade, sondern es zielt an der Wirklichkeit vorbei: einige Lehrer*innen sind sehr engagiert um

[6] Das zeigt sich ja gerade sehr anschaulich an denjenigen Schüler*innen, die im Rahmen der »Flüchtlingskrise« nach Deutschland gekommen sind. Viele sind eine *völlig* andere Beschulung gewöhnt, sodass die sprachliche Hürde nur eine von vielen ist. Viele haben Schwierigkeiten ein geregeltes Stundenraster mit wechselnden Fachlehrern und einer festen Pause (in der die Aktivitäten frei verfügt werden können) zu erfassen und sich darin zurecht zu finden.

ihre Schüler*innen, bemühen sich, die Fähigkeiten der Schüler*innen einzuordnen und entsprechend die Eigenschaften zu fordern und zu fördern. Die beiden Schlüsselbegriffe sind hier *endogen* und *exogen* (siehe Abb. 1.1) , das heißt: Verhalten, das zutage tritt, weil die Lehrkraft dieses Verhalten »von sich aus« mitbringt (endogen) oder Verhaltensweisen, die auftreten, als »Reaktion« auf das, was in der Schule oder im Miteinander zwischen den Lehrer*innen und Schüler*innen passiert. Wir können das auf der menschlichen Ebene auch von einer simplen Herangehensweise her erklären: alle Lehrer*innen haben ihre eigene »Wahrheit« dazu, wie Erziehung funktioniert und was Kinder in diesem Alter für ihr Leben benötigen. Aus dem Glauben an diese Wahrheit entsteht natürlich individuelles Verhalten der Lehrer*innen.

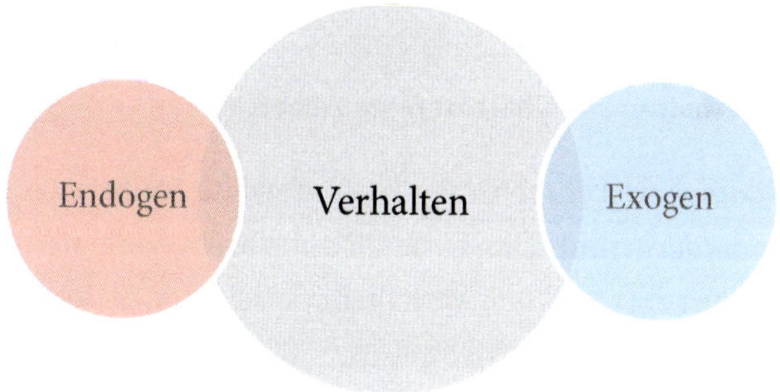

Abbildung 1.1: Verhalten ist endogen oder exogen bedingt.

1.2 Lehrer-Sein mittels Charaktereigenschaften

Es ist deutlich geworden, dass das Verhalten der Lehrkräfte also bestimmten Mustern und inneren Haltungen folgt. Man kann von diesen Verhaltensmustern, die man sieht, Charaktereigenschaften *nicht mit Sicherheit* abgrenzen. Was aber sicher ist: in jedem Verhalten zeigen sich auch bestimmte Charaktereigenschaften, die diese Person im Rahmen ihrer Einzigartigkeit und Einmaligkeit mitbringt. Besonders ist hierbei natürlich, dass die Charaktereigenschaften der Lehrer*innen den Schüler*innen relativ schnell präsent sind, weil sie z.B. die

Verhaltensweise abdecken (Kongruenz) oder weil sie das Verhalten konterkarieren (Divergenz). Beiden Überlegungen liegt derselbe Kreislauf zugrunde (siehe Abb. 1.2), der sich in verschiedenen Beispielen leicht erklären lässt.

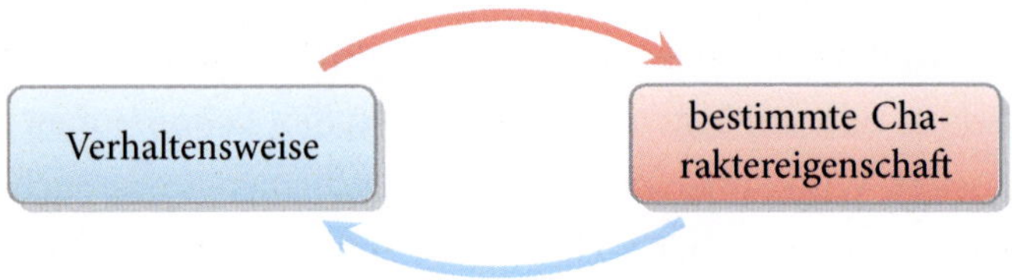

Abbildung 1.2: Charaktereigenschaften bestimmen Verhalten (kongruent oder divergent).

Kongruenz von Verhalten und Charaktereigenschaften

Ich behaupte, dass viele Lehrer*innen beispielsweise in ihrer charakterlichen Konstitution *freundlich* sind. Das wirkt sich in ihrem Verhalten in einer den Schüler*innen meist *zugewandten* Verhaltensweise aus. Dies kann auf verschiedene Arten und Weisen sein, beispielsweise:

- sie verschränken sich gegenüber den Schüler*innen nicht,
- sie suchen aktiv den Blickkontakt,
- sie sind den Schüler*innen physisch zugewandt,
- sie lächeln die Schüler*innen an,
- sie sind den Schüler*innen gegenüber aufmerksam …

Dies hängt letztlich von der jeweiligen Lehrkraft ab und wie nun genau diese Lehrkraft ihre Charaktereigenschaft auch außerhalb von Schule zeigt. Wer beispielsweise eher extrovertiert ist, wird weniger Probleme damit haben, offen und aktiv die Freundlichkeit im Verhalten zu zeigen, als eine eher introvertierte Person, bei der ein Lächeln dieser Ausdruck ist. Wichtig ist: freundliche Lehrer*innen werden von Schüler*innen ja auch nur deshalb als freundlich gewertet, weil sie in dem ihnen gegenüber ausgedrückten Verhalten diese Freundlichkeit »sehen«. Und die Schüler*innen sehen auch »Kleinigkeiten«, egal ob ihre Lehrer*innen eher extrovertiert oder introvertiert, eher laut oder leise sind. Das Beispiel der Freundlichkeit ist insofern besonders, als dass es eine Charaktereigenschaft behandelt, die im Allgemeinen als »positiv« gewertet wird. Natürlich zeigt sich ein stimmiges Bild von Verhalten und Charaktereigenschaften auch bei Charaktereigenschaften, die im Allgemeinen als »negativ« gewertet werden. Wenn beispielsweise eine Lehrkraft *ungeduldig* ist, können Verhaltensweisen, die das abdecken, ebenso vielfältig sein.

Divergenz von Verhalten und Charaktereigenschaften

Ich bin fest davon überzeugt, dass sich im schulischen Alltag zu 85-95% eine Kongruenz von Verhalten und Charaktereigenschaften von Lehrer*innen zeigt, denn sonst wäre unser Bild von Lehrer*innen nicht so stimmig und eindeutig. Dennoch gibt es die übrigen 5-15% bei denen sich die Charaktereigenschaften und das gezeigte Verhalten nicht decken. Bei der Divergenz von Verhalten und Charaktereigenschaften wird deutlich, dass man anhand des Verhaltens nicht auf die Charaktereigenschaft schließen kann, sodass die Schüler*innen eine »Fassade« sehen, die auf sie »unstimmig« wirkt. Wir alle kennen das: jeder von uns hatte Lehrer*innen, die unserer Meinung nach bestimmte Charaktereigenschaften hatten, aber diese nie oder nur höchst selten oder nur unter wenigen Anwesenden gezeigt haben. Ich greife noch einmal das Beispiel der *Freundlichkeit* als Charaktereigenschaft auf: ich selbst habe natürlich auch die Erfahrung gemacht, dass ich Lehrkräfte kennengelernt habe, die sich starr, mir abgewandt, mir gegenüber ungeduldig, unnachsichtig, wie-auch-immer verhalten haben, sodass ich *nicht* den Eindruck hatte, sie seien *freundlich*. Bei einigen musste ich, zu meiner eigenen Überraschung, meinen Eindruck revidieren und feststellen: sie / er ist ja doch freundlich, hat es aber »nur« nicht gezeigt! Die Divergenz von Verhalten und Charaktereigenschaften ist deshalb ein Punkt, der vielen Lehrkräften leider einerseits nicht klar ist und deshalb, andererseits, zu schulischen Konflikten führt oder führen kann: viele Schüler*innen fühlen sich, bei einem von ihnen selbst inkohärent begriffenen Verhalten, angegriffen und benachteiligt. Ich denke, die wenigsten Kolleg*innen machen das absichtlich, sondern ihnen ist schlicht und ergreifend ihre Wirkung auf andere nicht klar.

Zusammenfassung durch die Schüler*innen

Die Schüler schreiben ihren Lehrkräften also Charaktereigenschaften zu, die sie im Unterricht wahrnehmen, obwohl für die Schüler*innen eigentlich gar nicht klar ist, ob die Lehrer*innen »wirklich so« sind.

Ich behaupte: die Schüler*innen haben allerdings in den meisten Fällen Recht! Viele Lehrkräfte haben immer noch nicht erkannt, dass sie im Unterricht »durchschaut« werden und sich ihre Charaktereigenschaften deutlicher in der Schule offenbaren, als vielen Lehrkräften lieb ist (siehe dazu Kap. 1.4 ab S. 20). Deshalb wird ihr Verhalten von vielen Schüler*innen oftmals auch zurecht als inkohärent bewertet. Auch wenn sich davon keine Lehrkraft frei machen kann, denke ich, dass bestimmte Charaktereigenschaften für den schulischen Alltag unabdingbar sind, genauso wie einige Charaktereigenschaften für ein gelingendes Schulleben eine unüberwindbare Hürde sein können. Dies wird in der Lehrerausbildung, insbesondere in der Zulassung zu einem Lehramtsstudium und dem anschließenden Referendariat, auch kaum berücksichtigt. Auch wenn die Menge die Dosis macht, sind einige Charaktereigenschaften in Schule kritisch zu sehen, gemeinhin diejenigen, die als negativ gewertet werden.[7] Hier gehen Charaktereigenschaften und Verhalten natürlich Hand-in-Hand, denn wie deutlich geworden ist, ist die Trennung von beidem zwar nur schwerlich möglich,

[7] Ich selbst denke hierbei an: störrisch, bösartig, habsüchtig, gierig, ängstlich, frech, unbeugsam, eitel, hochnäsig, streitsüchtig, misstrauisch, zynisch, unberechenbar, scheu, unaufmerksam, aggressiv, nervös, eingebildet, unanpassungsfähig, voreilig, schadenfreudig, chaotisch, undiszipliniert, egoistisch, rücksichtslos, manipulativ u.v.m.

aber vor allem ist die *Wirkung* des Verhaltens und den *dahinterliegenden* Charaktereigenschaften ein wesentlicher Bestandteil der *Beziehungsarbeit* (siehe dazu auch Kap. 2 ab S. 33) und eines gelungenen Schullebens als Lehrer*in.

1.3 Lehrer-Sein durch Sprache

Nicht nur das Verhalten und die Charaktereigenschaften bestimmen, was es heißt, Lehrer*in zu sein, sondern auch die Sprache und der Sprachgebrauch. Wie bereits erwähnt, ist die differenziertere Betrachtung von Verhalten nicht einfach, sodass ich mich hier auf diese drei Bereiche beschränkt habe. Sprache, Sprachgebrauch und Kommunikation als solches sind nicht nur essentielle Bestandteile unseres tagtäglichen Miteinanders, sondern sie bilden das ab, was wir auf der Beziehungsebene zu transportieren versuchen: den Inhalt. Alles was in Schule passiert, passiert mit und durch Sprache: auch Körpersprache zählt dazu. Viele Forschungen haben sich im pädagogischen Kontext umfangreich damit beschäftigt, welchen Stellenwert Sprache auf fachlicher, fachdidaktischer und psychosozialer Ebene einnimmt[8], aber es wird selten der pädagogische *Wert* der Sprache betont, insbesondere nicht, was Sprache und Sprachgebrauch für das Lehrer*in-Sein eigentlich heißt. Kombiniert mit Verhalten und Charaktereigenschaften, kann Sprache fördernd oder hinderlich für den Umgang mit den Schüler*innen und unserer Art und Weise mit ihnen zu arbeiten sein. Ich möchte die Abb. 1.2 von S. 12 aufgreifen und den Gedanken weiterführen: weil jeder von uns ureigene Charaktereigenschaften hat, zeigen sich diese in unserem Verhalten und natürlich auch in unserem Sprachgebrauch (vgl. Abb. 1.3 auf S. 16).

Dieser Sprachgebrauch kann sehr unterschiedlich sein.

Sprache kann zum Beispiel alles zerstören. Ich bin der festen Überzeugung, dass sich Schüler*innen schon von Lehrer*innen abgewandt haben, einfach weil sie mit ihrem Sprachmuster nicht zurechtgekommen sind. Dabei kann dieses Sprachmuster

[8] Ich denke hierbei vorrangig an Haase 1968; Leisen 2010; Halbfas 2012; Thaler 2014; Sahrakhiz, Witte und Harring 2016 und einige mehr.

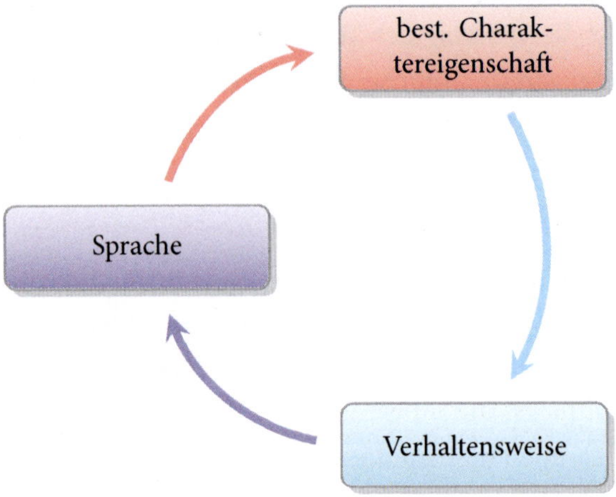

Abbildung 1.3: Charaktereigenschaften bestimmen Verhalten und Sprache (kongruent oder divergent).

- umgangssprachlich bis vulgär sein, d.h. die Lehrer*innen benutzen »dieselbe« Sprache, wie sie die Schüler*innen manchmal benutzen,
- irregulär sein, d.h. die Lehrer*innen benutzen eine »deutlich andere« Sprache als die Schüler*innen, z.B. fast ausschließlich Fachsprache oder Ähnliches,
- altersunangemessen sein, d.h. die Lehrer*innen äußern sich »altersunangemessen« und benutzen Ironie, Sarkasmus, Metaphern oder Ähnliches und werden von den Schüler*innen nicht verstanden oder
- gar als störend empfunden werden, d.h. die Lehrer*innen »sprechen« für die Schüler*innen »anders«, obwohl nicht die Sprache und der Sprachgebrauch als solches gemeint sind, sondern es wird z.B. gestottert oder zu leise gesprochen oder viel zu oft »ähm« gesagt oder Ähnliches – Schüler*innen sind kreativ, etwas zu finden….

Umso wichtiger ist es, dass den Lehrer*innen klar ist, dass eine *konstruktive* und *wertschätzende Sprache* der Schlüssel ist, die Schüler*innen auf einer anderen Ebene zu erreichen. Ich möchte dies an einem Beispiel verdeutlichen, das mir selbst passiert ist. Ich habe zu einem Schüler, der durch dauernde Unterrichtsstörungen aufgefallen ist, in einer Nachbesprechung der betreffenden Stunde gesagt:[9]

> »Ich habe keine Lust auf deine dauernden Störungen im Unterricht! Ich mag hier alle Schüler*innen von Herzen, auch dich! Aber ich hasse dein Verhalten, vor allem diese Zwischenrufe. Kannst du das verstehen?«

Erst im Nachhinein ist mir klar geworden, welche Fehler in dieser Ansprache steckten und in welche »Falle« ich gelaufen bin.

Sprache als Merkmal konstruktivistischer Herangehensweise

Ich bin der festen Überzeugung, dass insbesondere in der Sprache eine konstruktive, wertschätzende und offene Haltung ein wesentlicher Bestandteil für eine gelungenere Lernatmosphäre ist und wesentlicher Ausdruck der positiven Einstellung der Lehrer*innen ihren Schüler*innen gegenüber.

Schüler*innen fühlen sich nachweislich wohler, wenn

- sie sprachlich gespiegelt (»paraphrasiert«) werden,
- die ihnen entgegengebrachten Antworten auf Fragen nicht in einer Sekunde zurückschnellen,
- sie nach ihren Gefühlen gefragt werden oder auf diese sprachlich hingewiesen und Rücksicht genommen wird,

[9] Dieses Beispiel zeigt mehrere Dinge eindrücklich: dass Sprache, anders als physisches Verhalten, überdeutlich transportieren kann, was ich den Schüler*innen mitteilen möchte. Gleichzeitig kann ich immer nur nachträglich beurteilen, ob das Gesagte auch ankommen ist. Physisches Verhalten und sprachliches Verhalten gegeneinander abzuwägen, ist als solches für Lehrer*innen sowieso schwierig, da sich Fragen nach physischen Berührungen ebenso stellen (z.B. zum Ausdruck von Lob den Schüler*innen sprichwörtlich auf die Schulter klopfen oder diese anfassen) wie Fragen nach den Grenzen des Sprachlichen (z.B. zwischenzeitlich auf die kindliche Ebene zu wechseln und etwas zu sagen, dass sich sonst Schüler*innen gegenseitig sagen – derzeit hoch im Kurs: »Lost!«).

- sie nicht emotional überfordert werden, z.B. durch übertriebene Androhungen,
- sie Gelegenheit haben sich zu äußern.

Dies muss sich, so gut es geht, in der benutzen Sprache vonseiten der Lehrer*innen zeigen. Lehrer-Sein funktioniert hauptsächlich nur durch Beziehungsarbeit, weshalb das Gesagte (also das *WAS*), bei richtig gedeuteter Beziehung, nicht so ausschlaggebend ist, wie der Tonfall (also das *WIE*). Ich könnte problemlos zu einigen meiner Schüler*innen auch Dinge sagen, die beleidigend oder rücksichtslos sind, beispielsweise *Arschloch*, ohne dass es mir einige Schüler*innen übel nehmen würden. Die Frage ist: darf das sein? Wenn ich nicht Herr meiner Sprache bin, sondern die Sprache mich beherrscht, dann zeige ich damit, dass ich für einen Moment sprachlich unprofessionell reagiert habe. So ist es mir in dem obigen Beispiel passiert. Ich bemühe mich, mit meinen Schüler*innen so wertschätzend und konstruktiv zu sprechen, wie ich nur kann. Aber auch mir passiert es natürlich, dass ich diese Ebene aus Angst, Wut, Tagesform oder warum auch immer verlasse und verbal »entgleise«. Das ist unnötig und doppelt ärgerlich: ich ärgere mich über mich selbst, auf diese Ebene abgerutscht zu sein und darüber, dass ich es einem Schüler gegenüber nicht geschafft habe, ihn verbal so anzusprechen, wie ich es mir wünsche. Ich vermisse diese Einsicht bei vielen Lehrer*innen, denn sie verkennen oder unterschätzen den Wert und die zahlreichen Vorteile einer konstruktivistischen und wertschätzenden Grundhaltung, insbesondere durch sprachlichen Zugang. Mein Beispiel von oben soll hier als deutliche Kritik-Vorlage dienen:

> »Ich habe keine Lust auf deine dauernden Störungen im Unterricht! Ich mag hier alle Schüler*innen von Herzen, auch dich! Aber ich hasse dein Verhalten, vor allem diese Zwischenrufe. Kannst du das verstehen?«

Mich stört an dieser Ansprache insbesondere das Wort »Hass«. Ich ärgere mich noch heute über diese Situation und das Gesagte, denn ich habe einen großartigen, tollen und einzigartigen Jungen damit behelligt, dass »da draußen« jemand herumläuft, der sein Verhalten *hasst*. Das darf nicht sein, denn *das* nimmt er auf emotionaler Ebene aus diesem Gespräch mit.

Natürlich habe ich mich, einige Tage später, in einem ausführlichen Gespräch noch einmal dafür entschuldigt und mir eine Entschuldigung schriftlich zurecht gelegt und diese dem Schüler auch gezeigt, damit er ganz deutlich sehen kann, dass ich mir Gedanken gemacht habe. Trotzdem hätte das nicht sein müssen und bei besserer Beobachtung im Vorfeld wäre es eventuell gar nicht so weit gekommen. Ich habe zwar die Ebenen getrennt, in ICH-Botschaften gesprochen, meine Beziehung klargestellt, meine Gefühle geäußert, ein Gefühl gespiegelt oder eine Frage über die affektive Ebene zurückgestellt, aber ich habe mich meiner Momentaufnahme Wut hingegeben und dies sogar verstärkt betont. Die gängigen Kommunikationsmodelle betonen eine Ebene leider zu wenig: die der Gefühle.

In Abb. 1.4 zeigt sich der Kreislauf von Kommunikation, die wertschätzende und konstruktive Ader, die neu hinzustößt, ist ebendiese Gefühlsebene.

Abbildung 1.4: Wertschätzende Sprache berücksichtigt viele Ebenen.

Völlig unabhängig von der Situation ist es möglich, wertschätzend und konstruktivistisch sprachlich an die Sache heranzutreten. Wichtig ist, dass man sich nicht affektiv kompromittieren oder innerlich mitreißen lässt oder den Gesprächsinhalt und das Ziel aus den Augen verliert.

Schulsprache – Sprache in Schule

Eine sprachliche Haltung und das sprachliche Vorbild ist nicht *das* Fundament, aber ein wesentlicher Bestandteil einer wertschätzenden, subjektorientierten Zugangs- und Herangehensweise zu und mit den Schüler*innen. Sie stehen im

Mittelpunkt unserer Arbeit und damit haben sie es nicht nur verdient, dass wir sie so konstruktiv wie möglich behandeln, sondern es ist ihr Recht.

Leider ist es oftmals so, dass gerade diese sprachliche Ebene zu wenig Beachtung bei Lehrer*innen findet. Viele denken nicht bewusst darüber nach, welche Sprache sie (warum) benutzen und was sozusagen »dahintersteckt«. Der sichtbare und offensichtliche Zugang zur Kommunikation und damit zu unseren Rezipienten, unseren Schüler*innen, ist die Sprache. Ich denke hier nicht nur an die schulische Unterscheidung zwischen Umgangssprache – Bildungssprache – Fachsprache, sondern auch an die Gedankenwelt dahinter. Gerade diese Gedankenwelt vermisse ich bei vielen Lehrer*innen.

1.4 Lehrer*rolle* vs. Lehrer*identität*

Die pädagogischen, psychologischen und lerntheoretischen Paradigmen der vergangenen Jahrzehnte haben für die Schule immer wieder versucht klarzustellen und deutlich zu machen, dass es eine *Lehrerrolle* gäbe, die sich erkennen, identifizieren oder auch verbessern ließe. Ich sehe das nicht nur entschieden anders, sondern vor dem Hintergrund der an die Lehrerrolle projizierten Vorstellungen und Erwartungen bin ich der Überzeugung, dass eine »Lehrerrolle« aus verschiedenen Gründen nicht vorhanden sein kann.

In die Lehrerrolle schlüpfen können?

Wie an den vergangenen Überlegungen zum Verhalten, zu den Charaktereigenschaften und zur Sprache deutlich geworden ist, sind diese Persönlichkeitsbereiche nur sehr bedingt erlern-, veränder-, geschweige denn vollständig trainierbar. Gerade deshalb stellt sich die Frage, ob es überhaupt möglich ist, für den schulischen Alltag in eine Lehrerrolle »hineinzuschlüpfen« – wie es die Bezeichnung der (Schauspiel-)Rolle suggeriert. Ich denke, das ist nicht der Fall und als solches überhaupt unmöglich. Hinter dem Begriff der *Lehrerrolle* ist in den vergangenen Jahrzehnten die Vorstellung gewachsen, dass bestimmte

Dinge erlernt und verändert werden können, um eine angehende Lehrkraft für ihre *Rolle als Lehrer* vorzubereiten. Hierbei ist allerdings der Gedanke störend, dass sich die Lehrer*innen in ihrer »Rolle« anders benehmen, verhalten und sprechen, als sie es sonst tun und somit nicht nur ihre Authentizität einbüßen, sondern gerade selbst etwas machen, was wir von unseren Schüler*innen erwarten: dass sich die Schüler*innen nicht verstellen. Welches Gewicht hätten Erziehungsmaßnahmen, wenn die Schüler*innen sich ständig anders verhielten und unsere Aktionen und Reaktionen sich darauf beschränken würden, dass es »gespieltes« Verhalten ist, das die Grundlage bildet? Natürlich ist an dieser Stelle der Einwand groß, dass »Lehrerrolle« als Bezeichnung für den Sachverhalt dient, dass alle *Professionals* eine »professionelle Distanz« in ihrem Beruf ausbauen und aufrecht erhalten müssen, um gerade dadurch erfolgreich zu sein. Allerdings ist hier professionelle Distanz ein vorgeschobener Grund für eine falsch verstandene Berufsgrundlage.

Identität und Haltung als Berufsgrundlage

Nicht die professionelle Distanz, nicht eine (sowieso nicht-vorhandene) Lehrerrolle, nicht äußere Faktoren machen den Lehrerberuf aus, sondern die *Identität* und *Haltung* der Kolleg*innen! Hierin zeigt sich nun die Zusammenfassung der vorangegangenen Unterkapitel 1.1, 1.2 und 1.3. Die Frage nach der Identität ist in der Psychologie zwar verschieden beantwortet worden[10], aber im Grunde lässt sich als strukturelle Gleichung festhalten: Verhalten oder Handlungen + Charaktereigenschaften + Sprache = Identität (siehe Abb. 1.5 auf S. 22).[11]

Deshalb bin ich fest davon überzeugt, dass erfolgreich und glücklich Lehrer*in zu sein damit zusammenhängt, dass unser Beruf, anders als sehr viele andere Berufe, eine *Identität* ist – aber viele sind sich dessen nicht bewusst. Diese Identität zeigt sich »nach außen« durch Verhalten oder Handlungen, Spra-

[10] Beispielsweise von Rogers 1970; Rogers 1995; Auernheimer 1996; Baumann 2018.

[11] Natürlich ist diese einfache Darstellung nicht die vollständige Abbildung einer Identität, sondern es sollen hier die Oberbegriffe benutzt sein, die sich durch den oben beschriebenen Aufbau wiederfinden.

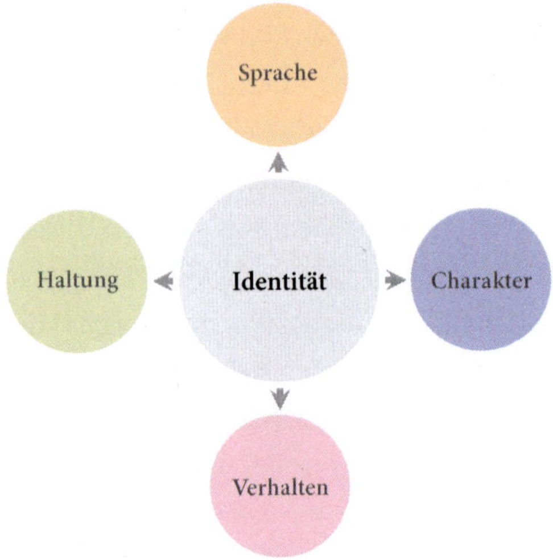

Abbildung 1.5: Die »Lehreridentität« in ihrer Zusammensetzung.

che und Charaktereigenschaften, aber beinhaltet »nach innen« eine Haltung und damit eine Einstellung zum Lehrerberuf. Wir können das in der gesellschaftlichen Diskussion bei uns sehr anschaulich beobachten, denn es zeigt sich bereits in der Zuschreibung verschiedenster, denkbarer Eigenschaften an Lehrer*innen – ich spreche hier einmal konkret für mich selbst: ich bin nicht Lehrer und deshalb organisiert, verantwortungsvoll, diszipliniert oder sonstwas.

Das Gegenteil ist der Fall: weil ich schon immer an Beziehungsarbeit interessiert war, gerne Verantwortung übernehme, organisiert bin, mich als Anwalt der Kinder sehe, immer geglaubt habe, ich kann gut (mit-)erziehen und anderen etwas beibringen, weil ich schon immer dachte, ich kann in anderen ein Feuer für eine Sache entfachen, das so schnell nicht mehr aufhört zu brennen – wegen all dieser Gründe, und tausenden mehr, bin ich Lehrer! Deshalb sind jedwede Zuschreibungen an jeden Beruf unbegründet, hingegen die Zuschreibungen an die Personen vollkommen richtig und notwendig. Meine aufgeführten Punkte hätten mich vielleicht auch einen guten Erzieher, Therapeuten, Krankenpfleger oder auch Kinderarzt werden lassen, aber der »Sog« war bei mir zu keinem anderen Beruf stärker als zum Lehrerberuf. Diese fehlende Identität wird in der Diskussion um Lehrer*innen leider oftmals übersehen – gerade in Deutschland, wo beispielsweise die psychologischen oder charakterlichen Merkmale und auch die physischen Voraussetzungen und Belastungsgrenzen für die Ausbildung von Lehrer*innen leider keine Rolle spielen. Dies zeigt für mich deutlich, was viele Personen richtig erkannt haben: es gibt leider viele Lehrer*innen, die für diesen Beruf aufgrund ihrer Identität ungeeignet sind. Sie brennen nicht mit Feuer und Leidenschaft für die Sache: viele sind oberflächlich authentisch, mit einem Touch von Professionellem – aber *sie leben* den Beruf nicht. Die allerwenigsten haben eine innere Haltung, die sie verfolgen wollen und ich denke das spüren die Schüler*innen. Da wir alle solche Erfahrungen gemacht haben, lässt sich dieser Satz vielleicht sogar generalisieren: das spürt man einfach.

Ich meine mit »Identität« aber nicht die Identifikation mit dem Beruf: also die eigene Werterhaltung, den man aus dem Beruf für sich selbst zieht. Sondern ich meine vielmehr die Hinwendung hin zu einem Beruf, aus der charakterlichen Konstitution heraus, aus meiner Identität heraus – Beruf und Identität passen somit zueinander. Um hier noch einmal das Bild Martin Luthers aufzugreifen und damit abzurunden: berufliche Identität heißt also nicht innerlich zu versuchen, einer Tätigkeit etwas abzugewinnen und mich damit zu identifizieren, sondern meinem Ruf zu folgen und damit einen Be-Ruf aufzugreifen, der zu meinem Inneren passt oder gar nur passen kann.

Beispiele für die Identität und die Haltung

Ich möchte einige Beispiele anführen, die konzeptionell diese Vorüberlegungen zusammenführen und aufzeigen sollen, wie sich die innere Identität und Haltung auf das berufliche Lehrer-Sein in der Praxis auswirkt.

1. Stellen Sie sich vor, wie eine Mutter oder ein Vater in der Stadt aus welchen Gründen auch immer seinem Kind eine Ohrfeige verpasst. Dies passiert

mehrere zehntausend Male am Tag auf der Welt, mehrere hundert davon in Deutschland.

Man kann hier fehlende Zivilcourage einwerfen, Verantwortungsdiffusion als Grund anführen, pluralistische Ignoranz als Situationseinschätzung mutmaßen – vieles ist möglich. Ich meine nicht die rechtliche Ebene der unterlassenen Hilfeleistung (§ 323c StGB), sondern die Diskrepanz zwischen dem Berufsverständnis, der inneren Konstitution und der Arbeit. Welche Lehrer*innen würden vor ihren Schüler*innen stehen und allen Ernstes erzählen, dass ein Eingreifen in einer solchen Situation unsinnig sei? Welcher Notarzt täte das? Welche Messlatte können wir an solche Personen anlegen? Aber unter den Zuschauer*innen fänden sich mit Sicherheit auch Lehrer*innen. Was ich hier für zuschauende Lehrer*innen ableite, mag vielleicht hart klingen, aber ich bin der festen Überzeugung, dass Lehrer*innen mit »Lehreridentität« bei einem Nichteingreifen das Recht verlieren, vor einer Klasse zu sprechen. Ähnlich einem Notarzt, der tatenlos an einer Person in der Stadt vorbeigeht, die zusammenbricht. Hierbei geht es nicht um die Abwertung derjenigen Kolleg*innen, die in einer solchen Situation wirklich zuschauen und nicht eingreifen, sondern es geht mir um die Verdeutlichung der Identitätsebene. Ein Teil meiner Identität ist der Schutz der Schwächeren, der Drang einzugreifen und insbesondere Kinder und Jugendliche zu beschützen – also das, was im Schulgesetz »Schutzbefohlene« heißt. Hier zeigt sich deutlich, was ich versucht habe, theoretisch abzubilden und grundlegend klarzustellen. Innerlich ist in mir tief verankert, ein Unrecht gegenüber Kindern und Jugendlichen nicht zuzulassen, weshalb sich das in meiner beruflichen Welt und auch in meiner Berufswahl wiederfindet und im Alltag immer wieder deutlich werden muss. Und in einer solchen Situation hieße das, hinzugehen und bestmöglich einzugreifen (und das kann vieles heißen), statt zuzuschauen. Dieses Beispiel als Erstes genommen zu haben, mag vielleicht diffus erscheinen, aber es stellt sich für mich in eine lange Reihe verschiedener Situationen, die allesamt passende Beispiele zu dem *Identitätskonzept* sind, das ich oben zu skizzieren versucht habe.

2. Stellen Sie sich vor, wie eine 83-jährige Frau sich bei Ihnen meldet, um bei Ihnen nach einem Koran-Vorlese-Kurs zu fragen und sich anzumelden, während alle anderen Teilnehmer*innen ca. 30 Jahre alt sind. Was könnte man dieser Frau sagen?

Natürlich wären hier viele Dinge einzubringen: Zu hoher Anspruch der in zu kurzer Zeit unrealisierbar ist, schwächere Gedächtnisleistung, die mit hoher Wahrscheinlichkeit zu geringem Lernzuwachs führen wird, zu geringes Arbeitspensum um eine produktive Lernstrategie zu ermöglichen. Auch hier ist Vieles möglich, nicht zuletzt die von Woche zu Woche immer größere Wahrscheinlichkeit, dass die Frau in der Folgewoche schon verstorben ist. Welche Lehrkraft könnte hier den Wert und das Streben nach Bildung verkennen und nicht motivierend einwirken? Nur solche, bei denen die innere Haltung nicht auf den Wert und die Sinnhaftigkeit von Bildung aufgebaut ist.

Dieses Beispiel ist nicht imaginär, sondern es ist mir passiert. Nach dem Kennenlernen der Frau habe ich von vielen Seiten eine vermeintlich einfache, türkische Erklärung gehört, wieso die Frau gar nicht in der Lage sei, »das alles« noch zu lernen: *dili dönmez* (auf deutsch so viel wie: »Ihre Zunge ist nicht wendig genug«, frei übersetzbar als: sie ist nicht mehr in der Lage). Später wurde mir gesagt, dass ich der 8. Lehrer sei, der sich an ihr »versuche« und sie seit 8 Jahren immer noch nicht das Alphabet könne und jedes Jahr »bei Null« anfange. Ich stelle hier einmal salopp die einzige Frage, die relevant ist: na und? *Meine innere Haltung* ist, dass Bildung nicht nur ein Kulturgut darstellt, sondern jedem Menschen eine Tür öffnen kann: zu sich selbst, für berufliche Perspektiven, für das zwischenmenschliche Miteinander, oder für den Alltag. Ist es da relevant, ob die Frau seit 8 Jahren keinen Fortschritt macht? Ist nicht vielmehr ihre Motivation, ihr unbändiger Wille und ihre Ernsthaftigkeit das eigentlich Relevante? Die Haltung der Lehrer*innen muss sein, dass der Bildungs- und Erziehungsauftrag nicht nur schulisch vorbildhaft gelebt und geliebt wird, sondern auch außerschulisch. Dazu gehört der Nährboden des Lernens, nicht nur das Lernen selbst. Das alles sind Teile *meiner* Identität und Haltung, weshalb ich mich sehr gerne dieser Frau angenommen habe. Ich habe mich, wie die anderen 7 Lehrer*innen der Frau vor mir, so gut ich konnte um das Inhaltliche bemüht und kurzfristig auch Erfolge gesehen, allerdings später gehört, dass sie ein Jahr später wieder bei Null anfing. Vielmehr habe ich aber versucht, der Frau klarzumachen, wie toll das ist, dass sie nicht aufgibt, dass sie mich jederzeit nach Material und Hilfestellung fragen und kontaktieren darf, dass sie nicht aufgeben soll usw. Inhaltlich ist es vielleicht schade, dass es »nicht viel gebracht hat«, aber auf der nicht-inhaltlichen Ebene stellt sich die Frage nicht einmal!

3. Stellen Sie sich vor, wie Sie zwei Schüler*innen hören, die sich gegenseitig herablassend und herabwürdigend beleidigen.

In einer hitzigen Diskussion oder kritischen Situation wie dieser ist lauter werden, herablassend oder gar herabwürdigend zu werden, weil man sich so über die Tat geärgert hat, zu einem gewissen Grad normal – passiert das nicht jedem? Affektive Ausschreitungen sind menschlich, insbesondere da sich die Diskrepanz zwischen der affektiven und sachlichen Ebene bei kurzer Überlegung jedem erschließt: man kann Gefühle nicht mit rationalen Argumenten erschließen, um damit den anderen durch kluge Argumente dahin zu bringen, dass bestimmte Gefühle abgeschwächt werden. Gleiches gilt natürlich auch für Situationen, die allen Lehrer*innen klar sein dürften: Unruhe, Unterrichtsstörungen, Zwischenrufe, verbale oder gegenseitige Aufstachelungen der Schüler*innen. *Natürlich* ist es mir selbst auch schon passiert, dass ich lauter geworden bin oder einzelne scharfzüngig angesprochen habe, weil ich affektiv reagiert habe. Aber das ist nicht die Regel, sondern die Ausnahme – denn Teil meiner Identität ist der Schutz der Würde, meine Geduld, einen kühlen Kopf bewahren zu können und vor allem in einer »hitzigen« Situation nicht selbst sofort »ergriffen« zu sein. In mir steckt kein Bedürfnis, jemanden vor *versammelter Mannschaft* zu diskreditieren, sondern im Gegenteil: vor versammelter Mannschaft betone ich aus tiefster Überzeugung heraus nur Positives! Das zeigt sich in meiner täglichen Präsenz in der Schule, sodass ich es nicht nur nicht nötig habe, meine Schüler*innen anzuschreien oder Ähnliches, sondern diese Situation dank meiner inneren Konstitution die absolute Ausnahme bleibt. Meine innere Haltung ist die, dass jeder das Recht hat störungsfrei zu lernen, dazu gehört nicht nur die Einforderung dieses Rechts für sich selbst, sondern natürlich auch die Einhaltung dieses Rechtes für die Störungsfreiheit der Anderen. Ich versuche, so gut ich kann, das in meinen schulischen Alltag einfließen zu lassen und abzubilden. Je länger meine Schüler*innen mich kennen, umso mehr ist ihnen klar, bei welchen Sprüchen, Aussagen und Handlungen ich besonders sensibel bin.

4. Stellen Sie sich vor, wie Sie morgens zur Schule kommen und eine ihrer Schüler*innen bettelt, nicht weit vom Schulhof entfernt, Passanten um Essen an.

Diese Situation zeigt auf einer besonders anschaulichen Ebene die *Identität* der Lehrer*innen auf. Sich »dem Fall« anzunehmen und die Situation für die Zukunft zu vermeiden versuchen, ist das Dienstliche. Auf dienstlicher Ebene sind viele Dinge denkbar: evtl. Gespräche mit den Eltern, evtl. schulinterne Gespräche mit Sozialpädagog*innen, evtl. eine Meldung an das Jugendamt, evtl. eine Vorstellung beim amtsärztlichen Dienst der Schulen, evtl. die Polizei zu rufen oder mit den zuständigen Kontaktpolizist*innen zu sprechen. Aber sich innerlich ergriffen fühlen, unendlich mit diesem Kind mitzufühlen, evtl. hinzugehen, das Kind einzusammeln und das eigene Frühstück abzugeben, sich mit den Kolleg*innen abzustimmen und ab diesem Tage jeden Morgen bei genau diesem Kinde ohne Öffentlichkeit nach dem Frühstück zu fragen und dann Ersatzfrühstück für dieses Kind dabei zu haben, das ist nicht dienstlich abzubilden, das bedeutet nämlich sich dem Kind »anzunehmen« und erst dann die dienstlichen Schritte einzuleiten. Mein erster Blick geht auf meine Schüler*innen. Ich setze mich hier sehr gerne der Kritik aus, dass das voreingenommen sei, dass ich beispielsweise meine Schüler*innen »mustere«. Das Aussehen ihrer Kleidung, ihrer Schulutensilien, ihrer Taschen, das Vorhandensein von Frühstück, eventuelle körperliche Blessuren bis hin zu Verhalten, das auf Misshandlungen deuten könnte. Aber ich bin der festen Überzeugung, dass der Blick für diese Dinge nicht nur den Aufbau einer Beziehungsebene zu meinen Schüler*innen erleichtert, sondern vor allem bildet sich der schulische Alltag auf diesen Dingen ab. Welches Kind kann konzentriert lernen, wenn es morgens nichts gefrühstückt hat oder keine Jacke besitzt und schon der Schulweg klarmacht, dass man durchgefroren ankommt? Oder eventuell sogar beides kombiniert? Welches Kind traut sich ohne Weiteres sich in der Umkleidekabine umzuziehen, wenn Brust und Rücken von Striemen und blauen Flecken übersät sind?[12] Meine Voreingenommenheit dient hier nicht dem Nachteil der Schüler, sondern im Gegenteil: das ist der Versuch der Schaffung einer bestmöglichen Lernatmosphäre für *alle* Schüler*innen.

5. Stellen Sie sich vor, wie Ihre Nachbarin, Freunde oder Bekannte Ihnen erzählen, dass ihr Kind mehrere Ordnungsmaßnahmen der Schule bekommen hat und Sie sehen in den Beschlüssen, Protokollen und Maßnahmen gravierende Mängel.

Dieses Beispiel habe ich in den vergangenen Jahren unter veränderten Bedingungen nicht nur immer wieder selbst erlebt, sondern vor allem heiß und engagiert mit meinen Kolleg*innen immer wieder diskutiert und besprochen. Es ist natürlich klar, dass meine Nachbarin mich auf der persönlichen Ebene (mein Privat-Ich) kontaktiert und mit mir ins Gespräch geht, aber eigentlich meine Profession (mein Lehrer-Ich) meint und diese Ebene hervorzukitzeln versucht. Wie bereits deutlich geworden ist, vertrete ich die These, dass für Lehrer*innen das Privat-Ich und das Lehrer-Ich nicht voneinander zu trennen sind, sodass ich die Bitte meiner Nachbarin, »mir die Unterlagen einmal anzuschauen« *natürlich* als Lehrer sehe – wie auch sonst? Und damit, so haben es einige meiner Kolleg*innen schon einmal ausgedrückt, arbeite ich angeblich gegen meine Zunft.

Die Argumentation läuft meist gleich ab: es obliege ja nicht mir, als Außenstehendem, die Fehler der Lehrer*innen aufzudecken und die getroffenen Be-

[12] Ich denke hierbei an Theorien zu Bedürfnissen die im pädagogisch-psychologischen Umfeld heutzutage leider wieder weniger Berücksichtigung finden, vgl. Maslow 1943; Di Vesta und Thompson 1970; Maslow 1981; Gürster 2009.

schlüsse und Maßnahmen damit aufzuheben, da ich ja die Inhalte und vor allem die Intentionen der Kolleg*innen nicht kenne und damit auch nicht beurteilen könne, ob das nun besser für das Nachbarskind sei oder nicht. Meine geliebten Kolleg*innen versuchen mich hier vor allem mit einem, von mir selbst sehr oft erwähnten, bestimmten Argument zu kriegen: die Expertenmeinung als Lehrer*in wird heutzutage leider oftmals unterschätzt, weshalb vor allem Eltern die Intentionen der Maßnahmen, die *ich* für meine Schüler*innen für sinnvoll erachte, anzweifeln und somit meine Expertenmeinung anzweifeln.[13] Und durch mein Eingreifen und das Verhindern der Umsetzung der verschiedenen Ordnungsmaßnahmen würde ich es nicht nur den Kolleg*innen der anderen Schule schwerer machen, sondern vor allem die Signalwirkung an die Eltern verstärken, dass es ja nicht ihr Kind sei, das Probleme mache, sondern die Schule. Und genau das sei es doch, was auch mich ärgern würde, wenn mir dasselbe passieren würde oder nicht? Hier dreht sich allerdings die Beweislast um und führt gleichzeitig zu meiner Identität zurück: für *mich* ist das höchste Gut die Entwicklung meiner Schüler*innen. Diese Entwicklung versuche ich durch bestimmte Erziehungs- und wenn es sein muss Ordnungsmaßnahmen zum Positiven hin zu begleiten. Hinter jeder Erziehungs- und Ordnungsmaßnahme steckt die Abwägung verschiedenster Fragen um das Beste für die betroffenen Schüler*innen zu ermitteln. Fragen nach der pädagogischen Sinnhaftigkeit, Fragen nach der Realisierbarkeit, Fragen nach dem Lerneffekt, Fragen nach der Dauer, Fragen nach der Härte der Maßnahme vor dem Hintergrund einer begangenen

[13] Ich denke hierbei oft an medizinische Sachverhalte: ich kenne keine einzige Umfrage oder Studie, in der medizinische Laien gefragt werden, wie beispielsweise ein Achillessehnenriss nun genau operiert werden könne. Die Expertenmeinung der Ärzte zu Behandlungsmethoden ist und war noch nie Teil in der Diskussion mit Laien gewesen. Stattdessen kritisieren natürlich Krankenkassen oder Wissenschaftler bestimmte Behandlungsmethoden – das sind aber auch *Professionals!* Aber für die Pädagogik kenne ich sehr viele Umfragen, in denen pädagogische Laien danach gefragt werden, ob nun dasunddas für die Kinder besser sei oder dasunddas. Gerade für die Schule gilt dasselbe Mantra wie für Fußball: weil alle auf ihre eigenen Erfahrungen zurückblicken können, sind sie die besseren Lehrer*innen oder Bundestrainer*innen. Nur leider wird dabei vergessen: die Erfahrungen stammen nicht nur von der anderen Seite des Lehrerpultes oder der Trainerbank, sondern sie sind subjektiv und durch keinerlei Recherchen, Studium, Erprobung und Durchführungserfahrung geprägt.

Tat, Fragen nach erzieherischer Konsequenz, Fragen nach der schulgesetzlichen Lage usw. Ich kenne persönlich **keine** einzige Lehrkraft, die das alles verneinen würde.

Aber sobald es beispielsweise um die formale Korrektheit der Beschlüsse und die Einhaltung der schulgesetzlichen Regeln geht, zählt die Intention und der Charakter all dieser Überlegungen nicht mehr. Das darf nicht sein. Das Gegenteil ist doch der Fall: *gerade weil* ich interessiert bin, den betroffenen Schüler*innen durch geeignete Maßnahmen und Impulse zu helfen, bemühe ich mich *alle* Ebenen zu berücksichtigen. Und dazu zählt nun einmal auch die formale Ebene. Dadurch, dass ich als Lehrer*in versuche, meine Beschlüsse *wasserdicht* zu machen, signalisiere ich doch Entschlossenheit und Ernsthaftigkeit! Es geht mir hier nicht um die juristische Ebene, diese ist nur der Hebel – und es ist für mich auch egal, ob ich juristisch alles super und fehlerfrei notiere.

Dabei ist es für mich auch völlig egal, ob ich im Vorfeld weiß, dass die Eltern sich einen Anwalt für meine Beschlüsse nehmen werden oder nicht. Es geht vielmehr um die Lage des Engagements und der damit verbundenen Signalwirkung: *Ich gebe mein Bestes, den Beschluss soundso zu formulieren, einfach um zu zeigen, wie entschieden ich bin und dass ich fest glaube, dass diese Maßnahme und jenes Gesamtpaket für dieses Kind das Beste ist!* Weiterführend frage ich mich: Bei wem zeigt sich denn die größere Entschlossenheit um des Kindes Willen? Bei demjenigen, der seine Intentionen, Überlegungen und Maßnahmen im Sinne des Schülers und der Eltern nicht »richtig« verschriftlichen kann? Oder bei demjenigen, der genau weiß, dass die allermeisten Kolleg*innen dieselben Fehler machen und damit »den wunden Punkt« kennt? Alle Lehrer*innen kennen die Strickfallen der Beschlüsse, nur: Diejenigen, die sie ignorieren, können sich doch nicht wundern, dass ihre Mühe nicht ernst genommen werden kann, wenn sie in wenigen Sätzen zerlegt werden kann? Ich habe hier auch schon oft dieselben Ausreden von Lehrer*innen gehört: Sie hätten das nie gelernt, seien nicht dafür ausgebildet worden usw. Es ist bezeichnend, dass gerade diese Kolleg*innen dann nicht aus Eigenantrieb etwas dagegen tun und sich zum Beispiel Fortbildungen in Schulrecht gönnen. Die innere Haltung sollte sein, dass man an sich selbst sehr hohe Erwartungen hat, insbesondere wenn es um Ordnungsmaßnahmen geht, denn diese können ein schwerer Eingriff in die weitere Laufbahn der Schüler*innen sein. Wieso gelte ich dann als *Nestbeschmutzer*, wenn ich also Beschlüsse von Kolleg*innen mit Leichtigkeit anfechten kann? Mir geht es nicht darum, meinen Kolleg*innen zu zeigen, was sie falsch gemacht haben. Sondern mir geht es darum, dass ich nicht zusehen werde, wie die Laufbahn eines Kindes gravierend geändert wird, wenn die entsprechenden Kolleg*innen nicht einmal in der Lage sind, diese Ernsthaftigkeit durch gewissenhafte und ordentliche Formulierung der Beschlüsse und Einhaltung formaler Regeln abzubilden. Die inhaltliche Ebene spielt dabei für mich nicht einmal eine Rolle! Im Gegenteil: Ich hatte schon sehr oft die Situation, dass ich inhaltlich *genau dasselbe* getan hätte wie die Kolleg*innen der anderen Schule(n), aber trotzdem habe ich die vorhandenen Bescheide erfolgreich angefochten und meinen Nachbarn, Bekannten, Freunden dabei geholfen, dass die ungerechtfertigte Art und Weise des Umgangs mit dem entsprechenden Kind aufgehoben wird.

Zusammenfassung

Lehrer*in-Sein heißt also eine Lehrer-*Identität* zu haben oder sogar weiterführend eine Lehrer-Identität zu *sein*. Eine Identität, die sich um die Schüler*innen bemüht und Verantwortung für sie übernimmt, sie beschützt und verteidigt, wo es nötig ist, pusht und motiviert, sie herzt, wo es genehm ist, sie durch Impulse und Eingriffe miterzieht und durch Methoden, Fachkenntnisse und Überlegungen dazu bringt, sich dem Lernen zu öffnen. Eine Identität, die den Grundstein für das Verständnis dieses Berufes legt und sich somit **in jeden Berufsbereich** ausbreitet. Ich vermisse diese Identität bei vielen Kolleg*innen. Sei es aus der Tatsache heraus, dass sie diesen Beruf gewählt haben, weil diese Identität vielleicht nie vorhanden war, dass ihnen diese Identität im Laufe der Jahre »abhanden« gekommen ist oder dass sie ihre Identität im Sinne der Rollenaufteilung von ihrem Lehrer*in-Sein abgrenzen und sich nicht privat in die Schule und in ihren Lehrerberuf einbringen möchten.

Das ist nicht nur schade, sondern das ist ein wesentlicher Grund für den eher schlechten Ruf unseres Berufsstandes. Wir werden bemessen an mangelnder Haltung, gemachten Fehlern, nicht übernommener Verantwortung, einer eher schlechten Außenwirkung und an vielen anderen subjektiven Erfahrungen. Was die positiven Bewertungen angeht, zeigt sich allerdings im Gegenteil deutlich: diejenigen Lehrer*innen, die uns alle geprägt hatten, »hatten was« – und dieses Etwas ist ihre Haltung, ihre Identität, die sie in unserem Sinne eingebracht haben. Fangen wir nun also mit einer Bestandsaufnahme der Lehrer*innen in Deutschland an.

2 Lehrer*innen und ihre Verantwortung

The lesson should be preached and the
sermon should be taught.

(Vladimir Devakov)

Jedes Bundesland in Deutschland hat, dank des Föderalismus, sein eigenes Schulgesetz und seine damit verbundenen Teilgesetze, Teilverordnungen, Verfügungen, Erlasse usw. Interessant ist, dass in *jedem* Bundesland der nahezu wortwörtlich selbe Satz steht: *Die Lehrer*innen tragen für ihre Arbeit die pädagogische Verantwortung und sind in diesem pädagogischen Wirken frei.*

Der Begriff Verantwortung ist in diesem Kontext – und somit im Berufsverständnis – abstrakt, denn er ist weder messbar, noch objektiv einzugrenzen. Die Verantwortung, die von den Lehrer*innen getragen wird, bemisst sich also an ihrem Empfinden ebendieser, auf formeller Ebene oder in der Praxis des Wirkens und in Streitfragen immer am Einzelfall. Hierzu lassen sich verschiedene Situationen in den Fokus rücken, um die Abstraktheit und die Spannungen des Verantwortungsbegriffs im schulischen Alltag deutlich zu machen. Die Beispiele a) und b) beschreiben die pädagogische Verantwortung und deren *Erweiterung* und *Verschiebung* in die organisatorische Verantwortung hinein, während die Beispiele c) und d) die Spannungen innerhalb der pädagogischen Verantwortung einer jeden Lehrkraft aufzeigen.

a) Ich kenne nur wenige Lehrer*innen die außerschulische Ausflüge oder Fahrten unsinnig, unwichtig und unrichtig finden. Im Gegenteil: den meisten Kolleg*innen ist der Mehrwert solcher Erlebnisse natürlich klar.

Sie tragen also während der Klassenfahrt die Verantwortung für ihre Schüler*innen. Nun zeigt sich am Beispiel Klassenfahrt aber auch die andere Seite der Medaille: die der formellen und organisatorischen Verantwortung. Wer mit seiner Klasse eine Klassenfahrt machen möchte, muss sich meist selbst um die komplette Organisation kümmern und damit einhergehend auch die organisatorische und formelle Verantwortung tragen: Für die Planung der Woche, für die Kosten der Herberge, Tagesausflüge, für das Einsammeln des Geldes von allen mitfahrenden Schüler*innen. Diese Verantwortung ist explizit in keinem Schulgesetz niedergeschrieben, sondern ergibt sich aus den Umständen. Aber müssen die Lehrer*innen diese Verantwortung auch tragen? Ich kenne keinen anderen Beruf, bei dem sich Ziele plötzlich auf einer Ebene wiederfinden, auf der *ich* die Haftung für die *Umsetzung* ebendieser Ziele übernehme.

Das heißt konkret: ich plane sehr gerne die Klassenfahrt und überlege mir, welche Ziele für meine Klasse aus welchen Gründen sinnvoll und wichtig sein könnten, ich gestalte gerne die Woche, ich übernehme gerne die Aufsicht bei den Ausflügen. Aber wieso muss *ich* bei Zahlungsverweigerungen der Eltern die Haftung gegenüber der Herberge übernehmen und könnte eventuell auf den Kosten sitzen bleiben? Wieso muss *ich* eine Klassenkasse über mein eigenes Konto abwickeln und damit alle Zahlungen, Buchungen, eine Steuererklärung usw. nachweisen für etwas, dass sich aus meinen pädagogischen Pflichten heraus nicht ableitet? Das gilt übrigens ja auch dann, wenn man für seine Klasse eigens ein Konto einrichtet, auch dann läuft es »unter meinem Namen«. Natürlich *muss* ich das nicht – keine Lehrer*in muss das. Aber welchen Wert hat meine pädagogische Arbeit, wenn sich niemand bereit erklärt, die organisatorische Verantwortung zu tragen, die dieser pädagogischen Arbeit den notwendigen Rahmen bietet? An dieser Stelle kommt übrigens sehr oft und gerne der Einwand, dass man sich ja eben auch verweigern könne und nur »Dienst nach Vorschrift« machen solle – zur Abgrenzung und zum Schutze vor der Zunahme von falsch platzierter Arbeit. Allerdings bringt dieses Argument die weniger engagierten Kolleg*innen dazu, nur das Nötigste zu machen.

b) Schüler*innen werden von den Lehrer*innen benotet und bewertet. Der Ausdruck einer schulischen Leistung, eines Leistungszuwachses oder einer Arbeitsverweigerung durch Noten, Lernentwicklungsberichte, Kompetenzbeschreibungen oder Ähnliches ist überall auf der Welt wesentlicher Bestandteil der täglichen Lehrer*innen-Praxis. Auch hier zeigt sich das zwiespältige Verhältnis zwischen der pädagogischen und organisatorischen Verantwortung. Pädagogisch verantwortlich zu sein heißt, dass ich die Lernausgangslage meiner Schüler*innen *erhebe*, danach die Entwicklung meiner Schüler*innen, die Lösungen, Lösungswege, ihre Produkte, ihre Mitarbeit, ihr Engagement, ihre Unterrichtsstörungen usw. *beobachte*, durch zwischenzeitliche Kontrollen in Form von Arbeiten, Gesprächen, Tests oder Prüfungen Fortschritte *feststelle*, diese innerhalb eines Bewertungsmaßstabes *einordne* und die Entwicklung abschließend *zusammenfasse* und *beurteile*. Hier kommt allerdings unmittelbar die formelle Verantwortung dazu: *Ich* muss das alles sauber und ordentlich, nachvollziehbar und so detailliert wie möglich notieren, transparent machen, im Gespräch oder Zweifelsfall zugänglich machen und auch nach Beendigung des oftmals angesprochenen Lehrer-Schüler-Verhältnisses verschieden lange archivieren – je nach Bundesland.

Natürlich ist klar, dass die pädagogische Verantwortung der schulischen Entwicklung meiner Schüler*innen ohne formelle, nachvollziehbare und vor allem korrekte Notation in der Realität gar nicht möglich ist, aber die Verschiebung meiner pädagogischen Verantwortung in die organisatorische Ebene hinein kann ursprünglich eigentlich nicht so gedacht gewesen sein. Außerdem hätte es wenig Konsistenz, wenn die Lehrer*innen nicht alles notieren müssten, schließlich wären dann alle Lehrkräfte gezwungen, sich sonst alle Noten, alle mündlichen Beiträge und die komplette Entwicklung aller Schüler*innen zu *merken* – ich bezweifle, dass das möglich ist.

c) Die pädagogische Verantwortung für meinen Umgang mit meinen Schüler*innen zu tragen, heißt einerseits, dass ich meinen Schüler*innen nur das zumute, wovon ich der Meinung bin, dass ich dafür auch die Mitverantwortung tragen kann – das heißt, vor mir selbst rechtfertige, dass der Arbeitshinweis oder meine Aufforderungen in bestmöglichstem Maße stimmig sind. Das kann sich auf viele verschiedene Arten und Weisen ausdrücken. Zum Beispiel konzipiere ich eine Klassenarbeit so, dass ich versuche an alles Wesentliche zu denken. Dazu gehört die Ausgangssituation und Vorkenntnisse, besprochene und unterrichtete Inhalte, Schwierigkeitsgrade und vieles mehr. Ich versuche darauf hinzuarbeiten, dass die Klassenarbeit meinen Schüler*innen auf eine *faire* Art und Weise *gerecht* wird. Dann verantworte ich die Ergebnisse sehr gerne. Das muss aber auch beinhalten, dass ich mich wundere, wenn es nur 5en und 6en gibt und dann nicht ausschließlich die Verantwortung von mir wegschieben kann! Oder dass ich einen Elternabend mehr »als nötig« einberufe, auf dem ich den Eltern dieselben Hinweise, Ratschläge und Szenarien erkläre wie meinen Schüler*innen. Damit ich *mir selbst* nicht vorhalten kann, ich hätte nicht versucht, so viele Zugänge wie möglich zu aktivieren. Kurzum: ich sehe meine Verantwortung so, dass ich mit mir selbst ausmache, was ich vor mir selbst im Sinne meiner Schüler*innen für vertretbar halte.

d) Anders als in Beispiel c) beschrieben heißt, die pädagogische Verantwortung zu tragen aber auch andererseits, dass ich mich von meinen Schüler*innen abgrenzen kann und sogar muss, wenn bestimmte Dinge passieren, weil ich der Meinung bin, dafür nicht die Verantwortung übernehmen zu können. Die beiden »klassischen« Beispiele dafür sind Klassenfahrten und Laufbahnberatung. Fast alle Lehrer*innen kennen die Situation, dass es einige, vereinzelte, Schüler*innen gibt, die man von einer

Klassenfahrt *leider* (!) ausschließen *muss*, einfach weil man als Lehrer*in nicht die Verantwortung dafür übernehmen kann, dass eventuell etwas mit oder durch bestimmte Schüler*innen passiert. Das ist ein bisschen paradox, denn: pädagogischer Ausschluss sollte das letzte Mittel sein und ist eigentlich nur dann sinnvoll, um die Ordnung wiederherzustellen. Natürlich gibt es auch Schüler*innen, die »etwas ausgefressen haben« und deshalb von einer Klassenfahrt im Sinne einer Erziehungs- oder Ordnungsmaßnahme ausgeschlossen werden. Innerlich bin ich wegen derjenigen Schüler*innen zerrissen, bei denen das nicht der Fall ist und die ich trotzdem ausschließen muss, weil ich sie zum Beispiel aufgrund von vergangenen Situationen nicht mehr einschätzen kann, weil sie keine Kooperation signalisieren oder weil sie mein ihnen entgegengebrachtes Vertrauen ausgenutzt haben und somit keine Möglichkeit für einen weiteren Vertrauensvorschuss offen lassen. Ich kenne viele Kolleg*innen, die dasselbe schon etliche Male durchgemacht haben. Niemand findet das *schön*, denundden zuhause zu lassen, aber andererseits kann niemand von einer Lehrer*in erwarten, dass sie die Verantwortung für eine Person (!) übernehmen soll, wenn sie selbst sich das bereits nicht zutraut. Und hier ist »zutrauen« nicht im Sinne einer Angst gemeint, sondern im Sinne einer professionellen Einschätzung, dass die Folgen unvorhersehbar sind und somit die Verantwortung vor anderen und vor allem vor sich selbst nicht getragen werden kann.

Hier drängt sich eine schöne Frage auf, die nur wenige Antworten findet: in welchem anderen Beruf trage ich eine *pädagogische*, also auch abstrakte, Verantwortung für meine tagtägliche Arbeit in einem solch weitreichenden Maße? Das heißt konkret: die Verantwortung für *alle* Gedanken und Pläne, die ich mir zu meinen Schüler*innen mache, mit oder ohne Unterrichtsbezug, um meine Schüler*innen bei ihrer Entwicklung individuell positiv zu unterstützen und an den richtigen Stellen – auch über *Jahre hinweg* – Impulse zu setzen? Sicherlich ließe sich auch ein »stärkeres« Adjektiv finden, dass diese Verantwortung nicht nur als *pädagogisch* bezeichnet – es gibt ja auch nur eine überschaubare Anzahl pädagogischer Berufe. Wichtiger als die Bezeichnung ist jedoch die Feststellung, dass es keinen anderen, subjektbezogenen, Beruf mit einer vergleichbaren Verantwortung gibt.

Die Abstraktheit und die Spanne dieser Verantwortung, die wir Lehrkräfte tragen, macht deutlich, dass die pädagogische Arbeit nicht bloß den Erziehungs- und Bildungsgehalt umfasst, sondern eine tiefere Dimension: die charakterliche Ausprägung und positiv-unterstützend-identitäre »Einflussnahme« auf unsere Schüler*innen. Es lohnt sich deshalb, einen umfassenden Blick auf die in Deutschland tätigen Lehrer*innen zu werfen, um einige weiterführende Gedanken auch in Zahlen sichtbar zu machen.

Bestandsaufnahme: Lehrkräfte in Schulen

Alle wesentlichen Daten und Fakten *aller* Schulen werden in allen Bundesländern Deutschlands gesammelt und statistisch erfasst. Dazu zählen: die Anzahl aller tätigen Lehrer*innen, erteilten Unterrichtsstunden, unterrichteten Fächer, erteilten Vertretungen, ausgewiesenen Ausfälle, Anzahl der unterrichteten Schüler*innen usw. Diese Daten und Fakten werden jährlich zusammengetragen und vom Statistischen Bundesamt veröffentlicht (genannt »L-Busta«, abgekürzt für Lehrer-Bundesstatistik). Die L-Busta ist insofern interessant, als dass sie von verschiedenen Seiten als differenzierte Argumentationsgrundlage herangezogen wird - Gewerkschaften, Behörden, Wissenschaftlern, Politikern und gelegentlich auch vom Volksmund. Denn die Anzahl der Lehrer*innen ist dank der L-Busta unstrittig. Strittig ist, »was draus gemacht wird«. Viele Diskussionen, die sich an der L-Busta abreiben und Probleme, politische Leitideen und Veränderungswünsche verdeutlichen sollen. Schaut man in die diesjährige L-Busta (Tab. 2.1 auf S. 40) sind viele Diskussionen der vergangenen Monate nur anhand der Zahlen ableitbar, die ich hier wertfrei noch einmal kurz und knapp aufzeigen möchte:

- der allgemeine Lehrer*innen-Mangel, auf den zu wenig reagiert wurde

- die zu wenig beworbenen und beachteten Lehrer*innen für berufliche Schulen
- viel zu wenig Lehrer*innen in Vorklassen, insbesondere seit der »Flüchtlingsbewegung« von 2015
- die »Frauenquote«, die auch im öffentlichen Dienst eingeführt wurde und somit auch für Stellenbesetzungsverfahren bei Lehrkräften gilt (Beförderungsstellen und Schulleitungsstellen), obwohl Frauen in allen Schulformen überrepräsentiert sind – während in bestimmten Schulformen (z.B. Grundschulen) eine »Männerquote« nicht eingeführt wird
- die Überrepräsentation durch Gymnasiallehrer*innen, die zulasten der Chancengleichheit geht u.v.m.

Natürlich ist es ein Leichtes, die vorhandenen Zahlen optimistisch oder pessimistisch zu deuten – schwer hingegen scheint die Aufgabe, sich der Menschen, den Persönlichkeiten und Identitäten, hinter den Zahlen bewusst zu werden und darauf zu reagieren. Ich beziehe hier bewusst die L-Busta ein, denn die 821.001 Lehrer*innen in Deutschland tragen alle eine Verantwortung – und diese Verantwortung geht mit der bereits erwähnten Identität einher.

Verantwortung und Identität

Verantwortung und Identität gehen »Hand in Hand«, denn niemand übernimmt gerne und schon gar nicht berufstechnisch für Personen, Sachverhalte und Dinge die Verantwortung, wenn man *im Inneren* nicht davon überzeugt ist, dieser Verantwortung gerecht zu werden oder diese überhaupt tragen zu können. Das heißt nicht, dass man sich vor der Verantwortung fürchtet, sie als »zu große Last« empfindet oder keinen Bezug zu der verantworteten Sache hat, sondern es heißt einfach, dass sich »das Innere« dagegen sträubt, die Verantwortung zu tragen oder vielleicht auch tragen zu müssen. Wenn ich diese Haltung also nicht klar identifizieren und vor allem auch verbalisieren kann, äußert sich das in einem diffusen Gefühl der inneren Abwehr und damit zu einer Vermeidung oder

Lehrkräfte nach Schularten in Deutschland

Schulart	Lehrkräfte insg.	…davon die Lehrerinnen in %
Berufliche Schulen	**125 472**	**53,1%**
Allgemeinbildende Schulen	**685 566**	**73,1%**
…davon an		
Vorklassen	642	85,5%
Schulkindergärten	2154	94,2%
Grundschulen	200 076	89,5%
schulartunabhängigen Orientierungsstufen	8 274	81,4%
Hauptschulen	28 023	65,3%
Schularten mit mehreren Bildungsgängen	46 260	70,6%
Realschulen	54 615	65,9%
Gymnasien	176 223	60,4%
integrierten Gesamtschulen	89 805	66,0%
freien Waldorfschulen	7 395	64,2%
Förderschulen	68 562	77,6%
Abendhauptschulen	36	58,3%
Abendrealschulen	810	58,5%
Abendgymnasien	918	56,5%
Kollegs	1 398	58,6%
Unmögliche Zuordnung	**378**	**81,7%**
Summe	**821 001**	**70%**

Tabelle 2.1: Lehrkräfte an allgemeinbildenden und beruflichen Schulen insgesamt in Deutschland (Schuljahr 2018/2019), sowie Anteil der Lehrerinnen, erstellt nach DESTATIS 2020.

Verneinung der Verantwortung – in der Psychologie *negative Copingstrategie* genannt.

In der Schule wird das oft verkannt und andere Gründe werden vorgeschoben. Mir wurde zum Beispiel schon oft unterstellt, dass ich persönlich etwas gegen denundden Schüler hätte und deshalb würde ich mich soundso benehmen – mein »Gerede« von Verantwortungsübernahme sei nur vorgeschoben. Das ist nicht der Fall! Vielmehr ist es bei mir genau andersherum und zwar *gerade* wegen meiner Identität.

Verantwortung wird von vielen Lehrer*innen nicht *ernst genug* genommen. Die Verantwortung, die ich für meine Schüler*innen übernehmen möchte und auch muss spiegelt sich in meinem identitären Verständnis von Verantwortung. Für mich heißt Verantwortung übernehmen: in Gänze zu sich selbst stehen, aber vor allem zu den anderen zu stehen. Ich habe an mich selbst sehr hohe Erwartungen und diese spiegele ich meinen Schüler*innen. Ich versuche aus mir selbst stets das Bestmögliche herauszuholen und somit meinen Schüler*innen dasselbe »vorzuleben«. Das ist Teil meiner Identität und damit hängt zusammen, dass aus meinem Inneren heraus das Bedürfnis wächst, Verantwortung für dasunddas zu übernehmen.

Die Verantwortung für meine Schüler*innen zu tragen, heißt also in der Praxis, sie dazu zu motivieren, ihr Bestes zu geben, sich für sich selbst und andere einzusetzen, zu dem zu stehen, was man gemacht hat und dann auch die Konsequenzen auszuhalten – nicht halbherzig sein, sondern sich mit Leib und Seele hineinknien; das alles vor dem Hintergrund der *individuellen* Möglichkeiten. Ich bin verantwortlich für meine Schüler*innen und das heißt für *mich*:

- dass ich für sie und ihre Eltern bei Fragen und Notlagen erreichbar bin,
- dass ich ihre schulischen Leistungen überblicke mit allem was formell dazu anfällt,
- dass ich sie sozial unterstütze und versuche, sie positiv-weiterentwickelnd zu bestärken,

- dass ich ihnen helfe, ihr Arbeitsverhalten zu verbessern,
- dass ich ihnen helfe, ihre Charaktereigenschaften kennenzulernen und auszubauen,
- dass ich ihnen helfe, sich zu verbalisieren,
- dass sie durch meine Mithilfe irgendwann dazu in der Lage sind, sich selbst und ihre Umstände zu hinterfragen,
- dass sie eine eigene Meinung und eventuell sogar Haltung ausprägen und diese reflektieren,
- dass ich verbindlich für sie da bin und sie sich auf mich verlassen können – egal was ist.

Das klingt umfassender, als es ist und an dieser Stelle kommt oftmals der Vorwurf oder Hinweis von Kolleg*innen, dass wir »Lehrer und keine Beichtväter, Hebammen, Ärzte, Bewährungshelfer, Elternersatz, Ausbilder, Therapeuten oder Ähnliches« seien.

Dahinter höre ich das Argument raus, dass ich die Verantwortungs*abgabe* der Eltern oder der betreffenden Schüler*innen nicht in eine Verantwortungsannahme verwandeln muss. Sprich: ich muss mich nicht für alles im Leben meiner Schüler*innen verantwortlich fühlen. Das ist auch sinnig, richtig und wichtig. Allerdings möchte ich deutlich sagen: das tue ich auch nicht. Ich fühle mich nur für die Bereiche verantwortlich, die *ich* für mich dem Lehrer-Sein zuordne und auch nur für das, was ich vor mir selbst verantworten *möchte. Das* ist meine *Identität.* Das heißt für mich zum Beispiel,

- dass ich meine Augen und Ohren im Freundes- und Bekanntenkreis nach Ausbildungsplätzen offenhalte, wenn ich weiß, dass einige meiner Schüler*innen welche suchen und gut dahin passen könnten. Auch wenn eine Gefahr bestehen könnte, dass meine Vermittlung »auf mich zurückfällt«, wenn sich beispielsweise meine Schüler*innen daneben benehmen.

Damit habe ich keine Probleme, im Gegenteil: ich bemühe mich, meine Schüler*innen dahin zu bringen, dass sie das ernst nehmen und dankbar sind, dass sich ihnen eine Chance auftut (egal von wem vermittelt) und sie sich so gut sie können *reinknien*.

- oder dass ich verzweifelten Eltern, die mit Briefen vom Jobcenter kommen, die sie sprachlich nicht verstehen und in denen es beispielsweise um den (ausgebliebenen) Schuljahreszuschlag geht, *sehr gerne* den Antrag durchgehe. Das kostet mich zwar 2 Stunden meiner Lebenszeit, die keine Arbeitszeit und folglich unbezahlt ist, aber den Mehrwert und die Beziehung und Bindung, die ich dadurch aufgebaut habe, sind nicht nur unbezahlbar, sie gehören vor allem zu meinem inneren Berufsverständnis. Ich nehme die Verantwortungskette der Schulgesetze wörtlich: *Ich* bin der erste Ansprechpartner eines Kindes in meiner Klasse, wenn es um schulische Belange geht. Und hier möchte ich deutlich sagen: Es ist unglaublich selten der Fall, dass man sich für einen Antrag von Eltern zwei Stunden Zeit nehmen muss. Es ist eher zu 85-90% so, dass die Eltern anrufen und etwas auf dem Herzen haben und nicht wissen, wie sie vorgehen könn(t)en. Meine Hilfe sieht dann so aus, dass ich kurz und knapp erkläre, wie das »eigentlich« sein müsste, anschließend weitere Unterstützung anbiete und dann sage, wo man was einreichen kann oder was der nächste Schritt ist oder wer der zugehörige Ansprechpartner ist – wenn nicht ich.

Natürlich können das auch anstrengende Gespräche und Telefonate sein, denn sie kommen zu den tausend anderen, schul-alltäglichen Erledigungen noch dazu und damit sind sie eine Mehrbelastung, die man auch ablehnen oder völlig anders organisieren könnte, aber sie erzeugen eine positive und vertrauensvolle Atmosphäre und vermitteln deutlich, wie ich meine Verantwortung sehe. Ich könnte noch viele weitere Aufzählungspunkte hinzufügen. Beispielsweise die Beobachtung von Kindeswohlgefährdungen, Missbrauch, Vernachlässigungen und neben der behördlichen Meldungen der manchmal zwiespältige, persönliche und schulische Umgang mit alledem. Sich auch davor nicht wegzuducken, sondern seinen Schüler*innen beizustehen, macht nur meine Entschlossenheit deutlich und zeigt meine Wertigkeit meinen mir anvertrauten Schüler*innen gegenüber. Und das kann an vielen anderen Stellen wertvoll sein. Zum Beispiel in schwierigen Konferenzen oder Ähnliches. Und selbst ohne schwierige Situationen: ich habe eine meinerseits unerschütterliche Beziehung aufgebaut oder versucht eine aufzubauen und damit gezeigt, wie entschieden ich an der Entwicklung der *mir anvertrauten* Schüler*innen interessiert bin und, dass *ich* die Verantwortung dafür übernehme. Dies alles zeigt sich im Grunde in den drei großen Bereichen, auf die nachfolgend eingegangen wird: Beziehungsarbeit, Erziehungsauftrag und Bildungsauftrag.

2.1 Beziehungsarbeit als *Fundament*

Wie wahrscheinlich aus meinen Gedanken zur Verantwortung der Lehrer*innen deutlich geworden ist, ist meine tagtägliche pädagogische Arbeit für mich vor allem eine *mitmenschliche* Arbeit. Das heiß ganz konkret: ich arbeite mit Menschen zusammen und deshalb muss ich in der Lage sein, zu diesen Menschen eine Beziehung aufzubauen und diese zu gestalten. In den letzten 100, vor allem aber 40 Jahren, ist durch Forschungen, Theorien und praktische Konzepte immer wieder bestätigt worden, wie unabdingbar eigentlich Beziehungsarbeit und damit einhergehend vor allem Vertrauen im pädagogischen Kontext ist.[14] Daraus lässt sich zusammenfassen, was viele immer noch nicht verstanden haben: Wenn etwas wie eine solide *Beziehungsarbeit* unverzichtbar ist, dann heißt das im Umkehrschluss, dass Beziehungsarbeit also eine wesentliche Grundlage für den Lehrerberuf darstellt. Ich gehe sogar noch weiter: Ohne Beziehungsarbeit ist kein pädagogisches Miteinander möglich – das ist leider in vielen Köpfen immer noch nicht angekommen. Das liegt vor allem an verschiedenen Haltun-

[14] Ich möchte hier auf die verschiedensten Konzepte und Forschungen aufmerksam machen, vgl. Narowski 1974; Goodlad 1990; Mergel-Hölz und Willerscheidt 2010; Fabel-Lamla und Welter 2012; Omer, Alon und Schlippe 2016.

gen und Vorstellungen, die einerseits nicht nur alt und obsolet sind, sondern vor allem auf überholten und längst widerlegten Lerntheorien gründen.

Beziehungsarbeit als Fundament pädagogischen Wirkens

Mit Erschrecken muss man festhalten, dass in Deutschland die Beziehungsarbeit nicht nur nicht gewürdigt, sondern sogar absolut ignoriert wird. So, als wäre sie etwas Schlechtes. Das gilt für Eltern, pädagogische Mitarbeiter*innen, wie für Lehrer*innen! Es wird leider immer noch mit großem Misstrauen, bedingt durch Vorurteile verschiedenster Art und Weise, auf eine vertrauensvolle und enge Beziehung zwischen *pädagogischer Fachkraft* und ihrem *Gegenüber* geguckt. Im Fall Schule: Lehrer*innen einerseits und Schüler*innen andererseits. Ich möchte anhand von drei Gedanken exemplarisch aufzeigen, wie wertvoll und bereichernd Beziehungsarbeit im pädagogischen Kontext sein kann.

(1) **Alle Inhalte, die in der Schule vermittelt werden, vermittele ich nicht durch meine bloße Ansage, das Abstottern von Inhalten oder das Verteilen von Materialien, sondern *hauptsächlich »durch« oder auch »über« die Beziehungsebene.*** Das klingt vielleicht »schwammig« oder so, als könnte die Beziehungsebene alles Mögliche umfassen, es ist aber etwas anderes gemeint. Wenn ich an meine eigenen Lehrer*innen zurückdenke und feststelle, was diesen gut oder schlecht gelungen ist, stelle ich fest: Bei allen davon, zu denen ich »einen guten Draht« hatte, habe ich nicht nur positive Gefühle, sondern ich kann viel mehr der Inhalte und besprochenen Dinge wiedergeben, als bei Anderen. Dieser »gute Draht« ist die Beziehungsebene und sie reicht sogar so weit, dass man davon ableiten kann, was alles möglich ist. Ich selbst habe angefangen Musik zu lieben, einfach weil ich mit Herrn Rischer den besten Musiklehrer der Welt hatte. Er hat es durch tolle Beziehungsarbeit zu mir geschafft, seine eigene Leidenschaft Musik auch zu meiner Leidenschaft zu machen und mir das Gefühl zu geben, dass es eines der schönsten Dinge auf der Welt ist, wenn man ein Instrument lernt. Nach kurzer Zeit hatte ich ihn angefleht, dass er mir außerschulisch Gitarrenunterricht geben möge, koste es was es wolle. Genau dieses

Gefühl kennen viele: Weil beispielsweise die Wirtschaftslehrerin diejenige gewesen ist, zu der man die beste Beziehungsebene hatte, liebt man Wirtschaft und wähnt sich vielleicht sogar in einem Beruf in diesem Bereich. Genauso bekannt ist der Wunsch von Schüler*innen, dass eine bestimmte Lehrer*in ein anderes Fach unterrichten sollte. Das alles ist kein Zufall und durch die pädagogisch-psychologischen Paradigmen leicht zu erklären: Wenn ich eine gute Beziehung zu einer Person habe und diese mich mit etwas in Berührung bringt, zum Beispiel dem landläufigen *Hassfach* Mathe, werden meine Gedanken und vor allem Gefühle gegenüber Mathe tendenziell eher positiv sein. Was wiederum Tür und Tor öffnet, dass ich anfange mich dafür zu interessieren. Durch eigenes Interesse steigt folglich die Motivation für das Lernen, denn etwas zu lernen, das ich interessant finde, macht mir mehr Freude. Die Chancen für einen Lernzuwachs steigen verständlicherweise rasant.

Wenn ich mir diesen Zusammenhang bewusst mache, ärgere ich mich noch mehr über zwei ganz bestimmte Aussagen, die ich vornehmlich von Lehrkräften aus Berufsschulen und Oberstufen höre: je älter die Schüler*innen seien, desto weniger Pädagogik bräuchte man – und gerade deshalb sei es ja auch legitim, dass in der Ausbildung von Gymnasial- und Berufsschullehrkräften so ein besonderer Schwerpunkt auf Fachlichkeit statt Beziehungsarbeit gelegt werde. Beides ist aus zweierlei Gründen Unsinn: Erstens braucht man nicht *weniger* Pädagogik, sondern *andere* Pädagogik. Anders altersgerecht, andere Zugänge, andere Ansprachen, andere Regeln und Rituale und andere Grundvoraussetzungen was die Schulwahl und Anwesenheit angeht. Und zweitens ist die Fachlichkeit im pädagogischen Kontext *nutzlos*[15] gegenüber einer fehlenden pädagogischen Grundausbildung. Diese hilft mir übrigens auch dann nicht, wenn ich nicht bereit bin, mich auf Beziehungsarbeit einzulassen und wenn das meinem Verständnis der Berufsidentität nicht entspricht, dass ich als Berufsschul-

[15] Es ist längst erwiesen, dass fachfremd-unterrichtende Lehrer*innen gegenüber Expert*innen den besseren, im Sinne von qualitativ-lernzuwachssichernden, Unterricht machen. Das bedeutet, dass eine Biologie- und Deutschlehrerin tendenziell besseren Physikunterricht als ein Ingenieur macht, vgl. Korneck u. a. 2010; Milster und Nordmeier 2016; Beuttler 2018; Caspari 2018.

lehrer sowas machen müsse. Dieses Phänomen werden auch viele kennen: eine Lehrer*in, die sich auf der Beziehungsebene nicht um uns bemüht hat und sozusagen nur »bereit stand« für Fragen oder Probleme. Wie wird sich bei diesen Kolleg*innen wohl das Interesse, die Freude, die Motivation und der Lernzuwachs bemerkbar machen? Leider (für sie) nachteilig.

Ich finde das auch nicht schlimm oder möchte das bewerten und schon gar nicht möchte ich die Kolleg*innen der Berufsschulen und Oberstufen schlechtreden. Aber wenn jemand, unabhängig von der Schulform, der Meinung ist, dass man nur in den Unterricht gehen, seinen Fachunterricht machen und dann wieder herausgehen könne, der ist nicht nur fehl am Platze, sondern richtet gar Schaden an. Mir persönlich ist dies leider nunmal durch Berufsschullehrkräfte und Oberstufenlehrkräfte begegnet, die eine Beziehungsarbeit als unnötig oder als Nebensache abgetan haben.

(2) Von der Beziehungsebene hängt mein täglicher Umgang und das Miteinander mit meinen Schüler*innen ab. In Kap. 1 habe ich versucht aufzuzeigen, dass die verschiedenen Bereiche meiner Identität und inneren Haltung mich als Lehrer ausmachen. Das ist alles das, was *mich* angeht. Jetzt tritt dieses Gesamtpaket von mir *in Beziehung* zu den Schüler*innen und zeigt sich bei jedem anders. Das heißt: Ich bringe mich mit meiner Identität als Lehrer in der Schule ein und treffe nun auf meine Schüler*innen, die sich auf mich als Person einstellen müssen und ich muss mich gleichzeitig mit meiner Lehreridentität auf meine Schüler*innen einstellen. Die Beziehungsebene gestaltet sich und wird bei und mit allen Schüler*innen neu definiert. Egal, ob es um Verhalten, Charaktereigenschaften oder Sprache geht.

Das klingt ein bisschen kompliziert, aber konkret meine ich zum Beispiel: ein Teil meiner Identität zeigt sich in meinem individuellen Verhalten, da ich persönlich zum Beispiel *touchy* bin. Ich herze meine Schüler*innen und zeige ihnen durch Berührungen, was ich ausdrücken möchte – beispielsweise Lob für eine 2 in der Mathearbeit durch Schulterklopfen mitteilen, Freude über den geschafften Schulabschluss in Jhg. 10 durch eine Umarmung zeigen, meine Schüler*innen auf der Straße außerhalb der Schulumgebung per Handschlag begrüße, durch kleine Gesten Trost spende oder durch intensiven Blickkontakt um Aufmerksamkeit bitte, wenn jemand im Konzert neben mir sitzt und ständig mit seinem Sitznachbarn redet. Dieses Verhalten ist fester Bestandteil meiner Identität und somit meines Lehrer-Seins. Jetzt trete ich mit diesem Verhalten mit Schüler*innen in Beziehung, die z.B. gerade neu an unsere Schule gekommen sind und weder mich, noch mein typisches Verhalten kennen. Natürlich muss ich »vorsichtig« und zurückhaltend sein, das könnte nicht nur falsch verstanden werden (z.B. übergriffig), sondern vor allem auch den schlechten Grundstein einer Beziehung legen. Es gilt schließlich in der Schule der Grundsatz wie überall in unserer Gesellschaft: niemand wird angefasst, wenn man das nicht möchte.

Also ist es natürlich in solchen Situationen nötig und angebracht, genau zu gucken und zu beobachten, wie sich die Schüler*innen verhalten und ggf. zu verbalisieren, wenn etwas nicht in Ordnung war (beispielsweise bei einem Schulterklopfen meinerseits). Dieser Umgang mit meinen Schüler*innen auf der Beziehungsebene äußert sich, wie gesagt, im Verhalten, in den Charaktereigenschaften und in der Sprache. Es wird also sein, dass ich mit meinen Schüler*innen völlig anders umgehe, mich ihnen gegenüber anders verhalte, andere Charaktereigenschaften einbringe oder ganz anders mit ihnen spreche als ihre Eltern es tun. Nicht selten wird dabei das Verhalten der Lehrer*innen von den Eltern als deutlicher Kontrast wahrgenommen. Allerdings möchte ich hier deutlich sagen: das ist nicht nur normal, sondern vor allem *muss* es so sein. Meine Schüler*innen *müssen* doch gerade zu mir eine andere Beziehung haben, als zu ihren Eltern. Gerade das macht doch mein Lehrer-Sein aus![16] *Weil* von der Be-

[16]Eine Mutter hat sich einmal bei mir »beschwert«, dass ich ganz anders mit ihrem Sohn rede, als sie es tue. Er würde zuhause die Formulierungen benutzen, die sein Klassenlehrer benutzt und das sei ihrer Meinung nach zu salopp. Beispielsweise sagte ich einmal, dass ich von allen, die im letzten Kurztest eine 3 oder besser geschrieben haben, erwarte, dass sie zu den Hausaufgaben dazu noch die Zusatzaufgaben machen, alles andere sei »doch sonst luschig«. Ich sei doch ein Sprachvorbild und müsse doch auch darauf achten, dass die Kinder nicht meine Sprache annähmen, sagte die Mutter. Ich erklärte ihr, dass ich gerade das einerseits schön finde, denn ihr Sohn hat offenbar die sprachlichen Aspekte unserer Beziehungsebene für sich herausgezogen, aber andererseits könne sie nicht von mir erwarten, dass ich die Sprachmus-

ziehungsebene mein täglicher Umgang und das Miteinander mit meinen Schüler*innen abhängt, zeigt sich ein großes Spannungsfeld in der Schule: alle Schüler*innen wollen *für sich gesehen* werden. Das heißt eine eigene, solide, einzigartige Beziehung zu ihren Lehrer*innen aufbauen und gleichzeitig wollen sie zu einem gewissen Grade *nicht anders als die anderen* behandelt werden. Dieser Bereich ist wichtig, denn hierin zeigt sich die Anstrengung des Lehrerberufs: eine Beziehung zu 25-100 Schüler*innen aufzubauen, die alle das Gefühl haben wollen, dass *sie für sich gesehen* wurden.

(3) **Bindung *geht vor* Bildung.** So einfach und simpel das klingt, so kompliziert und gleichzeitig wunderschön und wichtig ist dieser Satz. Sich einzugestehen, dass Bindung *vor* Bildung kommt, heißt nicht nur zu erkennen, dass die Bildungsinhalte eben *über* die Bindung transportiert werden, sondern es heißt, vor allem zu erkennen, dass die Bindung das primäre Ziel ist und nicht die Bildung. Ich muss mich erst einmal um meine Schüler*innen bemühen und nicht um meine Inhalte. Oder anders gesagt: ich muss bei meinen Schüler*innen ansetzen, nicht von meinem Fachunterricht aus. Viele Lehrer*innen werden jetzt aufschreien und betonen, dass wir nicht Erzieher*innen sind, sondern gerade Lehrer*innen sich dadurch von Erzieher*innen unterscheiden, dass sie ja *gerade die Bildung* vermitteln. Das ist zwar ein berechtigtes Argument, allerdings fehlt dahinter die eben angesprochene Sicht die *von den Schüler*innen her gedacht* ist. Und wenn man bei seinen Schüler*innen ansetzt, das heißt zu allererst versucht zu allen eine solide, verbindliche, individuelle Beziehung aufzubauen, dann stellt sich die Bildungsebene dem nicht zufälligerweise an, sondern sie muss es sogar. Das ist auch einfach zu erklären: wenn ich meinen Unterricht plane, dann bedenke ich *so oder so* wie weit ich kommen möchte, welche Unterrichtsstörungen durch welche Settings vermieden werden können – aber so-

ter und Phrasen, die sie selbst für angemessen hält, eins zu eins in mein eigenes Sprachvokabular aufnehme. Ich spreche so, wie ich spreche – und bemühe mich dabei wertschätzend und konstruktiv zu sprechen (siehe Kap. 1.3). Aber gleichzeitig ist meine individuelle Art zu sprechen eben auch Ausdruck meiner Identität, zu der meine Schüler*innen eine Beziehung aufbauen und dazu gehört, dass ich nunmal gerade so bleibe, wie ich bin, denn sonst gäbe es diese einzigartige Identität (die alle Menschen besitzen) nicht.

bald ich eine Beziehungsebene habe, fällt mir diese Planung doch gerade *noch* leichter. Eben *weil* ich meine Schüler*innen besser kenne, weil ich weiß, wie ich einzelne besser unterrichtlich *anspreche*.

Der Begriff »Bindung« entstammt der Bindungstheorie und ist damit eine entwicklungspsychologische Annahme der Psychoanalyse, die darauf beruht, dass Menschen ein grundlegendes, angeborenes Bedürfnis haben, Beziehungen zu Mitmenschen aufzubauen, die durch enge und intensive Gefühle geprägt sind. »Bindung« heißt also in unserem Zusammenhang, dass wir als Erwachsene die Kinder und Jugendlichen *auf uns* beziehen. Im Grunde ist das entwicklungspsychologisch nichts anderes, als dass die Kinder und Jugendlichen uns als ihr menschliches Gegenüber wahrnehmen, an das sie sich halten können. Wenn wir uns als Lehrer*innen den Kindern und Jugendlichen *verbunden* fühlen, lassen sich die Kinder und Jugendlichen auf den Prozess des stetigen Anleitens, Begleitens und damit des Lernen als Ganzes ein und wir, als Erwachsene, bringen nur deshalb die nötige Geduld und Muße auf, durch unsere Zuwendungen die Kinder und Jugendlichen auch emotional und sozial – also psychosozial – zu entwickeln. Der Kinder- und Jugendpsychiater Michael Winterhoff fasst das zusammen: »Der Lohn der Anstrengungen ist die altersgemäß ausgebildete kindliche Psyche und damit die schrittweise Befähigung des Kindes, später einmal als junger Erwachsener ein erfülltes und selbstständiges Leben führen zu können. Eventuell sich einstellende gute Tischmanieren sind nicht etwa das Ziel, sondern eine Folge dieser Entwicklung.«[17] Das eben genannte Beispiel ist aus der entwicklungspsychologischen Sicht deshalb noch einmal interessant vor Augen zu führen: Wenn ich meine Schüler*innen besser kenne, dann fällt mir die Unterrichtsplanung leichter. Das ist die entwicklungspsychologische Sicht des Sachverhalts aus der Perspektive der Lehrer*innen. Die entwicklungspsychologische Sicht aus der Perspektive der Schüler*innen ist, dass diese die Wertschätzung für ihre Arbeit und Mühe auch in der Schule brauchen, wenn sie beispielsweise ihre Hausaufgaben erledigen – und weil wir als Lehrer*innen zu

[17] Winterhoff 2019, S. 45.

den Schüler*innen in Beziehung stehen, machen die Schüler*innen ihre Hausaufgaben *für uns*. Das ist insbesondere der Fall, je jünger die Schüler*innen sind – als Lehrer*innen ignorieren wir diese Tatsache gerne, aber die Hausaufgaben werden hauptsächlich *für uns* oder *für die Eltern* gemacht.[18]

»Bindung vor Bildung« stellt sich nicht nur im unterrichtlichen Kontext ein, sondern vor allem im Kontext der schulischen Laufbahn der Schüler*innen. Jede Lehrer*in wird eine Schülerin oder einen Schüler vor Augen haben, wo die schulischen Bildungsinhalte im Sinne des Fachunterrichtes leider schwach ausgeprägt sind und sich auch durch Hilfsmaßnahmen nicht großartig steigern lassen. Ich selbst habe auch solche Schüler*innen. Bindung kommt gerade bei diesen Schüler*innen vor Bildung! Manchmal ist es so, dass die Leistung nicht mehr steigerbar ist, weil die Inhalte nicht verstanden wurden oder weil die Zugänge für die Schüler*innen nicht greifbar sind. Gerade dann finde ich es sinnfrei, meine Bindung ans Ende zu stellen. Sondern hier ist es umso wichtiger, klar zu machen, wie bedeutsam die Bindung ist, auch wenn es an der Bildung hapert: »Es ist okay, dass du keine bessere Mathenote ›schaffst‹, *ich* sehe deine Mühe, *ich* weiß, du findest das Fach doof, das hast du *mir* oft genug gesagt. *Ich freue mich trotzdem*, dass du dich bemühst, dass es dir nicht egal ist, dass du dich nicht ausbremsen lässt. *Mir* ist das wichtig und *ich* freue mich, dass du versuchst, Spaß in meinem Unterricht zu haben und mitmachst, statt zu blockieren!« Ich habe oben bereits beschrieben, wie wichtig gerade positive Gefühle und die Beziehungsebene für eine positive Assoziation zum Fach, vor allem aber zum Lernen sind. Diesen Schritt in so einer Situation zu verpassen, ist nicht nur unendlich schade, sondern bedeutet vor allem, dass die Situation außerhalb des eigenen Unterrichtsfaches den Lehrer*innen egal zu sein scheint.

Den größten Vorteil, den ich darin sehe, dass die Bindung vor der Bildung kommt, ist der außerschulische Kontext und die charakterliche Stärkung der Schüler*innen. Bindungen und Beziehungen aufzubauen, auszubauen, abrei-

[18] Empirisch ist übrigens auch längst nachgewiesen, dass Hausaufgaben keinen leistungsrelevanten Mehrwert mit sich bringen – siehe dazu exemplarisch Rademacher und Combes 1998; Nilshon 1999; Niggli, Trautwein und Schnyder 2010; Gängler und Markert 2010.

ßen zu lassen, zu beenden oder mit dem Verlust umzugehen, ist eine Lebensaufgabe. Diese Aufgabe stellt sich also nicht nur in der Schule, sondern *auch* in der Schule. Das heißt, dass auch meine Bindungen und Beziehungsebenen zu meinen Schüler*innen eine Tragweite für ihr Leben haben. Ich denke hier zwar an alle Schüler*innen, aber vor allem auch an solche, die in ihrem Leben bisher nie oder nur vereinzelt eine stabile Beziehung aufbauen konnten – welche Erwartung kann man an so ein Kind stellen, wenn es dann Lehrer*innen gibt, die der Meinung sind, der Unterricht gehe vor? Richtig, keine. Solche Schüler*innen sind in den ersten Monaten im Grunde nur daran interessiert, beispielsweise die Klassenlehrer*innen sooft es geht zu sehen und bei diesen gibt es *zufälligerweise* weniger Konflikte, als bei anderen – woran das wohl liegt? Die Dimension wird ja bereits an diesem Beispiel deutlich.

Trotzdem denke ich auch an andere Beispiele: Schüler*innen, die Zwischenmenschliches nicht oder nur rudimentär gelernt haben. Hier kommt oft das Argument von Lehrer*innen, dass man einem 10-jährigen Kind ja nicht auch noch Manieren, Höflichkeit, Stillsitzen, leise sprechen etc. beibringen müsse, denn sonst käme man mit seinem Unterricht ja *nie mehr* voran. Gerade andersherum wird ein Schuh draus: wenn ich den Schüler*innen das alles *nicht* vermittle, komme ich irgendwann ja gar nicht mehr dazu Unterricht zu machen. Ich stelle hier deshalb einmal an solche Kolleg*innen die Gegenfrage mit Ausblick auf die Zukunft: wenn sich also niemand einem 10-jährigen Kind in der 5. Klasse annimmt und auch diese Dinge durch eine geduldige und verlässliche Bindung und Beziehung in Angriff nimmt und aufbaut, wie soll dann *irgendjemand* erwarten, dass in Zukunft diese Dinge »sitzen«? Und weiter noch: nichts zu tun hieße ja außerdem, dass man auch den anderen Kolleg*innen ins Fleisch schneidet, denn *alle* leiden darunter, dass solche Kinder öfter den Unterricht stören, dazwischenrufen oder vieles mehr. Nicht zuletzt denke ich auch an Schüler*innen, deren Identitäten sich nicht störungsfrei ausbilden konnten und die innerlich zerrissen sind. Diese Schüler*innen sind sogar oftmals nur durch diejenigen Lehrer*innen zu erreichen, die die beste Beziehung zu ihnen haben. Beispielsweise zeigt sich im Radikalisierungsprozess insbesondere bei

Jugendlichen, dass sie durch emotionale Schieflagen zugänglich für radikale Inhalte werden: weil sie sich vermeintlich verstanden *fühlen*, hören sie sich gefährliche Predigten an oder schließen sich gefährlichen Predigern an. Dies ist nur leider sehr spät erkannt worden und nicht umsonst ein Grund dafür, wieso die Bundesländer und der Bund immer mehr Fortbildungen und Multiplikatorentrainings für Lehrer*innen anbieten, die sich mit einer *primären Prävention* beschäftigen. Im pädagogischen Kontext heißt primäre Prävention vor allem Charakterstärkung – was mit größtem Erfolg vor allem von denjenigen Personen gestärkt werden kann, die meinen Charakter überhaupt kennen und eine Beziehung zu mir aufgebaut haben: meinen Lehrer*innen.

Beziehungsarbeit und Identität

Es ist hoffentlich deutlich geworden, dass ohne den inneren Drang eine Beziehung zu seinen Schützlingen aufbauen zu wollen, weder ein qualitativ hochwertiger Unterricht möglich ist, als auch etliche Chancen und Möglichkeiten verpasst werden. Die Beziehungsarbeit von der inhaltlichen, methodischen, erzieherischen und bildungsbasierten Arbeit loszulösen, ist also weder beruflich begründbar noch sinnvoll. Die Frage ist nur, wie kann sich das in der Identität »zeigen« und wie kann man herausfinden, ob man innerlich diese Beziehungsarbeit voranstellt? Es gibt natürlich nicht eine einzige Antwort, sondern es ist eine Mixtur der vorangegangenen Bereiche und vor allem die innere Motivation und Bereitschaft, sich damit auseinanderzusetzen:

- man ist innerlich bereit dazu, Verantwortung zu übernehmen. Damit meine ich nicht nur die Verantwortung für den Unterricht und das Fachliche, sondern zum Beispiel auch die Verantwortung für eine Klassenleitung und alle damit verbundenen Aufgaben. Dazu zählt auch die Verantwortung dafür zu übernehmen und sich im Vorfeld klar zu machen, dass man zu einem gewissen Grad auch Projektionsfläche für die Erwartungen, Vorstellungen und Hoffnungen Anderer ist, denen man nicht immer gerecht werden, aber um die man auch keinen Umweg machen kann.

- man gibt dem Gedanken an Beziehungsarbeit denselben Raum wie dem Fachunterricht und der Erziehungsarbeit. Hierbei ist vor allem wichtig, dass man alle Schüler*innen, also Kinder und Jugendliche, *für sich* sieht, annimmt und aufnimmt, egal, welche bildungsbiographischen, soziokulturellen, ökonomischen oder sonst was für Hintergründe sie haben. Das ist leichter gesagt als getan, vor allem wenn man in seiner eigenen Biographie vielleicht mehr Berührungspunkte zu einigen Schüler*innen hat als zu anderen. Dennoch ist hier der gleiche, engagierte Einsatz um und für jedes Kind entscheidend – wie erwähnt zunächst einmal vor allem auf der Beziehungsebene.

- man hat positive Gefühle und eine offene, bejahende Haltung beim Gedanken daran, dass man sich auf viele verschiedene Menschen einlässt. Nicht viele kennen den Satz, den auch ich nur bei wenigen Lehrer*innen gehört habe: *je mehr du von dir selbst gibst, umso mehr bekommst du zurück*. Dieser Satz ist insofern wahr, als dass die Schüler*innen sehr schnell merken werden, ob jemand in eine Rolle schlüpft und sich verstellt oder wie sehr sich jemand verstellt. Das heißt natürlich nicht, dass man seine Schüler*innen informieren soll, wann man zum Beispiel mit der Zeugung des zweiten Kindes anfängt, aber es kann zum Beispiel heißen, dass man sich ihnen vorstellt und sagt, dass man eine Frau und eine Tochter hat oder welche Hobbys.

- man zeigt im Verhalten und in den Handlungen bereits Beziehungsarbeit. Hierzu passt für mich vor allem der berühmte Spruch »Bilder sagen mehr als tausend Worte« – denn wer in seinem Verhalten und in seinen Handlungen bereits Beziehungsarbeit geleistet hat, sollte sich Bilder vor Augen führen können, in denen man sich selbst von außen sieht und erkennt, wie sich eine Beziehung ausdrückt. Man kann auf den Habitus, die Kleidung oder das Auftreten achten. In diesem Zusammenhang erinnere ich mich an eine Situation während eines Klassenausflugs, in der ich einen meiner Schüler in der Straßenbahn instinktiv und ohne Worte hinter meinen Rücken schiebe und mich schützend vor ihn stelle, während wir an einem offenbar alkoholisierten, pöbelnden Mann vorbeigehen.

- man zeigt in den Charaktereigenschaften bereits Beziehungsarbeit. Viele Menschen sehen Charaktereigenschaften in einer Beziehung als »passend« oder »unpassend« an, so, als würde man an eine Liebesbeziehung denken, in der man eine bestimmte Charaktereigenschaft des Anderen mag oder nicht mag. In einen pädagogischen Kontext lässt sich das aber nicht übertragen. Ich möchte das anhand des Beispiels »Autorität« erörtern: Autorität wird gemeinhin als eine Charaktereigenschaft gesehen, bei der man andere durch die Rolle, durch Manipulation, Einschüchterung oder Drohung, kurzum durch Machtausübung dazu bringt, etwas Bestimmtes zu tun. In der Pädagogik ist dieses Denken nicht nur überholt, sondern vor allem in einer konstruktivistischen Herangehensweise widerlegt, da Autorität vielmehr der Status einer Beziehung ist. Und diese Beziehung definiert auch das Autoritätsmaß: Ich bin also nicht Lehrer*in und per se autoritär, sondern wenn dasunddas passiert, kann ich autoritär gegenüber demunddem sein – aber auch nur, wenn diese Person dem zustimmt, das heißt, das zulässt.[19] Wenn wir die Gedanken des 1. Kapitels aufgreifen, dann können wir mit einfachen Worten erklären, was im schulischen Kontext zur *Autorität* führt: wir werden von unseren Rezipienten, also den Schüler*innen, permanent beobachtet und diese sehen ja, ob die gesprochenen oder angekündigten Botschaften mit den Entscheidungen und Handlungen übereinstimmen – falls ja, entwickelt sich mit sehr hoher Wahrscheinlichkeit Vertrauen, aber auch Autorität.

- man zeigt in der Sprache bereits Beziehungsarbeit. Wie bereits im Kapi-

[19] Machtbasierte Autorität ist soziologisch vor allem durch die Denkrichtung der *Frankfurter Schule* und pädagogisch-psychologisch vor allem durch die Durchsetzung des *Konstruktivismus'* kritisch rezipiert worden. Heute ist machtbasierte Autorität gegen die Relation der präsenten Stärke eingetauscht – das Konzept dazu heißt *neue Autorität* (im niederländischen Kontext auch *connected authority*), vgl. Omer und Von Schlippe 2015; Omer, Alon und Schlippe 2016.

tel 1.3 deutlich gemacht, ist Sprache in der Lage alles zu zerstören. Ich bin mit diesem Satz nicht sehr detailliert auf die Beziehungsebene gegangen, sondern habe damit nur angedeutet, was das heißen kann. Im Detail muss man sich bei der Sprache als Rahmen von Beziehungsarbeit klar machen, dass ich gerade durch sprachliche Mittel auf die deutlichste, vor allem aber öffentlichste Art und Weise ausdrücken kann, wie ich die Beziehung zwischen meinen Schüler*innen und mir sehe. Nicht selten habe ich Eltern bei Klassenkonferenzen beobachtet, die »geschockt« waren, wenn sie von den Kolleg*innen Sätze hörten wie diesen: »Ich finde, Ihre Tochter ist eine tolle Schülerin und gehört auf jeden Fall in diese Klasse!« – der Grund dafür ist unterschiedlich, ich selbst sehe vor allem zwei große Hürden: 1. nach einer Beziehungsebene zu fragen (Welche Eltern fragen die Lehrer*innen schon »Und, wie stehen Sie so zu unserem Kind?«) und 2. ungefragt diese Beziehungsebene als Lehrer*in anzusprechen (Wie viele Kolleg*innen fangen an mit Sätzen wie »Erst einmal möchte ich etwas dazu sagen, welchen Draht ich zu Ihrem Sohn Michael habe!«). Das ist beides schade, denn es wirkt dadurch so, als sei die Beziehungsebene ein Tabuthema – wohingegen sie ja gerade das Gegenteil ist! Für Lehrer*innen sehe ich hier großes Potenzial: Denn wenn man mit wenigen, bedachten Worten eine vertrauensvolle und starke Beziehung aufbauen, ausbauen und anderen gegenüber ausdrücken kann, dann rundet sich das Bild nicht nur ab, sondern es wird perfekt – vorausgesetzt man begreift den Wert der Beziehungsarbeit als das erste Ziel.

2.2 Erziehungsauftrag als *Rohbau*

Die Frage, was genau Erziehung ist und welche Ziele sie verfolgen kann, ist in der Pädagogik und Psychologie ausgiebig diskutiert worden. Ich möchte sehr kurz und knapp eine eigene Zusammenfassung liefern, um einer langen Diskussion aus dem Weg zu gehen und nur einen Grundstein zu legen, auf den ich mich nachfolgend beziehen kann:

Mit **Erziehung** meinen wir alle pädagogischen Mittel und die pädagogische Beeinflussung gegenüber einer anderen Person, um das Verhalten dieser Person dauerhaft und langfristig zu verändern. Als Konsequenz der Erziehung einer anderen Person lassen sich im Grunde drei große Aspekte des Lebens feststellen: (1.) die Entwicklung der individuellen Persönlichkeit – *Personalisation*, (2.) die Anpassung und die Vertrautmachung mit gesellschaftlichen Denk- und Gefühlsmustern – *Sozialisation* und (3.) die (unbeabsichtigte) Einbindung in die eigene Kultur – *Enkulturation*.

Erziehung ist natürlich nicht nur das Genannte, aber im Grunde ist das Genannte ausreichend um Erziehung zu beschreiben. Wenn wir im pädagogischen Kontext von Kindererziehung sprechen, ist es wichtig, dass wir uns klarmachen, dass Erziehung vor dem Hintergrund von verschiedenen Konzepten, Zielen, Mitteln, Methoden und Normen gedacht werden muss. Das heißt Erziehung kann aufgrund einer bestimmten Intention (z.B. Kinder dahingehend zu erziehen, dass es ein schwaches oder starkes »Geschlecht« gibt oder die Hautfarbe (k)eine Rolle spielt oder Ähnliches) massiv von der Norm abweichen, wenn viele andere Kinder so nicht erzogen wurden. Eine große Abweichung zu anderen Kindern wird auch dann vorliegen, wenn zwar dieselben Ziele und Intentionen verfolgt, aber andere Methoden und Mittel benutzt werden (z.B. Kinder, die physischer und psychischer Gewalteinwirkung ausgesetzt sind). Dieser kleine Exkurs ist für das Lehrer-Sein wichtig, denn vielen Lehrer*innen sind nicht nur *zu wenige* Erziehungskonzepte und erzieherische Mittel bekannt, sondern vor allem sehen noch immer zu viele Lehrer*innen ausschließlich den Bildungsauftrag, anstatt den Erziehungsauftrag. In der Lehrer*innen-Ausbildung ist übrigens der Schwerpunkt ebenfalls leider falsch gesetzt: fast ausschließlich erziehungs*wissenschaft*lich statt erziehungs*praktisch*. Das ist als Argument insofern bereits aber immer noch falsch, als dass es kein »statt« geben darf: Erziehung und Bildung gehen Hand in Hand. Wichtig ist, was die Lehrer*innen daraus machen. Da der Erziehungsauftrag – wie der Bildungsauftrag auch – ohne Bindung und Beziehungsebene *nicht funktionieren kann*, ist es wichtig, sich klarzumachen, dass unsere Aufgabe auch nicht gelingen kann, wenn wir erzieherisch keinen Einfluss auf das Verhalten unserer Schüler*innen nehmen wollen! Das liegt nicht daran, dass wir fehl am Platze sind, sondern an der heterogenen und pluralistischen Zusammensetzung einer jeden, also auch unserer Gesellschaft. Und die Schule ist nunmal der Spiegel der Gesellschaft, denn sie bildet im Kleinen ab, was sich landesweit im Großen zeigt, mit nur wenigen Ausnahmen.

Die Schüler*innen sind in jedem Bereich auf einem unterschiedlichen Stand, sodass die beiden großen Bereiche Erziehung und Bildung für uns vor allem heißen, dass wir *unbedingt daran mitarbeiten sollten*, denn sonst wäre ja auch ein auf Bildungsziele hinarbeitendes Verständnis gar nicht möglich. Wie soll Unterricht in einer Klasse von 22-28 Schüler*innen der 3. Klasse reibungslos funktionieren, in der 5-9 Schüler*innen nicht in der Lage sind, 45 Minuten durchzuhalten und in dieser Zeit verschiedene Sozial- und Arbeitsphasen mitzumachen? Sich in solch einer Situation vor der Erziehung wegzuducken, heißt die Schüler*innen aufzugeben. Wenn wir auf die Definition von Erziehung schauen, dann fokussiert sich Erziehung auf *das Verhalten*. Durch Erziehung versuchen wir Einflussnahme auf jegliches Verhalten zu nehmen, unabhängig davon, ob dieses als »richtig«, »wichtig«, »angemessen« oder »nötig« begriffen wird. Das heißt andersherum: nur weil jemand ein bestimmtes Verhalten an den Tag legt, hat das nicht zu sagen, dass dieses Verhalten auch innerlich von der betroffenen Person »gewünscht« ist – denn durch die Erziehung hat die andere Person ja gerade genau das gelernt, sich der Norm entsprechend zu *ver-halten*.

Was fällt unter den schulischen Erziehungsauftrag?

Ob Erziehung bei der (un-)erzogenen Person auch im Geiste angekommen ist oder nicht, zeigt sich in der Schule immer wieder: zum Beispiel berichten Kolleg*innen übereinstimmend davon, dass Schüler*innen immer weniger Manieren anerzogen werden und die Schüler*innen immer weniger verbalisieren können, wieso dies überhaupt wichtig sei. Auch ich habe schon Fünftklässler erlebt, die nicht wirklich mit Messer und Gabel essen konnten und auf diverse, vorsichtige Nachfragen meinerseits gleich reagiert haben: »Alle könnten das doch so machen!? Was ist daran schlimm!?« Mal abgesehen davon, dass ich das nicht schlimm, sondern nur unendlich schade finde, stellt sich an diesem Beispiel natürlich unmittelbar die Frage für alle Lehrer*innen: »Muss ich *das jetzt auch noch* im Blick haben?«

Diese Frage ist schwer zu beantworten, denn die Antworten hängen ja einerseits davon ab, wie viel Wert man persönlich auf Tischmanieren legt, wie viel andere Verhaltensbereiche sozusagen »mitbetroffen« sind, welche eigenen Erfahrungen und Erlebnisse man damit hat und vor allem, ob das Anerzogene kulturell bedingt ist. Ich finde hier interessant, dass insbesondere Lehrer*innen der älteren Generation sich über diese Dinge beklagen. Natürlich kennen wir keine monokausalen Gründe dafür, allerdings ist in diesem Zusammenhang nicht von der Hand zu weisen, dass viele Lehrer*innen aus *bildungsnahen* Schichten stammen und nicht sehr viele bildungsbiografische Überschneidungen zu vielen Schüler*innen haben. Und deshalb auch nicht selbst erlebt haben, wie es ist, wenn man aus dem Elternhause wenig bis gar keine Unterstützung bekommt, warum Allgemeinwissen so gut wie kaum vorhanden ist, höfliche und »selbstverständliche« Benimmregeln unbekannt sind und einiges mehr.

Die Frage zu beantworten, ist deshalb nachrangig gegenüber einer Agenda, die sich die Lehrer*innen überlegen sollten, natürlich entsprechend ihrer Schüler*innen: habe ich zum Beispiel in meiner Klasse 12 von 25 Schüler*innen, die nicht still sitzen können oder halb-brüllend sprechen oder nie gelernt haben, andere ausreden zu lassen, sind das Dinge, die eher in Angriff zu nehmen sind, als zwei asiatische Kinder, die in der Mensa beim Essen manchmal rülpsen. Ich selbst würde grundsätzlich erst einmal versuchen, erzieherische Lücken oder Probleme, die ich beobachte, *nicht zu übersehen* und mir nach und nach »eine Rangfolge« der dringlichsten Dinge überlegen. Das heißt nicht, dass alles, was in der Schule erzieherisch nicht läuft, auch in der Schule gelöst werden muss – aber die Ressourcen der Schüler*innen müssen gesehen und abgewogen werden. Dazu zählen nicht nur die Bereiche, in denen die Schüler*innen schon erzogen sind, sondern auch das Engagement der Eltern, das soziale Umfeld oder die schulischen Leistungen. Viele Lehrer*innen »sehen« den erzieherischen Stand der Schüler*innen vor allem im Zusammenhang mit *Unterrichtsstörungen*. Nur leider ist den meisten Lehrkräften fachlich gar nicht klar, wie sich Unterrichtsstörungen durch die Schüler*innen zusammensetzen: zu 90% sind sie endogen und zu 10% exogen begründet (siehe Abb. 2.1). Endogen meint

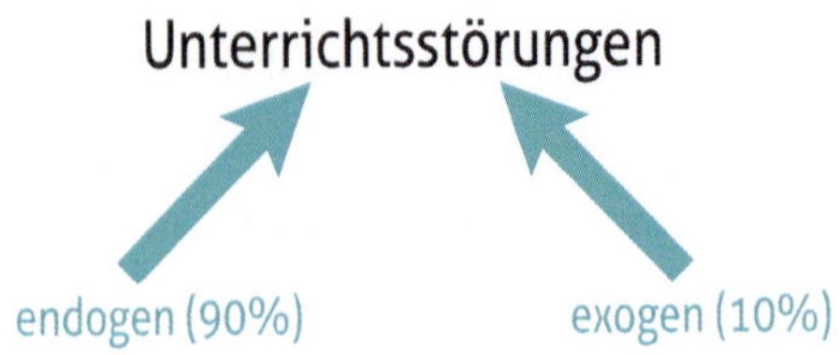

Abbildung 2.1: Unterrichtsstörungen haben endogene und exogene Ursachen.

hierbei Unterrichtsstörungen, die durch »innere« Ursachen der Schüler*innen bestimmt sind, wie z.B. physische Tagesform (Müdigkeit, Hunger etc.), psychosoziale Tagesform (Druck, Stress, Angst etc.), innere Unruhe oder vorangegangene Konflikte. Exogen sind all diejenigen Unterrichtsstörungen, die durch »äußere« Ursachen entstehen können, wie z.B. Planungsfehler der Lehrkräfte (zu viel Zeit, die zu Leerläufen führt, Unklarheiten im Ablauf, zu schwierige/leichte Beschäftigung, zu hoher CO_2-Gehalt in den Klassenzimmern, viel zu heiße und nicht klimatisierte Räume oder fehlende Transparenz – viele dieser Faktoren können endogene Reaktionen wie Unkonzentriertheit, Unruhe, Müdigkeit und Aggressionen hervorrufen), Konflikte mit Schüler*innen, Situationsärger (Stift weg oder Tasche geklaut) oder ein spontanes Ereignis (Unfall oder schlechte Nachrichten erhalten).

Viele Lehrer*innen sehen in Unterrichtsstörungen einen fehlenden Teil in der Erziehung, der sich in »ihrem Unterricht« dann nachteilig bemerkbar macht. Typisches Beispiel dafür ist ungefragtes »Reinrufen« durch Schüler*innen im Unterricht. Gerade kürzlich hat mir ein Kollege erzählt, dass er bei Zwischenrufen in der Q1 oder Q2 nichts sagt und das sozusagen »einfach mit der Note verrechnet«, denn er sei der Meinung, dass man sowas in dem Alter und vor dem Hintergrund, das Abitur bestehen zu wollen, ja mittlerweile kapiert haben müsse, dass einfach reinzurufen störend sei. Das Fatale an dieser Haltung ist, dass der Kollege gegen eine Situation, die durch erzieherische Mitwirkung zu lösen oder adaptieren wäre, nichts tut. Das kann nicht sein. Das ist nicht nur wegducken vor der Arbeit, sondern durch so eine Haltung sendet man vor allem den anderen Schüler*innen gegenüber das Signal, dass störungsfreies Lernen für alle Anderen nicht wichtiger ist, als die Notenvergabe und die Zusammensetzung der Noten.

Es gibt viele Möglichkeiten auf Unterrichtsstörungen zu reagieren, wichtig ist allerdings, dass man sich schlicht klarmacht, wieso sie in den allermeisten Fällen zustande kommen. Eine typische Situation ist beispielsweise, dass man in einer Sicherungsphase natürlich nicht alle Schüler*innen zu Wort kommen lassen kann, sondern nur einige wenige. Viele Schüler*innen rufen in so einer Situation dann oftmals ihre Lösungen rein und kassieren von den allermeisten Lehrkräften dafür einen Rüffel. Ich selbst dulde dieses Verhalten auch nicht, allerdings sehe ich den Hintergrund des Reinrufens: die meisten Schüler*innen wollen schlicht »gesehen« werden, das heißt, sie wollen genauer gesagt, dass *ich* sehe, dass sie eine richtige Lösung haben. Dieses Verhalten zu bestrafen ist nicht nur unsinnig weil es negative Verstärkung ist, sondern nicht zielführend. Zielführend hingegen ist es, das positive und erwünschte Verhalten zu verstärken – positive Verstärkung. Das kann auf sehr unterschiedliche Art und Weise sein: diejenigen Schüler*innen direkt ansprechen, nach dem Unterricht ansprechen, durch einen Verstärkerplan eine unmittelbare Rückmeldung geben oder durch gezielte Blicke. Unabhängig von den Fragen nach den einzelnen erzieherischen Zielen, sehe ich bei den meisten Lehrer*innen vor allem Unklarheiten darüber, *wie* die Schüler*innen zu erziehen sind – also mit welchen Mitteln und Methoden. Entscheidend ist: wenn ich als Lehrer*in in eine orientierende Beziehung zu meinen Schüler*innen gehe, kündige ich nicht ständig Konsequenzen an, sondern ich lasse meine Schüler*innen *erleben*, wie es ist, wenn sie etwas gut machen oder wenn sie die Regeln nicht einhalten. Dadurch akzeptieren sie mich als ihren Orientierungs- und Fixpunkt und diese Akzeptanz bleibt aufrecht erhalten – das gehört zur oben erwähnten Bindung! Vielen Lehrer*innen sind Ordnungsmaßnahmen[20] besser bekannt als Erziehungsmaßnahmen. Das ist nicht nur schade im Sinne verlorener Energien und falsch gesetzter Schwerpunkte, sondern vor allem zeigt sich hier ein falsch verstandenes Wechselwirkungsprinzip: Ordnungsmaßnahmen sind nur in den seltensten Fällen die Reaktion auf ein bestimmtes Verhalten oder einen bestimmten Vorfall, in den allermeisten Fällen sind Ordnungsmaßnahmen auf nicht-ausreichende und nicht ausgeschöpfte Erziehungsmaßnahmen zurückzuführen.

Viele Lehrer*innen beklagen zurecht, dass gerade der erzieherische Teil des Berufes unglaublich kräftezehrend, anstrengend und vor allem ungewiss ist, denn man muss sich sicher sein, ob die gewählten Erziehungsmethoden und Herangehensweisen an erzieherische Probleme die richtigen sind. Trotzdem darf und sollte das keine Abschreckung sein, denn gerade *das* ist eine der Kernaufgaben der Schule: *durch erzieherisches Wirken* einen Beitrag zum friedlichen und konfliktfreien Zusammenleben in unserer Gesellschaft zu leisten.

Erziehungsauftrag und Identität

Einem Erziehungsauftrag gerecht zu werden, heißt sich selbst innerlich einer Mitwirkung bei der Erziehung nicht zu verschließen, sondern innerlich aktiv an diesem Prozess beteiligt *sein zu wollen*. Ich denke, *genau das* ist eigentlich das Argument vieler Lehrer*innen, eine Mitwirkung in der Erziehung zu verneinen. Diese Bereitschaft sehe ich klar und deutlich *als festen Bestandteil der*

[20] Ordnungsmaßnahmen haben den Sinn die *Ordnung* wiederherzustellen und vor allem das störungsfreie Lernen aller Anderen zu ermöglichen. In der Regel sind Ordnungsmaßnahmen in allen Bundesländern die »härteren« Maßnahmen, die nach erfolglosen Erziehungsmaßnahmen ergriffen werden sollen. Meist stellen Ordnungsmaßnahmen einen Verwaltungsakt dar, das heißt, das Gremium, das eine Ordnungsmaßnahme erlassen hat (das kann die Schulleitung sein, eine Klassenkonferenz oder eine Fallkonferenz) muss die Schüler*innen anhören, sich beraten und den Beschluss verkünden (alles muss protokolliert werden) – man kann dagegen Widerspruch einlegen und im erfolglosen Falle sogar bis vor ein Verwaltungsgericht ziehen.

Lehreridentität. Insbesondere für Berufsanfänger oder solche, die es werden wollen, sehe ich die veränderten Ausgangssituationen unserer Schüler*innen im Gegensatz zu früher. Eine Kollegin sagte es mir vor einigen Jahren besonders treffend: »Früher waren es 80% Bildung und 20% Erziehung, heute ist es umgekehrt.« Sie hat damit Recht. Man kann diese Veränderungen als skandalös sehen, als irrelevant für die Schule oder als Ausgangspunkt nach der Huhn-Ei-Frage: Ist die Schülerschaft der Grund dafür, dass man mehr Erziehung in der Schule einbringen muss – oder, weil auf der Bildungsebene die Ansprüche und Erwartungen immer niedriger werden, werden im Gegenzug die Erziehungsanteile größer? Unabhängig von der Beantwortung dieser Frage sollten wir uns mit der Situation beschäftigen, denn die *situative Wirklichkeit* ist das, was vor uns sitzt.

Wer also in seiner Identität keinen Drang verspürt, seine Schüler*innen miterziehen zu wollen, ist in der Schule fehl am Platze. Ich sage das so drastisch und überdeutlich, weil von verschiedenen erzieherischen Fragen die schulische Entwicklung abhängt. Ich möchte das an zwei einfachen Überlegungen verdeutlichen.

1. **Kann man für etwas, das man noch nicht kann, bestraft werden?** Nein. Natürlich meine ich Fehlverhalten mit dem erzieherisch umgegangen werden muss, keine Straftaten oder Ähnliches. Dieser Satz klingt banal und einfach, dahinter steckt aber eine der Grundüberlegungen erzieherischen Handelns: weil etwas nicht anerzogen wurde, kann man bestimmtes Verhalten nicht erwarten. Gerade dieser Gedanke führt bei denjenigen Kolleg*innen zu Konflikten und psychischen und physischen Belastungen, die ihrem Fachunterricht den Vorrang geben möchten und nicht berücksichtigen können, dass viele Schüler*innen eben (leider!) immer noch nicht gelernt haben, sich in einer schulischen Gemeinschaftssituation so zu verhalten, wie es nötig ist und verbalisiert wird.

   Sich darüber aufzuregen lohnt sich nicht – das würde bedeuten, dass man sich emotional ergreifen lässt, von einem Zustand, der einen selbst ja nur peripher betrifft. Die Frage nach der Bestrafung einer nicht anerzogenen Sache ist ein Resultat der Hilflosigkeit oder weiterführend sogar eine Bewältigungsstrategie (negatives *coping*) um verzweifelt aufzufangen, was zu Anfang nicht einmal in unseren Händen lag. Wer sich darüber im Klaren ist, kann eine andere Haltung gewinnen: es liegt von nun an in meinen Händen, wie ich diese Schüler*innen *miterziehe*. Darin eingeschlossen finden sich zugleich auch die Überlegungen wieder, was ich überhaupt für möglich halte im Rahmen meiner Miterziehung, was ich für nötig halte, was ich mit viel oder wenig Aufwand angehen kann oder vielleicht auch was leider nicht mehr zu retten ist. Diese Einstellung ist eine fundamentale Einstellung, die man gedanklich für sich selbst durchspielen sollte und müsste, um zu erkennen, ob man dieser Anforderung an den schulischen Alltag gewachsen ist.

Im Schulalltag denke ich an die derzeitige Lehrergeneration über 50. Alle Kolleg*innen dieser Generation sind ausgebildet worden in einer Zeit, in der das pädagogische Paradigma des Behaviorismus (stark vereinfacht gesagt: Fokus auf »Speicherung von Wissen durch Verhaltensinputs«) gerade eben vom Paradigma des Kognitivismus (stark vereinfacht gesagt: Fokus auf »Verarbeiten von Wissen durch Instruktionsinput«) abgelöst wurde. Es verwundert da also nicht, dass diese Lehrergeneration gelernt hat, wie Lernen vermeintlich funktionieren kann und gleichzeitig mehrheitlich nicht gelernt hat, wie wichtig und prägend ein erzieherischer und damit beziehungsorientierter Ansatz ist. Das heißt nicht, dass alle Kolleg*innen dieser Zeit »so ticken«, mehrheitlich habe ich allerdings fatale Sätze aus dieser Altersgruppe gehört. Diese Kolleg*innen haben schlicht und ergreifend nicht verstanden: Wer keine bejahende Haltung zur Erziehungsfrage in Schule hat, wird in der Schule ein Problem haben.

2. **Erziehen heißt, sich auf mein Gegenüber einzulassen – damit dieses sich auf mich einlässt.** Ich habe geschrieben, dass Schüler*innen ein sehr feines Gespür dafür haben, wenn etwas »nicht stimmt«, wie die Stim-

mung ist oder wenn sich jemand »komisch« benimmt. Gerade dieser Punkt ist für ein Mitwirken essentiell: Denn wer nicht zulässt, zu einem gewissen Grade »durchschaut« zu werden, kann nicht erwarten, dass die Schüler*innen sich zu einem gewissen Grade durchschauen lassen. Miterziehen bedeutet aber nicht nur, sich durchschauen zu lassen und damit etwas von sich selbst Preis zu geben, sondern es bedeutet vor allem sein eigenes, inneres Wertesystem in die Erziehung einzubringen. Und dann treffen verschiedene Haltungen aufeinander: die Haltung, die ich mir selbst gegenüber habe und die Haltung, die ich einem Gesprächspartner gegenüber habe. Eine dieser Haltungen bei Lehrkräften ist, dass man alle Menschen so annimmt wie sie sind. Das klingt simpel, aber es kann im Alltag sehr schwierig sein, diese Haltung zu zeigen. Der Mensch ist so in Ordnung wie er ist, das heißt, wenn ich etwas sehe, was erziehungsbedingt defizitär ist, dann **ist das okay.**[21]

Ich sehe meine Schüler*innen deshalb als gleichberechtigte Menschen auf Augenhöhe – was übrigens nicht bedeutet, dass ich sie als Erwachsene in kleineren Körpern sehe, sondern, dass ich den Schüler*innen ein Gegenüber biete und damit Orientierung. Deshalb werden meine Schüler*innen auch nicht von oben herab behandelt, sondern von mir menschlich ernst genommen. Und weil ich das so sehe, versuche ich das in die Erziehung einzubringen. Diese Überlegungen fußen auf dem psychologischen Konzept der Transaktionsanalyse.[22] Die Transaktionsanalyse geht von vier Grundpositionen aller Menschen aus, die in der Persönlichkeit als Organisationsprinzip für das Denken, Fühlen, Handeln und die Beziehungsgestaltung wirken. Diese vier Positionen wurden in einer Vier-Felder-Tafel zusammengefasst (das sogenannte »Okay-Corral«, siehe Abb. 2.2 auf S. 67) und damit die Transaktionsanalyse als solche auch Laien zugänglich gemacht.

[21] Wichtig ist hierbei, dass ich im Grunde ja nur **Verhalten sehen** kann, das heißt, ich kann auch nur auf dieses reagieren und dieses beurteilen.

[22] Siehe dazu als Übersicht: Hennig und Pelz 2002; Schulze und Sejkora 2017.

Ich möchte diese vier Grundpositionen kurz und knapp in eigenen Worten zusammenfassen:

a) **»Ich bin ok, du bist ok«:** Wer diese Einstellung annimmt, begegnet jedem Menschen als einer grundsätzlich gleichgestellten und gleichwertigen Person, der gegenüber man sich selbst weder überlegen noch unterlegen erlebt. Diese Position zeichnet sich dadurch aus, dass man sozusagen »**in Kontakt bleibt**«: Man geht konstruktiv mit sich selbst, den anderen, möglichen Problemen um.

b) **»Ich bin ok, du bist nicht ok«:** Wer diese Einstellung annimmt, zweifelt nicht an sich und traut sich selbst mehr als anderen zu. Diese Position zeichnet sich dadurch aus, dass man »**dominierend ist**«: Man wehrt die anderen und die möglichen Probleme ab.

c) **»Ich bin nicht ok, du bist ok«:** Wer diese Einstellung annimmt, zweifelt an sich und traut sich selbst weniger als anderen zu. Diese Position zeichnet sich dadurch aus, dass man »**unterwerfend ist**«: Man zieht sich von den anderen und den möglichen Problemen zurück. Die eigene Unsicherheit steigt, sodass man andere sich selbst gegenüber immer mehr aufwertet – und sich selbst dabei immer weniger »aufgreift«. Man gerät förmlich in den Hintergrund.

d) **»Ich bin nicht ok, du bist nicht ok«:** Wer diese Einstellung annimmt, traut niemandem etwas zu. Diese Position zeichnet sich dadurch aus, dass man »**vermeidend ist**«: Man kann nichts mit anderen anfangen und »bleibt sozusagen stecken« – mit den anderen und mit den möglichen Problemen. Hier geht es psychologisch nicht mehr um das eigene Verhalten und ob dies professionell oder unprofessionell ist, sondern sozusagen »ums Überleben«.

Viele Lehrer*innen wirken erzieherisch ohne ein konkretes Modell oder Konzept, sodass Gespräche, Interventionen und sonstige erzieherische Mittel im Grunde auf den jeweiligen Vorerfahrungen und Kenntnissen

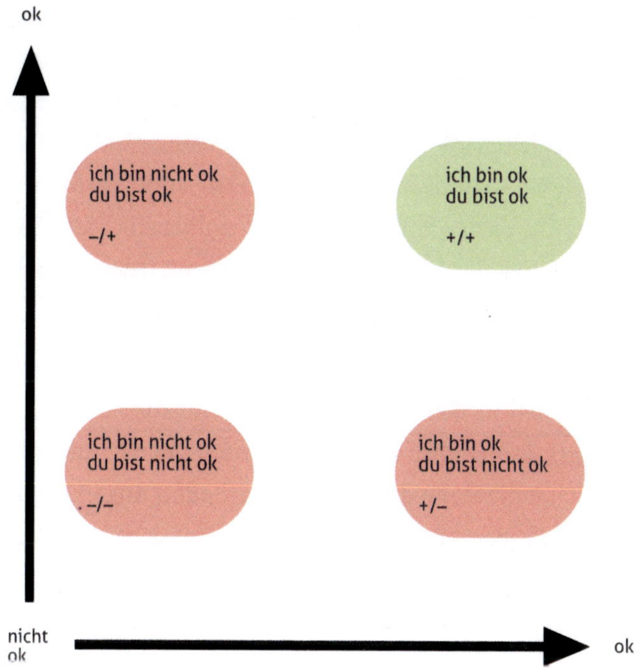

Abbildung 2.2: Das »Okay-Corral« nach Franklin Ernst, vgl. Ernst 1971, S. 233f. Die rötlichen Felder zeigen eine innere Abwehrhaltung (auf sich selbst oder die andere Person bezogen). Nur in der grünen Grundposition ist die innere Haltung »nicht verloren gegangen«.

der einzelnen Lehrer*innen basieren. Viele Gespräche über Erziehung driften nicht umsonst in eine »falsche« Haltung dieser vier Haltungen ab.

Auf den ersten Blick wirken die Überlegungen der Transaktionsanalyse für den erzieherischen Gedanken in Schule vielleicht fremd, aber sie verdeutlichen ein Grundproblem, das viele Lehrer*innen haben: niemand von uns ist dafür ausgebildet worden, auch erzieherisch zu arbeiten. Während staatlich anerkannte Erzieher*innen eine meist zweistufige Ausbildung haben, haben Lehrer*innen in der Praxis nie gelernt, gezielt erzieherisches Fehlverhalten der Schüler*innen zu beobachten, durch nötige Impulse einzugreifen und entsprechend einen langfristigen erzieherischen Prozess zu begleiten. Sie haben nie Konzepte und Modelle erzieherischen Wirkens gelernt – sondern Bildungs-, Lern- und Lehrtheorien. Und zusätzlich kommt dazu dann noch ein »Wegducken« vieler Lehrer*innen vor der erzieherischen Aufgabe. Das Argument, dass wir dafür nicht ausgebildet wurden, soll auf keinen Fall Jammern bedeuten!

Stattdessen will ich damit für alle angehenden Kolleg*innen klarstellen: Bitte bildet euch in diesem Bereich dringend fort, denn die Prüfungs-, Ausbildungs- und Dienstordnungen werden die nächsten Jahre und vermutlich auch Jahrzehnte die veränderten Bedingungen kaum aufgreifen, aber unser und euer Alltag wird davon geprägt sein. Insbesondere in den Grund- und Mittelstufen. Wenn man sich das vor Augen führt, ist es auch nicht verwunderlich, dass die meisten Lehrer*innen einerseits über Fehlverhalten von Schüler*innen schockiert sind, aber andererseits keine innerliche Haltung haben, die sie bewusst erzieherisch transportieren. Vielen Lehrer*innen merkt man allerdings am Umgang mit erzieherischen Problemen und Konflikten den »derzeitigen Stand« der vier Grundpositionen an. Ich selbst habe schon Kolleg*innen aus jedem Feld kennengelernt und erlebt – und damit auch, mit welcher Sprache und mit welchen Mitteln sie diese Haltung auf Schüler*innen abstrahlen, aber auch wie Schüler*innen dem ausgesetzt sind.

Dieser kleine Exkurs hat deutlich gemacht, dass auch im Erziehungsauftrag eine klare Identität und Haltung zum Lehrer-Sein dazugehört und unbedingt vorhanden sein muss! Hier sollten zwei Einsichten kommen.

Erstens die eigene Frage nach erzieherischem Wirken – Was kann und möchte ich einbringen? Wie ist meine Haltung zu Erziehung? Bin ich überhaupt gewillt mitzuerziehen? Interessiert mich die Erziehung meiner Schüler*innen überhaupt?

Zweitens die damit verbundene Wahl des Lehramtes – in der Grundschule ist der Erziehungsanteil wesentlich größer als beispielsweise in der Berufsschule.

2.3 Bildungsauftrag als *Ziel*

Ein wesentlicher Teil der Verantwortung des Lehrerberufs ist nicht nur der Erziehungsauftrag, sondern auch der Bildungsauftrag – gerade dieser wird in der breiten Öffentlichkeit und um den Globus besonders betont. Anders als der Erziehungsauftrag, ist der Bildungsauftrag der Lehrer*innen »greifbarer« und vor allem *sichtbarer*: denn über die Abschlüsse und Noten kann problemlos gesprochen werden.

Das liegt oftmals daran, dass der Bildungsauftrag an den *Leistungsrückmeldungen* bemessen wird – also an Noten, Kompetenzberichten, Lernstandserhebungen, Lernentwicklungsberichten, kurzum: allem was leistungstechnisch vergleichbar ist. Das zeigt sich im Speziellen an zahlreichen inländischen und internationalen Studien die Kompetenz- und Leistungsstände vergleichen und im Allgemeinen an vielen Diskussionen, beispielsweise zur Erreichbarkeit der Schulabschlüsse oder zu Einstellungsmöglichkeiten in Ausbildungen durch Zeugnisse. An vielen dieser Diskussionen ärgert mich, dass der Bildungsauftrag und die Note scheinbar untrennbar miteinander verbunden sind dies stimmt nicht! Und ich gehe sogar weiter: Noten oder sonstige Leistungsrückmeldungen sind nur ein *sehr kleiner Teil* des Bildungsauftrages. Wie im Kap. 2.1 zur Beziehungsarbeit deutlich geworden ist, werden Wissen, Inhalte und Kompetenzen, Unterrichtsstoff, also *Bildung*, nicht nur durch Unterricht transportiert, sondern auf der Beziehungsebene zwischen Lehrer*innen und Schüler*innen. Interessanterweise ist vielen Mitmenschen in unserer Leistungsgesellschaft gar nicht klar, *was alles* unter den Bildungsauftrag fällt. Es geht nämlich *nie* nur um den Unterrichtsstoff in Mathe, Deutsch oder welchem Fach auch sonst. Es geht um eine *tiefere Dimension*, die ich zu erklären versuchen möchte.

Ziele des Erziehungs- und Bildungsauftrages

In *jedem* Bundesland sind verschiedene Ziele für den Erziehungs- *und* Bildungsauftrag definiert, die sich an vielen Stellen schwer voneinander trennen lassen. Das ist wichtig zu wissen, denn auch wenn bestimmte Inhalte »auf den ersten Blick« dem Bildungsauftrag zugeordnet werden, sind die allermeisten Aspekte, um die es in der Bildung geht, auf beide Bereiche anzuwenden: auf den Erziehungs- *und* Bildungsauftrag. Der Erziehungs- und Bildungsauftrag in Deutschland ist mehrschichtig und »progressiv« aufgebaut (siehe Abb. 2.3 auf 71). »Progressiv« meint dabei, dass ein veränderter Leitgedanke in Schicht 1 zu einer veränderten Schicht 2 führen würde usw. – also eine Veränderung eines wesentlichen Bausteines hätte eine unmittelbare Veränderung der gesamten Kette zur Folge.

1. Grundsätzlich fußt der Erziehungs- und Bildungsauftrag sozusagen *breit gestreut* auf dem Fundament der allgemeinen Menschenrechte, Werte und Normen unserer Gesellschaft. Dieses Fundament gilt in Deutschland *universell*, also unabhängig von der jeweiligen Landespolitik oder den föderalistischen Tücken, Hindernissen und Eigenheiten. Das *muss* auch so sein, denn Schule gilt *gerade deshalb* als ein wesentlicher Grundpfeiler unseres Rechtsstaates.

   Schule ist somit *der* wesentliche Transporteur der rechtsstaatlichen Ideen, Inhalte und Ziele. Und dies ist *einzig und allein* der Arbeit aller in Schule tätigen Personen zu danken (!), hauptsächlich den Lehrer*innen. Für die Einen oder Anderen mag das beim Lesen vielleicht »übertrieben« klingen, aber das meine ich völlig ernst. Den wenigsten Lehrkräften ist klar, welche Auswirkungen ihre Charaktereigenschaften, ihr Sprachgebrauch, ihre Verhaltensweisen und letztlich ihre Haltungen auf Schüler*innen haben. Wenn eine Lehrer*in also einen Erziehungs- und Bildungsauftrag verfolgt, der nicht auf diesem Fundament der allgemeinen Menschenrechte, Werte und Normen aus der Verfassung fußt, richtet sie damit der Gesellschaft gegenüber potenziellen Schaden an! Als Religionslehrer muss ich auch nicht lange nach Bei-

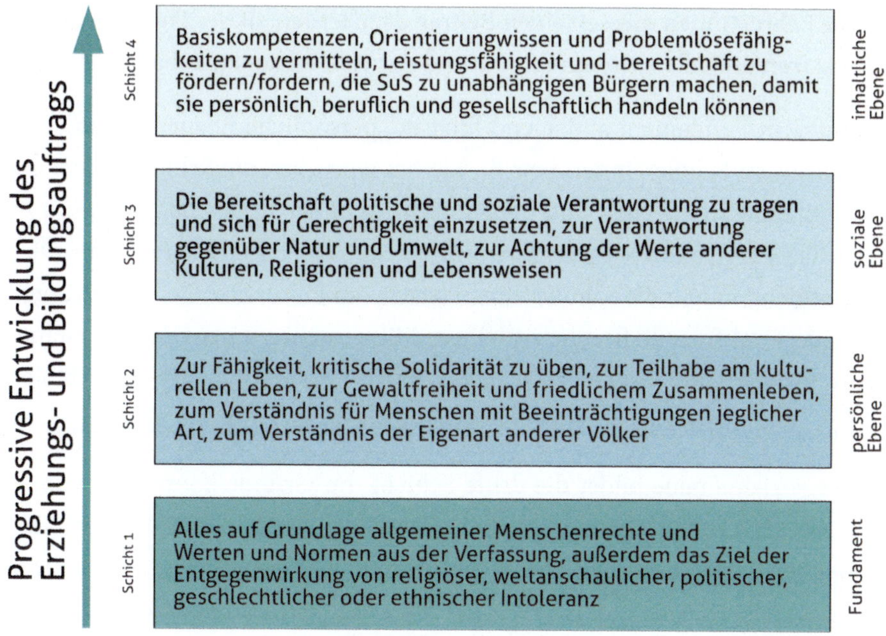

Abbildung 2.3: Die verschiedenen Schichten des Erziehungs- und Bildungsauftrages: hinführend zur Inhaltlichkeit.

spielen suchen: es darf niemals mein Ziel sein, meine Schüler*innen zu religiöser oder weltanschaulicher Intoleranz hin zu erziehen und unterrichten, denn dadurch trage ich ja gerade dazu bei, dass in unserer Gesellschaft Konfliktpotenzial entsteht. In diesem Falle durch religiös oder weltanschaulich bedingte Differenzen. Das Gegenteil muss mein Ziel sein: die Unterschiede verschiedener religiöser oder weltanschaulicher Ansichten zwar nicht zu übersehen, aber durch gezielte, durchdachte und wertschätzende Didaktik einen Beitrag zu leisten, verschiedene religiöse oder weltanschauliche Ansichten »nebeneinander« bestehen lassen zu können. Egal ob und gegebenenfalls wie wichtig dem Einzelnen religiöse oder weltanschauliche Regeln sind.

Leider ist dieser Aspekt ein gern vergessener Aspekt in unserer Gesellschaft:

alle Lehrer*innen müssen einen Beitrag dazu leisten, dieses Fundament umzusetzen und alle weiteren Inhalte und Aspekte darauf aufzubauen.

2. Auf dem Fundament aufbauend folgt die persönliche Ebene, die am ehesten unsere Schüler*innen betrifft. Sie hat zum Ziel, die Schüler*innen dahingehend zu erziehen und bilden, dass sie in der Lage sind, *persönlich* in vielfältiger Art und Weise *gewinnbringend* Teil der Gesellschaft zu sein. Dies geschieht, indem die Schüler*innen lernen am kulturellen Leben teilzunehmen, gewaltfrei und friedlich mit ihren Mitmenschen umzugehen, Verständnis für *alle* Mitmenschen zu zeigen, aber trotz Solidarität auch kritisch bleiben zu können. Diese Schicht ist besonders eng verzahnt mit der folgenden.

3. Die soziale Ebene bildet die dritte Schicht. Im Grunde könnten Schicht 2 und 3 auch vertauscht sein – ich habe diese Reihenfolge nur deshalb gewählt, weil ich denke, dass die Klärung der persönliche Ebene Vorrang gegenüber der sozialen Ebene hat. Nur wer *für sich selbst* klar und deutlich fokussiert hat, welche Werte, Normen und Handlungsweisen es wert sind vertieft zu werden, kann diese auch im sozialen Miteinander einbringen. Das soziale Miteinander meint aber nicht nur die Mitmenschen, sondern aus nachvollziehbaren Gründen auch die Natur und Umwelt, deren Bewahrung und Berücksichtigung eine Zukunft überhaupt erst möglich machen kann. Es ist unablässig, dass die Lehrerinnen und Lehrer auch den Inhalt dieser Schicht unterstützen, vertreten und zuletzt auch ausstrahlen müssen. Das konkrete Ziel der zweiten und dritten Schicht könnte man deshalb auch als Gedankenspiel formulieren: *alle* Schüler*innen sollen *jeweils für sich* in *ihr persönliches Umfeld* das hineintragen, womit sie in der Schule im Idealfall in Kontakt gekommen sind und was *sie selbst* als Handlungsmaxime für ihr eigenes, und dadurch für unser aller, Leben als sinnvoll erachten – würden das alle tun, wäre die Welt ein besserer Ort. Und dies gilt unabhängig von dem Inhalt der »mitgenommen« werden würde. Auch das klingt für einige vielleicht »überhöht«, »pathetisch« oder »realitätsverzerrt«, allerdings sollten wir uns am Ziel orientieren und nicht an den Hindernissen.

4. Den Abschluss, in Form der vierten Schicht, bildet die inhaltliche Ebene. Aufbauend auf den anderen Schichten ist hiermit der eigentliche Teil gemeint, der zumeist mit dem Begriff »Bildung« in Verbindung gebracht wird: das was man inhaltlich kann und wofür es was nützt. Das Ziel der inhaltlichen Ebene ist einfach zu fassen: die Schüler*innen sollen, in Verbindung mit den drei vorigen Schichten, jetzt *grundlegende Fähigkeiten, Fertigkeiten aber auch Faktenwissen* lernen, damit sie unabhängige Mitglieder unserer Gesellschaft werden und auf persönlicher, beruflicher und gesellschaftlicher Ebene salopp formuliert »ohne Hilfe klarkommen«. Die grundlegenden Fähigkeiten, Fertigkeiten und das Faktenwissen sind im Grunde jedem, der in Deutschland beschult wurde, bekannt. Es geht um **Inhalte** wie **Lesen, Schreiben, Rechnen**, aber auch um die Vermittlung von **Allgemeinwissen, Problemlösefähigkeiten**, das Training von **Leistungsfähigkeit und Leistungsbereitschaft, Methoden- und Prozesskompetenzen, Verfahren und Strategien** um das Lernen zu lernen, **Sozialkompetenzen, Kommunikationskompetenzen** und einiges mehr. Diese Schicht ist nur bedingt universell, denn in jedem Land sind die inhaltlichen Maßstäbe und Zielsetzungen zum Teil sehr unterschiedlich ausgeprägt.

Jedes Mal wenn von Schule, Lehrer*in-Sein oder Bildung die Rede ist, wird mir immer wieder klar, dass die Arbeit der Lehrer*innen von »Außenstehenden« oftmals auf die vierte Schicht, also das Inhaltliche, reduziert wird: den Schüler*innen etwas beibringen, im Sinne von konkretem Inhalt aus Mathe, Englisch oder anderen Fächern. Da wird allerdings oftmals vergessen, dass der Anteil *dieser Inhalte* in der Schule zumeist ein *kleiner* Anteil sind. In diesem Zusammenhang wird die pädagogisch-psychologische Ebene leider auch ganz gerne vergessen: nämlich dass *alle* Erziehungs- und Bildungsziele die »geernteten Früchte« sind – unserer Bemühungen den Schüler*innen bei ihrer psychosozialen Entwicklung beigestanden zu haben und damit ihre Psyche *mit*entwickelt haben.

Ebenen des Lernens und der Bildung

Lernen wird landläufig oft mit *Wiedergabe von Wissen* gleichgesetzt. Das ist leider falsch. Lernen setzt sich zusammen aus Wissen + Fähig-/Fertigkeiten und der Lernbereitschaft. Als Religions- und Mathelehrer bringe ich hier gerne jeweils ein kurzes Beispiel zur Klärung ein:

> Kapital = 1000 Euro
> Zinssatz = 3%
> Zinsen = ?

Wenn meine Schüler*innen mir im Matheunterricht mit dem Taschenrechner vorrechnen können, dass

$$1000 \cdot 0{,}03 = 30$$

ergibt, aber diese »30« nicht weiter einordnen oder interpretieren können, dann haben sie bloß technisches Wissen im Umgang mit dem Taschenrechner bewiesen, denn dadurch »beweisen« die Schüler*innen nur, dass sie den zugrunde liegenden Zusammenhang nicht verstanden und nur »drauflos« gerechnet haben. Ein solcher Zusammenhang lässt sich in der Mathematik vor allem im Themenkomplex Geometrie einfach zeigen: viele Schüler*innen können ein Dreieck mit dem Zirkel *konstruieren*, aber vertauschen oftmals die beiden Seitenlängen und erkennen ihren Fehler erst am Ende. Dadurch wird die klassische Fehlvorstellung sichtbar: Nämlich, dass das technische Wissen nicht zwingend ausreicht, ich muss den Hintergrund und verschiedene weitere Dinge kennen, um mein Wissen einzubringen. Wenn ich die Grundseite c habe und davon ausgehend die Seite $a = 5\text{cm}$ konstruieren will, muss ich den eingestellten Zirkel in Eckpunkt B einstechen, nicht in A wie man vermuten könnte.

Für den Religionsunterricht benutze ich, insbesondere vor Student*innen, ein anderes Beispiel, das aufzeigt, dass Lernen vielschichtig ist.

> Der Sabbat ist für praktizierende jüdische Menschen ein wichtiger Tag in der Woche. An diesem Tag wird feierlich Brot gebro-

chen, Wein oder Traubensaft getrunken, der Lichtersegen gesprochen und vieles mehr.

In der Religionspädagogik war es lange Zeit Praxis, das man bloß etwas *über* Religionen gelernt hat – in diesem Falle: Dinge die zum Sabbat gehören. Mittlerweile ist klar, dass nicht das Faktische entscheidend ist, sondern das »Nebulöse«, also das Nichtgreifbare. Ich habe leider schon viele Kolleg*innen gesehen, die dann im Religionsunterricht Sätze gesagt haben wie »jetzt feiern wir heute mal den Sabbat nach und dann habt ihr ein Gefühl, wie das für Juden ist«. Dieser Satz ist eine Katastrophe und die dadurch vermittelten Inhalte auch. Richtig ist: ich kann mit den Schüler*innen den Sabbat besprechen, alle Gegenstände mitbringen, ihnen zwar die Abfolge zeigen und so weiter, aber das entscheidende Lernziel ist ein Anderes. Entscheidend ist nämlich, dass die Schüler*innen lernen müssen, dass *wenn* sie selbst *nicht* jüdischen Glaubens sind, *kann* sich bei ihnen nicht *dasselbe* Gefühl wie für einen praktizierenden Juden einstellen! Das heißt in der Praxis: Wenn die Schüler*innen also verstanden haben, dass sie den Sabbat auf vielen verschiedenen Ebenen sozusagen *gar nicht verstehen können*, *dann* haben sie den Sachverhalt verstanden und das »Lernziel« erreicht. Diese kleinen Beispiele und Gedanken zeigen anschaulich, was vielen Lehrer*innen nicht klar ist: Wir beurteilen und bewerten in unserem Bildungsauftrag nur das, was wir von den Schüler*innen gehört, gelesen oder gesehen haben (siehe Abb. 2.4 auf S. 76).

Die *wirkliche* Einstellung, Haltung und die Denkweise der Schüler*innen *kann* gar nicht bewertet werden. Das klingt auf den ersten Blick unstimmig, damit ist aber eine einfache Sache gemeint: gezeigtes Verhalten, geäußerte Inhalte und erbrachte Leistungen *müssen* nicht die innere Einstellung, Denkweise oder Haltung transportieren. Natürlich gehe ich erst einmal davon aus, dass eine Äußerung meiner Schüler*innen auch heißt, dass sie diese Äußerung ernst meinen und diese Äußerung »ihr Inneres« nach außen transportiert, aber das *muss* nicht so sein. Insbesondere das Verhalten einiger Schüler*innen ist ambivalent und gerade bei konfliktreichen Themen wird nach einer gewissen Zeit klar: es

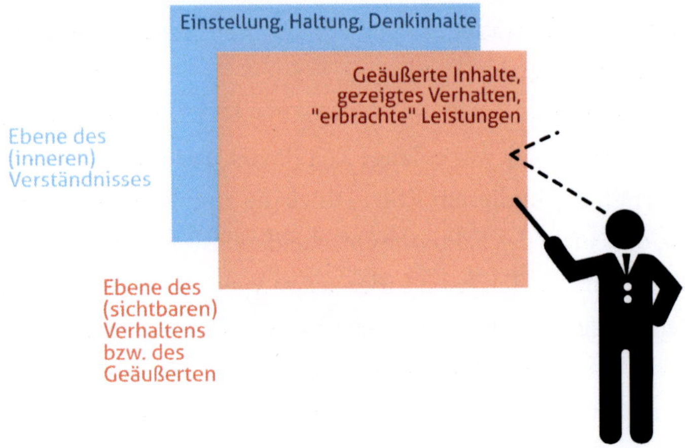

Abbildung 2.4: Lehrer*innen »sehen und bewerten« nur das Gesagte, gezeigte Verhalten und die erbrachten Leistungen.

gibt eine Unstimmigkeit zwischen der inneren Einstellung und dem Gesagten. Das ist insofern wichtig, als dass auch klar sein muss, dass ich die Inhalte einer Einstellung nicht nur nicht bewerten *kann*, sondern nicht bewerten *darf*. Es sei denn, sie verletzen andere oder sind rassistisch oder Ähnliches.

Lernerfolg bemisst sich also – für jemanden, der von außen schaut – daran, was man sehen, hören oder lesen kann – ohne die »innere« Einstellung der Schüler*innen bewerten zu können. Ein typisches Szenario in der Schule ist zum Beispiel, wenn sich Schüler*innen ärgern, weil sie eine Arbeit in den Sand gesetzt haben. Viele begegnen mir mit Sätzen wie »Zuhause konnte ich das problemlos rechnen, das ist unfair, dass ich jetzt dafür eine schlechte Note bekomme!« oder »Ich selbst bin total für/gegen Schwangerschaftsabbrüche, aber in der Arbeit sind mir eben einfach keine Argumente eingefallen«. Ich kann den Frust und Ärger dahinter verstehen, allerdings ist ja genau das eine paradoxe Eigenart des Bildungssystems überall auf der Welt: um einen Lernzuwachs zu überprüfen, muss man Ergebnisse bewerten. Und diese Ergebnisse können an einem Stichtag überprüft werden, wie bei einer Klassenarbeit oder fortlaufend in einem Prozess, wie bei einer Projektwoche. Um die Bewertung eines konkreten Ergebnisses aufgrund eines gewählten Maßstabes kommt man jedoch nicht herum. Ein solcher Maßstab ist beispielsweise sozial, individuell oder kriterienorientiert. Die Notendiskussionen zeigen dabei anschaulich, was vergessen wird: es gibt viele Stimmen gegen Noten und für Kompetenzberichte – aber auch diese bedürfen der *Beobachtung und Beurteilung*, eben nur in anderer Form.

Egal ob Noten, Kompetenzberichte oder sonstwas: es geht bei der Zusammenfassung einer Leistung nicht um eine Strafe oder Belohnung, sondern der Gedanke dahinter folgt dem Begriff selbst: eine Leistungs*rückmeldung*. Das sage ich meinen Schüler*innen immer wieder: selbst wenn ich weiß, dass ein Schüler etwas aus der Mathearbeit gestern fehlerfrei vorgerechnet hat, ist es sinnlos in der Mathearbeit über die nicht-erbrachte Leistung hinwegzuschauen. Es könnte natürlich ein Blackout sein, vor Aufregung vergessen, aber auch Absicht oder Zeitmangel. Wichtig und fair allen anderen gegenüber ist, dass ich bewerte, was »abgeliefert wurde«. Was ich damit sagen möchte: auch Lehrer*innen sind von dem Credo der Leistungsgesellschaft nicht ausgenommen. Es zählt leider nur, was abgeliefert wird.

In meiner Brust schlagen dazu beide Herzen: ich finde das aus pädagogisch-psychologischer Perspektive oftmals schwierig und nachteilig, andererseits denke ich aus fachlich-didaktischer Perspektive eben auch, dass bestimmte Dinge »sitzen müssen«. Beide Sichtweisen sind bei vielen Lehrer*innen präsent und zeigen sich vor allem in konkreten Bildungsaufträgen und Unterrichtsfragen. Das ist deshalb interessant, weil ich *genau darin* ein Problem sehe: die Notengebung und die Vergleichbarkeit, genauso wie das Erreichen eines Abschlusses, ist nicht das primäre Ziel des Bildungsauftrages. Das liegt hauptsächlich daran, dass die größte Schwäche von Noten und überhaupt von Leistungsrückmeldungen die »Unbewertbarkeit« eines *Lernzuwachses* ist. Noten bilden *nicht zwangsläufig* Lernzuwächse ab, was wir uns mit einem einfachen Beispiel klarmachen, das vermutlich einige Kolleg*innen kennen: ein enorm leistungsschwacher Schüler lernt für eine Arbeit tagelang, schafft aber nur 10 von 100 Punkten und bekommt die entsprechende Note – je nach Bewertungsmaßstab vermutlich eine 5 oder 6. Nehmen wir einmal an, dass die Arbeit nun wiederholt wird und derselbe Schüler wieder mehrere Tage intensiv übt und dieses Mal sogar 20 von 100 Punkten erreichen kann. Er hat seine Leistung also um 100% verbessert, bekommt aber je nach Bewertungsmaßstab vermutlich immer noch eine 5 oder 6. Hier ist man als Lehrer*in hin- und hergerissen, weil man die ungenügende Leistung entsprechend ausweisen will und muss, gleichzeitig aber den Fortschritt **an**-erkennt. Das primäre Ziel des Bildungsauftrages ist also ein komplexes Gebilde, das sich nicht auf die unterrichtlichen Inhalte und Leistungsrückmeldungen beschränken lässt.

Erziehungs- und Bildungsauftrag am konkreten Beispiel: Schule als demokratische Institution

Das Beispiel von demokratischer Erziehung und Bildung als universelles Ziel schulischer Bildung in Deutschland zeigt sehr schön, wie komplex der Erziehungs- und Bildungsauftrag manchmal sein kann, obwohl ja »eigentlich« klar ist, worum es geht.

Der angesprochene Spagat zwischen den beiden Abbildungen Abb. 2.3 (S. 71) und Abb. 2.4 (S. 76) ist bei einigen Überlegungen dennoch gut erklärbar: wir müssen bei unseren Schüler*innen versuchen, ihnen als Fundament der Bildung und Erziehung ein demokratisches Werteverständnis beizubringen und anzuerziehen, während wir gleichzeitig besprechen und bewerten müssen, was unsere Schüler*innen darauf rezipieren. Ob das aber *innerlich* bei ihnen so verankert wurde, können wir nicht mit Sicherheit sagen. Anhand der Reaktionen unserer Schüler*innen entscheiden wir uns eventuell dafür, das Wesentliche noch weiter zu vertiefen oder »weiterzugehen« und etwas anderes in den Fokus zu setzen.

In der Praxis zeigt sich das tagtäglich und soll am Beispiel Sexismus deutlich werden. Ein »Klassiker« bei muslimischen Jungen der 9. und 10. Klassenstufe sind beispielsweise Sprüche, dass Mädels die einen Freund haben »natürlich Schlampen« (was sonst?) sind – während Jungs selbstverständlich alles machen können, was sie wollen, obwohl sie derselben Religion und damit denselben Regeln verbunden sind und sich daran *eigentlich* orientieren müssen, so der Tenor. Das *Gesagte* ist klarer Sexismus, meiner Erfahrung nach übrigens ganz gerne auch gepaart mit Homo- und Transphobie, und das *triggert* bei mir, dass ich mich umso mehr damit beschäftige und versuche allen Schüler*innen noch deutlicher klarzumachen, dass dieses Denken blödsinnig, unfair, intolerant und vor allem respektlos ist. Damit verfolge ich natürlich das Ziel, diesen Schülern diese intolerante und sexistische Einstellung und Haltung *abzuerziehen* – was passiert nun? Nach einer Weile hören diese Sprüche auf und ich widme mich anderen Inhalten im Unterricht. Natürlich in der Hoffnung und im Glauben, dass ich zumindest ein wenig Erfolg damit hatte – aber dennoch bleibt in mir die Frage: hat sich *wirklich* die innere Einstellung und Haltung dieser Schüler verändert, weil ich auf der Ebene des sichtbaren Verhaltens und der Äußerungen davon nichts mehr wahrnehme? Einerseits *muss* es ja so sein, denn sonst wären solche Sprüche noch öfter oder andauernd zu hören. Andererseits *kann* es gar nicht sein, denn sonst hätten andere Kolleg*innen mit denselben Schülern nicht dieselben Probleme. Hier lässt sich auf die Gesellschaft ein Gedankenspiel übertragen: wie sonst lässt sich erklären, dass es in unserer Gesellschaft Extremisten verschiedener Couleur gibt, die lange Zeit »unauffällig« geblieben sind – ihr Gesagtes, Gezeigtes, Erbrachtes muss lange Zeit »gesellschaftskonform« gewesen sein, bis irgendwann die *eigentliche* innere Einstellung und Haltung zur Sprache gekommen ist.

Viele Studienergebnisse zeigen uns, was den Lehrer*innen in Deutschland in ihrem Unterricht wichtig ist, gleichzeitig wird aber leider auch klar, dass viele andere Themen zu wenig im Unterricht behandelt werden. Was hier vielen »Außenstehenden« nicht klar ist: das liegt zumeist nicht daran, dass die Lehrer*innen nicht wollen – sie *können* nicht mehr, obwohl es ja eigentlich so gedacht ist. Das liegt nicht etwa an den Fixierungen der Lehrpläne, sondern vor allem an der Diskrepanz der Anforderungen an den Lehrerberuf und den Projektionen auf diesen. Aus allen Ecken kommen Schreie danach, was Schule *auch noch* machen, begleiten, ermöglichen, produzieren oder erzeugen soll – hier eine kleine Übersicht was mir in den letzten 12 Monaten in Fachzeitschriften, Nachrichten, Gesprächen im Freundes- und Bekanntenkreis und Talkshows mit Politikern aufgefallen ist. Aus allen Ecken will man mehr...

... Leistungsstärke und Leistungsbereitschaft (z.B. um so viele bestmöglich qualifizierte Azubis oder Studienanfänger zu haben)

... Demokratievermittlung (z.B. um der Verrohung gesellschaftlicher Debatten vorzubeugen und den Rechtsstaat und seine demokratische Legitimation zu stärken; gerade in Zeiten, in denen dies deutlich spürbar ist)

... Lebensnähe (z.B. um bereits in der Schule Dinge beizubringen, die nach der Schulzeit auf alle warten; Steuererklärungen, Formulare, Behördengänge, Versicherungsabschlüsse oder Kapitalanlagemöglichkeiten)

... Medienkompetenzen (z.B. um die fortschreitende Digitalisierung in allen Lebensbereichen bereits durch die Schule ein bisschen »zu steuern« und die Schüler*innen auf den sinnvollen, verantwortlichen Umgang mit digitalen Medien vorzubereiten)

... MINT-Fokus (z.B. um die Schüler*innen für die Wirtschaftszweige besser vorzubereiten, in denen gerade diese Fächer grundlegende Voraussetzungen sind)

... Persönlichkeitsstärkung (z.B. um dafür zu sorgen, dass sich *Identitäten* herausbilden, die in unserer Gesellschaft *für* unsere Gesellschaft einen Beitrag leisten)

... Social-Skill-Training (z.B. um nicht nur »Fachidioten zu produzieren«, sondern Menschen, die friedlich miteinander und in verschiedenen sozialen Konstellationen problemlos klarkommen)

... Politische Bildung (z.B. als Prävention gegenüber demokratiefeindlichen und populistischen Haltungen)

... Prävention (z.B. Mobbingprävention off- und online, Suchtprävention off- und online, Radikalisierungsprävention politisch oder religiös)

... Kulturvermittlung (z.B. um die Kulturtraditionen unserer Gesellschaft zu pflegen durch mehr Kontakt zu den »klassischen Künsten« – in Form von mehr Theater- oder Instrumentalunterricht in der Schule)

... Gesundheitsaufklärung (z.B. um bereits früh einen Beitrag zu leisten und negativen Entwicklungen in der Gesellschaft entgegenzuwirken; aktuelles und akutes Beispiel ist die massiv steigende Fettleibigkeit von Kindern und Jugendlichen)

... Jugendschutz (z.B. um Gewaltvorfälle oder sonstige Formen von Missbrauch im Umfeld der Schüler*innen einzudämmen)

... Traditionsorientierung (z.B. um die aussterbenden Mundarten zu erhalten)

... Umwelterziehung (z.B. um die Probleme im Zuge der Erderwärmung und des Klimawandels schon früh zum Thema zu machen)

... Sexualaufklärung (z.B. um die Sensibilisierung für übergriffiges Verhalten zu erhöhen und ein solches Verhalten ablehnen und eine Missbilligung verbalisieren zu können)

... Verwaltungsarbeit (z.B. um dafür zu sorgen, dass sich niemand der Schulpflicht »entziehen« kann)

Vieles davon soll zu der bisherigen Arbeit die Schule leistet dazu kommen, aber es darf auf keinen Fall etwas anderes dafür wegfallen – denn sonst entstünden ja Defizite. Hier muss ich leider deutlich formulieren: ein solches Denken ist schlicht und ergreifend nicht aufzulösen und an sich sinnfrei. Wer von Schule erwartet, dass sie eine Sache mehr einbringen soll, der muss sich darüber im Klaren sein, dass etwas anderes dafür wegfallen *muss*, denn anders geht es nicht.

Die Erwartungen sind deshalb in erster Linie an die Bildungspolitik zu stellen und nicht zuerst an die Lehrer*innen. Dennoch darf in diesem Zusammenhang aber auch nicht vergessen werden, dass in der Lehrerschaft dieselben Konflikte ausgefochten werden: auch Fachlehrer*innen sind ganz gerne mal ganz vorne dabei wenn es darum geht, was »auf keinen Fall wegfallen« darf – und, oh Wunder, ihr eigenes Fach naturgemäß als unverzichtbar darstellen.

Zugänge zu Lernen und Bildung

Diejenigen, die schon einmal in irgendeinem Kontext etwas unterrichtet und bei den Schüler*innen ein Erfolgserlebnis festgestellt haben, werden bestätigen können, dass insbesondere Spaß und Freude dabei einen wesentlichen Einfluss hat. Diese Beobachtung lässt sich generalisieren und somit als ein wesentlicher Zugang zum Lernen und zur Bildung im Allgemeinen festhalten.

Wie bereits an verschiedenen Stellen erwähnt, haben im Lernprozess Gefühle, die psychosoziale Lage und die Tagesform der Schüler*innen großes Gewicht. Dies wird leider zu oft vergessen. Der große, aber entscheidende, Unterschied ist die Erkenntnis, dass affektives und kognitives Lernen im direkten Vergleich zu völlig unterschiedlichen Ergebnissen führen (Abb. 2.5 auf S. 83). Die Prozentzahlen sind übrigens angelehnt an die großen Studien und Meta-Studien (wie TIMMS, KESS, PISA, VERA, DMS, HLP, KERMIT usw.) – denn in nahezu allen Studien ist die Tendenz der affektiven Lernzuwächse im Vergleich zu den kognitiven drei bis fünf Mal höher.

Kognitiver Lernzuwachs ist, sozusagen, »der reine Inhalt«, der gelernt wurde. Auch wenn in der Gesellschaft weit verbreitet ist, dass dieser Lernzuwachs eine der Hauptaufgaben von Schule ist, muss festgehalten werden: das *kann* psychologisch-pädagogisch *gar nicht funktionieren*. Denn sobald wir uns mit irgendeinem Inhalt beschäftigen, *fühlen* wir immer mit. Damit meine ich nicht nur positive Gefühle bei Erfolgserlebnissen oder negative Gefühle bei Misserfolgen, sondern der affektive Lernzuwachs bedeutet, dass auf psychosozialer Ebene durch unsere Gefühle 80% des Geschehens <u>mit</u>bestimmt werden. Das

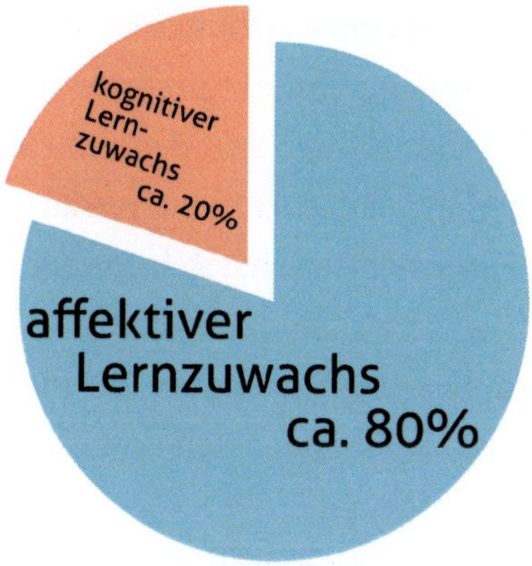

Abbildung 2.5: Affektiver und kognitiver Lernzuwachs im Vergleich.

ist eine grundsätzliche Eigenart des Menschen – denken Sie nur an sich selbst. Wenn wir in einer aufgebrachten Stimmung, zum Beispiel im Streit, von unserem Gegenüber ein Argument hören, das rational richtig ist, dann lassen wir uns mit sehr hoher Wahrscheinlichkeit trotzdem nicht darauf ein, einfach weil wir affektiv verschlossen sind. Warum sollten wir auch bestätigen, dass etwas Bestimmtes richtig ist, wenn unser Gegenüber gerade *zum Kotzen* ist? Beim Lernen ist es genauso – denn eine inhaltliche Ebene anzunehmen, während man emotional verschlossen ist, ist eben nahezu aussichtslos. Wie sonst erklärt sich, dass zahlreiche Studien nicht nur den Wert der Beziehungsebene bestätigen und zugleich einen signifikant höheren Bildungsanteil feststellen können? Dies zeigt sich übrigens auch in jedem »schwierigen« Elterngespräch als eine Grundprämisse: man muss erkennen, welche Gefühle die Eltern gerade zum Gespräch »treiben« und diese Gefühle deutlich ansprechen und den Eltern zeigen, dass man diese Gefühle »sieht« und zum Teil auch berücksichtigt oder gar teilt, denn sonst kann man zwar die noch-so-tollen-Argumente bringen, diese werden aber nicht angenommen.

Dass Lerninhalte *über* eine Beziehungsebene transportiert werden, ist ja nun mehrfach erwähnt worden. Daraus lässt sich kurz und klar ableiten: Je besser die Beziehungsebene, umso höher ist die Wahrscheinlichkeit eines Lernzuwachses. Jetzt kommt, ergänzend zu der Beziehungsebene, noch dazu, dass sich das inhaltliche Lernen auf ca. 20% beschränkt und das affektive Lernen hingegen auf ca. 80%. Daraus leitet sich für mich *sehr deutlich* eine einzige Sache ab: die Mehrheit der Lehrer*innen in Deutschland interessiert sich entweder nicht für die affektive Ebene des Lernens oder sie hat sich darüber noch nie Gedanken gemacht. Vielleicht mag das esoterisch klingen, aber es ist *dringend* nötig, dass wir uns auch beim Bildungsauftrag Gedanken darüber machen, dass wir letztendlich eine affektive Ebene mitbedienen müssen und gerade diese affektive Ebene den Großteil ausmacht. Ich habe auf S. 18 von einer Situation erzählt, dass ich einem Schüler einmal sagte, dass ich sein störendes Verhalten *hasse* – und mich noch heute darüber ärgere, denn dieser großartige, tolle und einzigartige Junge hat auf der affektiven Ebene also aus diesem Gespräch mitgenommen, dass es auf der Welt jemanden gibt, der sein Verhalten *hasst*. Die Wortwahl war nicht nur denkbar falsch und ungünstig, sondern sie hat bestätigt, dass ich mir in diesem Moment aus dem Affekt heraus keinerlei Gedanken zu *seiner* affektiven Ebene gemacht habe. Dieses Beispiel lässt sich allerdings *nur nebensächlich* auf den Bildungsauftrag beziehen, denn die Ansage war in erster Linie eine Erzieherische. Kommen wir also zum Bildungsauftrag zurück.

Was sich aus Abb. 2.5 ableiten lässt, ist deshalb einerseits einfach und schnell formuliert, aber andererseits sehr schwierig und komplex in die Praxis zu überführen: Um unseren Schüler*innen nachhaltiger und mit höherer Wahrscheinlichkeit etwas beizubringen, müssen wir uns viel mehr darum bemühen, dass sie *parallel* zu allen Inhalten vor allem auch gefühlstechnisch mit einem Lerngegenstand konfrontiert werden.

Damit meine ich nicht, dass wir versuchen sollten, im Fachunterricht ständig Gefühle zu *verbalisieren*, sondern die Schüler*innen schlicht emotional *anzusprechen* und es zu versuchen und dadurch *zumindest die Chance zu erhöhen*, dass der Lerninhalt *nachhaltig* erhalten bleibt. Denn affektive und kognitive Ebene führen nur gemeinsam zu einem nachhaltigeren Lernzuwachs (Abb. 2.6 auf S. 85). Das kann auf vielfältige Art und Weise passieren:

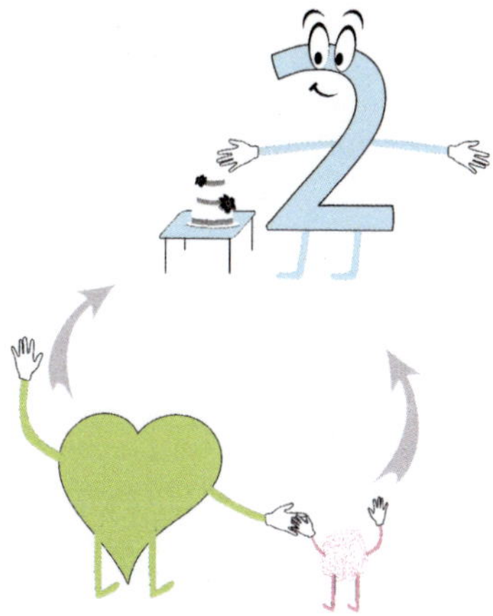

Abbildung 2.6: Affektive und kognitive Berücksichtigung führen *gemeinsam* zu einem Lernzuwachs.

- bei der Besprechung von nicht-demokratischen Herrschaftsformen im Politikunterricht kann man beispielsweise in der Unterrichtsplanung berücksichtigen, wie *ungerecht* man sich behandelt *fühlt*, wenn man nicht mal die Chance bekommt seine Stimme einbringen zu dürfen
- im Sportunterricht kann das *unfair play* schnell die Stimmung kippen
- im Matheunterricht ist das Erfolgserlebnis darüber, dass man »erkannt hat«, dass Mathematik das Werkzeug war um ein Problem zu lösen und so die Aufgabe »zu schaffen« vielleicht der *Trigger*
- während im Musikunterricht vielleicht die Freude so groß ist, weil sich von allen Schüler*innen jeweils immer einer ein Lied zum Singen wünschen darf
- im Deutschunterricht dürfen die Schüler*innen freiwillig vielleicht ein Buch vorstellen, dass sie besonders ergriffen hat
- im Religionsunterricht schafft vielleicht eine Exkursion zum Friedhof oder

zu einem Gotteshaus ein unvergesslich schönes oder gar trauriges Erlebnis

- im Fremdsprachenunterricht sind lustige Videos eventuell ein »Türöffner«
- im Geschichtsunterricht können sich schreckliche Fotos ins Gedächtnis einprägen und vieles mehr.

Unterrichtliche Herangehensweise um den kognitiven oder affektiven Kanal vorrangig zu bedienen

Die bisherigen Ausführungen haben klargemacht, dass der Unterschied zwischen kognitiven und affektiven Herangehensweisen alles verändern kann. Um dieses Beispiel noch auf eine andere Art und Weise näher zu durchleuchten, möchte ich einmal an einem ganz konkreten Beispiel klarmachen, dass jede unterrichtliche Entscheidung in die eine oder andere Richtung gehen kann. Die Abb. 2.7 (S. 87) zeigt auf der linken Seite ein konkretes Praxisbeispiel aus dem Englischunterricht und die pädagogischen Erläuterungen der Struktur auf der rechten Seite. Wir sehen in der Abb. 2.7 die Grundstruktur jeder pädagogischen Überlegung: Am Anfang steht ein unterrichtlicher Gegenstand, den es zu erschließen gilt. Man muss sich als Lehrer*in nun als erstes Gedanken über den *Zugang* machen, denn dieser entscheidet bereits, welcher »Kanal« vorrangig angesprochen wird.

Anschließend kommen die konkreten Lerninhalte, die wiederum in einzelnen Kompetenzen aufgeschlüsselt sind. Wichtig ist hierbei: Kompetenzen sind *nur ein theoretisch-formuliertes Ziel!* Das ist auch der Grund, wieso viele Lehrer*innen nicht verstehen, was *Kompetenzen* denn eigentlich sind – denn eine Kompetenz ist *nichts* was ich sehen, hören oder gar im Unterricht beobachten kann. Wer etwas anderes behauptet erzählt leider Blödsinn. Der Kompetenzbegriff ist deshalb in den letzten Jahren auch ziemlich »ausgelutscht« und überbetont worden, ohne auf die pädagogischen Feinheiten zu achten.

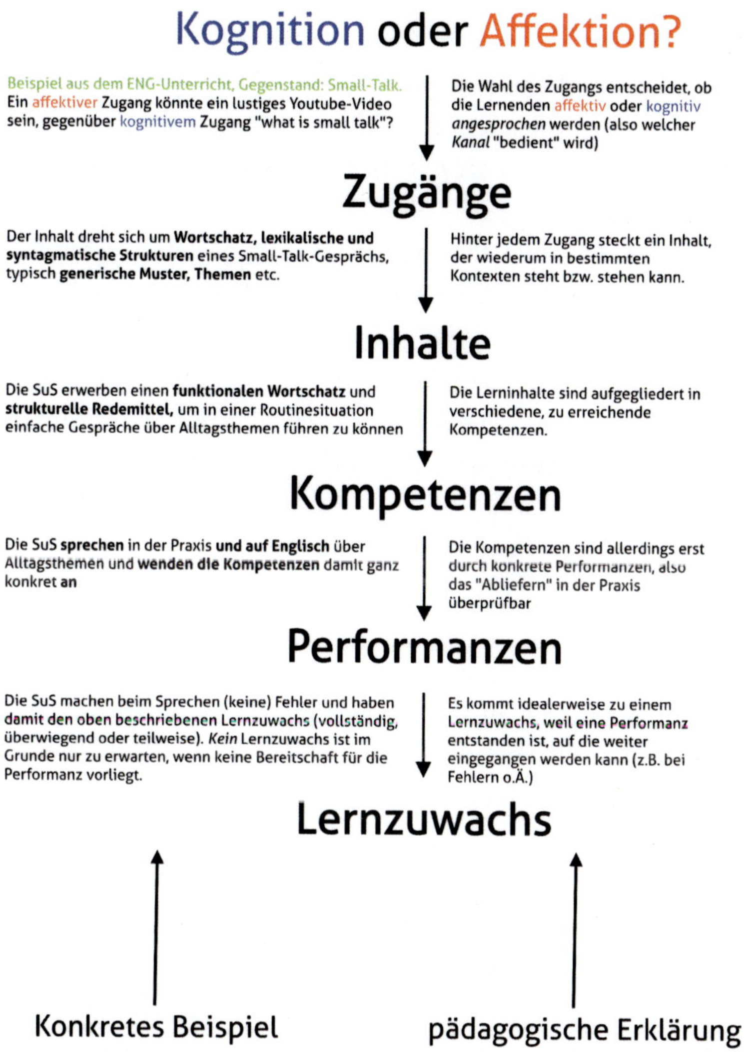

Abbildung 2.7: Konkretes Beispiel bei einer kognitiv oder affektiv gewählten Herangehensweise. Jede unterrichtliche Entscheidung folgt im Grunde diesem Muster und legt damit fest, welcher »Kanal« vorrangig bedient wird.

Denn wenn ich nämlich eine Kompetenz beobachten und damit auch überprüfen will, ob eine Kompetenz erfolgreich erworben wurde, achte ich nicht auf die Kompetenz, sondern auf die *Performanz*. Das ist kein kleiner, sondern ein großer Unterschied, denn die Kompetenz ist nur eine *formulierte* »Zielvorgabe«, die selbst nicht überprüfbar ist. Niemand kann eine *Formulierung* auf ihre Gültigkeit überprüfen, es sei denn es geht um Sprache oder Logik. Erst durch die Performanz, also die *praktische Anwendung* der formulierten Kompetenz (man könnte auch sagen »das Abliefern«) kann ich feststellen, ob eine Kompetenz erreicht wurde. Ein anschauliches Beispiel dafür wäre die absichtlich sehr schwammig formulierte Kompetenz: »Ich kann Spanisch sprechen« – das ist *nur dann* überprüfbar, wenn ich Spanisch *spreche*, also abliefere und genau das in der Praxis tue, was ich in der Kompetenzformulierung nur behauptet habe. Die Kompetenzen zeigen sich abschließend in den Performanzen aus denen man nun Rückschlüsse auf Lernzuwachs, Alternativen, Stolpersteine oder Planungsfehler ziehen kann.

Bildungsauftrag und Identität

All diese Überlegungen zeigen, dass der Bildungsauftrag in seiner Dimension vielfältig ist und nicht nur auf das »reine« Unterrichten abzielen kann, sondern auf ein *ganzheitliches* Verständnis von Bildung. Das mag wieder esoterisch klingen, aber der Bildungsauftrag ist ja, wie wir gesehen haben, *gerade nicht* durch die bloßen Leistungs*kontrollen* und Leistungs*rückmeldungen* abzudecken, sondern durch eine Bandbreite an Inhalten und zu berücksichtigenden Aspekten.

Dies muss sich in der *Lehreridentität* niederschlagen und dort fest verankert sein: nur wer sich selbst bewusst macht, dass der Bildungsauftrag vielschichtig ist und diese Vielschichtigkeit zu berücksichtigen versucht, der wird erfolgreich sein! Bloß dafür zu sorgen, dass man »den reinen« Fachunterricht gibt und anschließend von einer erfolgreichen oder ausgebliebenen Bildung auszugehen, ist kurzsichtig und wenig Erfolg versprechend. Was das für die Unterrichtsgestaltung von Lehrkräften heißt, liegt auf der Hand: wir müssen versuchen an so viele verschiedene Ebenen zu denken, wie wir nur irgendmöglich können. Das muss nicht alles *gleichzeitig* passieren, aber je öfter und konsequenter das passiert, umso nachhaltiger und breiter gestreut ist das stattfindende Lernen.

2.4 Laufbahnberatung als *Ausblick*

In gewisser Weise könnte man von diesem Kapitel als »Lichtblick am Horizont« sprechen, denn die Laufbahnberatung und die abschließende Entwicklung der Schüler*innen ist gewissermaßen *die letzte Hürde* der »Lehrerverantwortung«. Denn in der Pädagogik tätig zu sein, heißt immer: Wege und Türen in die Zukunft zu öffnen. Als Lehrer*in sollten all meine Mühen, Einwände, Gedanken, mein Handeln, mein Tun, meine Äußerungen ein Zeichen dafür sein, dass ich an die Zukunft der mir Anvertrauten glaube und deshalb steht alles, womit Lehrer*innen versuchen ihren Bildungs- und Erziehungsauftrag umzusetzen, unter dem Stern der optimalen Entwicklung der uns anvertrauten Schüler*innen. Wichtig ist hierbei: alle eigenen Ängste, Sorgen und Nöte *müssen* hierbei zurückstehen, denn der eigene Pessimismus schlägt die Türen in die Zukunft für sich selbst und für die anderen zu, weshalb Lehrer*innen auf längere Sicht nicht im Beruf erfolgreich sein können, wenn diese nicht an die Zukunft der ihnen anvertrauten Schüler*innen glauben. Mit der »optimalen« Entwicklung ist hier keine Entwicklung im funktional-technischen Sinne gemeint, sondern: die Schüler*innen entwickeln sich optimal vor dem Hintergrund unserer Einschätzungen und der Abwägungen ihrer Bedürfnisse, sozialen und kognitiven Ausgangslagen, Ressourcen, Hemmnisse und anderen Dingen. Es ist selbstverständlich, dass meine Einschätzung einer optimalen Entwicklung meiner Schüler*innen nicht zwingend der Einschätzung der Eltern entsprechen muss. Eine optimale Entwicklung meiner Schüler*innen zu ermöglichen, ist ein *Versuch meinerseits*, den Schüler*innen und ihren Eltern aufgrund

… *meiner* Beobachtungen (zum sozialen Miteinander, zum Arbeitsverhalten oder zum Leistungsstand)

… *meiner* Einschätzungen zum Leistungsstand (zur Motivation, Konzentrationsfähigkeit, Leistungsstärke, Durchhaltevermögen oder Frustrationstoleranz)

… *meiner* Interventionen (bei Fehlverhalten, Konflikten oder Konferenzen)

… *meiner* Dokumentationen und Notizen (zu allem »Sonstigen«)

… *meiner* zwischenmenschlichen Beziehung zu meinen Schüler*innen

eine Empfehlung über den weiteren Lebensweg zu geben. Diese Empfehlung ist genauso individuell und persönlich, wie unvorhersehbar und subjektiv. Eine Klassenleitung sieht ganz andere Momente und Dinge, die Fachlehrer*innen mit wenigen Stunden nicht sehen können. Eine Fachlehrkraft käme deshalb auch auf andere Beobachtungen und Einschätzungen, aus denen wiederum andere Empfehlungen und Beratungen folgen können. Das ist vollkommen normal und muss auch so sein, denn sonst wären die menschlichen Eindrücke absolut gleich und es gebe keine individuelle Wahrnehmung. Ich finde das wichtig zu betonen, denn mir ist immer wieder aufgefallen, dass bei Eltern, aber auch bei meinen Kolleg*innen, große Diskrepanzen zu diesen Empfehlungen und Beratungen bestehen. Es *kann keine einheitliche Erwartungshaltung* an die Lehrer*innen gestellt werden, wenn zum Beispiel die Chemielehrerin eine Einschätzung zum weiteren Lebensweg des Schülers D geben soll und die Klassenlehrerin desselben Schülers auch. Natürlich kann und wird es passieren, dass verschiedene Lehrer*innen dieselben Beobachtungen gemacht haben werden, aber das ist kein Garant dafür, dass die Laufbahnberatung dasselbe Ergebnis beinhaltet. Jede einzelne Laufbahnberatung ist *ein Einzelfall*, denn bei jeder einzelnen Beratung gilt es, die individuellen Umstände zu berücksichtigen und daraus Erkenntnisse und Konsequenzen zu ziehen. Die unterschiedlichen Sichtweisen auf Laufbahnberatungen haben alle ihre Berechtigung und sollen deshalb in verschiedenen Beispielen zur Geltung kommen.

1. *Taktische* Laufbahnberatungen. Jedes Bundesland hat beispielsweise andere Regelungen und Zugangsvoraussetzungen für die gymnasiale Oberstufe –

z.B. bestimmter Notenschnitt oder eine bestimmte Anzahl von Kursen mit Fachleistungsdifferenzierung. Taktische Laufbahnberatungen sind für mich solche, bei denen es um die Fokussierung der Leistungen und Mühen geht. Eltern sind immer wieder verwundert, wenn ich mit ihnen und ihren Kindern eine Laufbahnberatung durchführe, die im konkreten Einzelfall *taktisch* ist. Das kann beispielsweise dann der Fall sein, wenn eine Schülerin für den Übergang zur gymnasialen Oberstufe anstatt einer 3 *nur eine* 2 in einem naturwissenschaftlichen Fach braucht und gleichzeitig Chemie, Physik und Biologie auf 3 stehen. Die Eingangsbedingung konkretisiert bereits die Lage: offenbar erfüllt die Schülerin alle anderen Voraussetzungen um in die gymnasiale Oberstufe zu wechseln, *außer* dass ihr von *einem* der drei naturwissenschaftlichen Fächer die 3 nicht ausreicht und sie eine 2 auf dem Zeugnis benötigt. In so einem Fall sind drei Dinge entscheidend: a) Weiß die Lehrer*in, welche Ziele die Schülerin für ihren Lebensweg hat? b) Was traut die Lehrer*in der Schülerin zu? c) Ist die Diskrepanz der Ziele und Voraussetzungen so groß, dass hier »mal Tacheles« gesprochen werden muss?

Wenn ich als Klassenlehrer*in in diesem Fall weiß, dass die Schülerin unbedingt aufs Gymnasium gehen möchte (a) und ich ihr das zutraue (b) und die Lücke zwischen den Voraussetzungen und des Ziels nicht groß ist (c), dann ist es hier schon damit getan, die Schülerin *aufgrund meiner Einschätzungen* anzuhalten, bitte *eines* dieser drei Fächer auf eine 2 zu bringen. Natürlich ist es sinnig, richtig und wichtig, der Schülerin und ihren Eltern gegenüber auch zu erwähnen, dass ein Zeugnis ohne 3en noch schöner aussieht, als ein Zeugnis mit einigen 3en darin, allerdings sollte sich diese Erwähnung auf einen Nebensatz beschränken.

Wichtig ist außerdem die Unterstützung bei dem Erreichen des Zieles »Versetzung in die gymnasiale Oberstufe«. Die Unterstützung sieht so aus, dass ich meiner Schülerin zum Beispiel sowas sage wie »**ich nehme große Probleme** zwischen dir und einigen Lehrer*innen **wahr**, deshalb sieht es **für mich** so aus, als wäre es für dich am realistischsten in Physik eine 2 zu schaffen.

Wie siehst du das?« Natürlich könnten es auch leistungsbezogene Gründe sein, die ich hier erwähne (»...ich habe ja mitbekommen, dass du in Chemie und Physik jeweils eine Arbeit mit einer 5 und eine mit einer 1 geschrieben hast, deshalb denke ich, dass deine Chancen in Biologie am besten stehen...«) oder gar redundante Kriterien (»...alle drei Kolleg*innen sagen mir, dass du in jedem Fach die Chance hast und es problemlos schaffen könntest, such dir also bitte eins aus...«). Wichtig ist: taktische Laufbahnberatungen bündeln die Beobachtungen, Ausgangslagen und münden damit darin, zu sagen was *den meisten Ertrag bringt* bei der derzeitigen Situation.

2. *Drastische* Laufbahnberatungen. Eine drastische Laufbahnberatung ist das Gegenteil einer taktischen Laufbahnberatung: die derzeitige Ausgangslage und das angestrebte Ziel sind *derzeit* dermaßen weit voneinander entfernt, dass man als Lehrer*in »Tacheles reden« muss und dadurch einerseits vielleicht Träume und Hoffnungen zerstört, aber andererseits auch Motivation und Biss wecken kann. Ich hatte einmal beispielsweise den Fall eines nach Deutschland geflüchteten Schülers, der kaum Deutsch sprechen konnte, in allen Fächern außer Sport schlechte bis gar keine Leistungen zeigte (zum 1. Halbjahr der 10. Klassenstufe die Prognose: »ohne Abschluss«) und sich das Ziel vorgenommen hatte Polizist zu werden. Laufbahnberatungen wie diese tun mir besonders leid, denn es ist sehr schwierig einem Menschen auf rücksichtsvolle, wertschätzende und respektvolle Weise mitzuteilen, dass man ihn weder anhand von »objektiven« Kriterien für einen bestimmten Lebensweg geeignet hält, noch aufgrund von charakterlichen und persönlichen Kriterien. Das darf dennoch keine Abschreckung sein und es ist wichtig, auf einer sachlichen und ruhigen Ebene klarzustellen, dass das vorgenommene Ziel und die derzeitige Situation unvereinbar sind und es derzeit keine Chance auf eine Erfüllung des Zieles gibt.

   Im konkreten Fall habe ich der Mutter (die völlig überzeugt von der Machbarkeit einer Polizeilaufbahn war), der Übersetzerin und dem Schüler zu unserem Termin seine letzten drei Zeugnisse mitgebracht, ein zwei Jahre altes Vorbereitungsbuch für die Feuerwehr-/Polizeiaufnahmetests und einen Ausdruck der formellen Kriterien für die Einstellung in die Polizeilaufbahn. Ich habe allen die derzeitige Unvereinbarkeit des Zieles und des fehlenden Abschlusses aufgezeigt, die formellen Kriterien mit dem Zeugnis verglichen und erklärt, dass formell mindestens die Fachhochschulreife nötig ist und darüber hinaus einige Gründe genannt, wieso ich den Schüler derzeit nicht mal in der Nähe einer Polizeilaufbahn sehe. Es kam, meinen Erwartungen entsprechend, zu massivem Gegenwind und fehlender Einsicht. Der Schüler sagte immer wieder, er könne das schaffen und das sei ja gar kein Problem und er kenne schließlich aus seinem Heimatland genug Polizisten im Bekanntenkreis. Daraufhin habe ich das Vorbereitungsbuch herausgeholt und zurückhaltend gesagt, dass ich ihn jetzt nicht bloßstellen möchte, aber wenn das alles so realistisch sei, wie er das sehe, dann sei es ja sicherlich für ihn gar kein Problem, einmal einen Abschnitt *vorzulesen* oder aus dem Fragenkatalog *eine* der 150 Fragen mitsamt Antwortmöglichkeiten vorzulesen und die Antwortmöglichkeiten *nur zu übersetzen*, nicht mehr. Die Mutter wurde euphorisch und hat ihn ermuntert und immer wieder gesagt: »Ja, genau! So kannst du deinem Lehrer ja mal zeigen, dass du das doch kannst. Das ist eine tolle Idee, Herr Yanik!«. Noch heute tut es mir im Herzen weh, dass der Schüler diese Aufgabe erwartungsgemäß nicht erfüllen konnte und der Sohn und die Mutter im Beisein der Übersetzerin dann *erzwungenermaßen* erkennen mussten, dass das Ziel Polizeilaufbahn nicht erreichbar war.

3. *Vermittelnde* Laufbahnberatungen. Das sind diejenigen Beratungen, bei der man zwar drastisch bestimmte Lebenswege und Dinge ausschließen kann, aber eine Vermittlung hin zu einer anderen Sache stattfindet. Die Herangehensweise an die Laufbahnberatung des eben erwähnten Schülers ist durchaus diskutabel, denn schließlich habe ich eingangs betont, dass es gerade für alle pädagogisch Tätigen wichtig ist, an die Zukunft der uns Anvertrauten zu glauben und, dass ein Pessimismus Türen in die Zukunft schließt. Allerdings ist ein unrealistischer Optimismus wenig hilfreich. Wenn sich die Tür

der Polizeilaufbahn schließt, öffnet sich die Tür für eine andere Ausbildung, die dem Schüler mehr liegt und in der auch ich selbst mehr Chancen für ihn sehe. Als Pädagoge bin ich unglaubwürdig, wenn ich meine Beziehungsebene dazu benutze, dem Schüler »falsche« Hoffnungen zu schüren und unrealistische Träume zu düngen. Sinnvoller ist, dass ich meine Beziehung, meine Energien und meine Expertise dazu benutze, für Ideen zu werben, die ich persönlich mittrage und Wege aufzuzeigen und dadurch *zu vermitteln*, was *ich* realistisch finde und warum aus bestimmten Gründen dieser Weg zu den Schüler*innen passt und welche Vorteile sich dadurch für die Schüler*innen auftun können.

Eine vermittelnde Laufbahnberatung ist die schwierigste Beratung, denn in der Regel ist sie eine Kombination aus dem »drastisch den Zahn ziehen« und einem »Wege aufzeigen«, sofern es die Gesprächsatmosphäre zulässt. Jede Laufbahnberatung muss gut vorbereitet sein, allerdings ist es *gerade bei Beratungen dieser Art* wichtig, ganz konkrete und nützliche Hinweise und Informationen bereitzustellen, denn sonst wirkt das Werben um Ideen wenig überzeugend. Bei dem oben genannten Schüler habe ich versucht, für verschiedene Praktika zu werben, damit der Schüler selbst auch erstmal mit anderen Bereichen in Berührung kommt, um so eine Ahnung entwickeln zu können, was etwas für ihn sein könnte oder nicht. Nach anfänglichem Widerstand hat er verschiedene Praktika gemacht und sich in einem Handwerksbetrieb besonders wohl gefühlt und offenbar für sich selbst erkannt, dass er sich sehr gut einbringen kann und gleichzeitig eine unglaublich sinnvolle und nützliche Aufgabe leistet. Der Betrieb hat ihm einen Ferienjob angeboten und, wie ich später hörte, hat er einen Ausbildungsplatz angeboten bekommen und diesen angenommen.

Laufbahnberatung und Identität

So wie Lehrer-Sein eine Frage der Identität ist und sich *von innen* heraus bemerkbar macht, so ist die Laufbahnberatung unserer Schüler*innen eine Sache, bei der es darum geht, die Frage zu klären: sehe ich, dass der angepeilte Lebensweg meiner Schüler*innen ihnen tatsächlich aus dem Inneren entspringt? Als Lehrer*in muss ich »zu meiner Beratung stehen können« und meine geäußerten Ideen, für die ich werbe, authentisch verdeutlichen und vertreten können. Das wird mir immer dann einfacher fallen und gelingen, wenn ich *tatsächlich* innerlich von einem Weg, einer Idee, einer Perspektive überzeugt bin, die ich bei meinen Schüler*innen aus bestimmten Gründen besonders passend finde. So schlägt sich die Laufbahnberatung in der *Lehreridentität* nieder und ist dort fest verankert.

3 Lehrer*innen und ihre Qualitäten

> A good teacher isn't someone who gives
> the answers out to their kids but is
> understanding of needs and challenges and
> gives tools to help other people succeed.
>
> (Justin Trudeau)

Dieses Kapitel ist gewissermaßen »das Herzstück« dieses Buches, denn all meine Beobachtungen, Abgrenzungen, Nachahmungen, Inspirationen, Gespräche und Impulse von anderen Kolleg*innen fließen in diesem Kapitel zusammen und zeigen meinen Blick auf die »Qualitätsmerkmale« von Lehrer*innen. Es ist bereits mehrfach angeklungen: jeder von uns hat Lehrer*innen kennengelernt, die von uns allen aus individuellen Gründen heraus als »gute« oder »schlechte« Lehrer*innen bewertet wurden. Ich finde es wichtig zu erwähnen, was hoffentlich vielen klar ist: eine objektive Bewertung der Qualitätsmerkmale von Lehrer*innen ist nicht möglich und auch sinnfrei. Ich sehe insbesondere diese drei Gründe:

1. Die Voraussetzung einer objektiven Überprüfung ist die anfängliche Erstellung eines Bewertungs*maßstabes*, der angelegt wird. Wenn nun beispielsweise zwei Mathe-Kolleg*innen, die im selben Jahrgang unterrichten, miteinander verglichen werden sollen, ist die Erstellung eines solchen Maßstabes schon quatschig und kaum zu bewältigen. Nehmen wir einmal an, jemand löst diese verzwickte Aufgabe dennoch – dann sind nur zwei Szenarien möglich:

a) Es wird ein Maßstab zugrunde gelegt, der **die Kolleg*innen** betrifft. Hier wären verschiedene Kategorien möglich. Die Fachlichkeit der Kolleg*innen, die Einhaltung curricularer Vorgaben oder die methodische Vielfalt. Allerdings ist eine objektive Überprüfung ebendieser Kategorien dann wiederum nicht möglich, denn die Unterschiede zwischen den Kolleg*innen müssten an einem verbindlichen Standard gemessen und nicht zueinander in Relation gesetzt werden, um ein Defizit erkennen zu lassen.

b) Würde man hingegen einen Maßstab zugrunde legen, der **die Schüler*innen** betrifft, wirken zwar schnell verschiedene Aspekte attraktiv und »machbar« – beispielsweise die Leistungsunterschiede von den Schüler*innen, die jeweils von den zu vergleichenden Lehrer*innen unterrichtet werden, die Frage danach, wer mehr Themen in derselben Zeit schafft oder die Anzahl der Unterrichtsstörungen. Allerdings würden die Lehrer*innen durch Rückschlüsse ihrer unterrichteten Schüler*innen bewertet werden, was bei anderen Lerngruppen also ganz anders aussehen könnte.

Unabhängig von den Ideen hinter einem Vergleichsmaßstab zeigt sich: Die Überführung eines solchen Maßstabes in die Realität steckt voller methodischer Schwächen, ist kränklich und deshalb nicht aussagekräftig.

2. Für eine objektive Überprüfung ist eine einwandfreie und vor allem vergleichbare Durchführung der zweite Schritt. Wenn es nun doch irgendwie gelänge, einen bestimmen Maßstab ohne methodische Schwächen und Probleme in die Durchführungsphase zu bringen, stellt sich hier nun die Frage nach der tatsächlichen Vergleichbarkeit. Es wird **nie** gleiche Voraussetzungen geben können, allein aus praktischen, pädagogischen und bildungstheoretischen Zwängen. Zwei Kolleg*innen, die miteinander verglichen beziehungsweise überprüft werden sollen, werden beispielsweise niemals dieselbe Klasse im selben Fach haben können und jeder von ihnen ein und dasselbe Thema unabhängig voneinander komplett mit der Klasse von vorne

bis hinten durcharbeiten. Und selbst wenn es unsinnigerweise doch so wäre, wäre die Frage nach der Vergleichbarkeit alleine dadurch hinfällig, weil sich dann wieder die Frage nach einem Maßstab stellen würde. Was soll bewertet werden? Wenn es der Lernzuwachs ist, dann könnte kaum unberücksichtigt bleiben, dass alle Schüler*innen schon einmal alles gehört haben. Übrigens ist eine vergleichbare Durchführung von egal-welcher-Sache auch durch unabhängige, externe Personen, auch bei unterschiedlichen Lerngruppen, aus eben genannten Gründen, unmöglich. Die vergleichbare Durchführung als zweiter Schritt zeigt bereits: Es ist in der Praxis gar nicht möglich, absolut aussagekräftig und eindeutig vergleichen zu können.

3. Als letzten Schritt einer objektiven Überprüfung käme eine Auswertung der erhobenen Daten und daraus zu ziehende Rückschlüsse und Konsequenzen. Nehmen wir mal an, wir könnten Lehrer*innen nun mit einem bestimmten Maßstab in genau derselben Lerngruppe mit genau denselben Themen und Inhalten problemlos miteinander vergleichen und daraus Daten gewinnen, die nun ausgewertet werden können. Dann stellt sich die Frage: »*Kann ich aus diesen Daten tatsächlich etwas Belastbares ableiten?*« Die Antwort darauf ist einfach: Natürlich *nichts*. Wenn ein solcher Datensatz mir nun zeigen würde, dass die Kollegin X anders als Kollege Z in derselben Lerngruppe bei derselben Thematik in der Lage war, einem Schüler mehr beizubringen und dieser hat dadurch sogar drei Aufgaben mehr in der Klassenarbeit fehlerfrei beantwortet, dann kann ich daraus *nichts* ableiten, was für die Kollegin X oder gegen den Kollegen Z spricht. Es könnte die Tagesform der jeweiligen Lehrerin gewesen sein, die Auffassungsgabe des Schülers, purer Zufall, die Nachhilfelehrerin, der Wiederholungseffekt des Themas, mehr investierte Übungsstunden des Schülers, ein Youtube-Video zum Thema, abgeschrieben von der Sitznachbarin oder Gottes Gnade. Man müsste einen solchen Versuchsaufbau mehrfach wiederholen und dieselben Defizite erst mehrfach feststellen, damit die Daten belastbar sind. Aber dafür bräuchten wir, das ist hoffentlich deutlich geworden, noch sehr viel mehr von Gottes Gnade.

Subjektive Bewertung(en) der Lehrerqualitäten

Die Einführung in dieses Kapitel hat hoffentlich verdeutlicht, dass eine objektive Bewertung von Lehrerqualitäten weder möglich, noch sinnvoll ist. Wenn also von »guten« oder »schlechten« Lehrer*innen die Rede ist, so ist damit eigentlich *gut bzw. schlecht in meinem Sinne* gemeint. Ausschlaggebend ist also, *wer* das *aus welchen Gründen* sagt und nicht, wie richtig oder falsch diese Person damit liegen kann.

Es gibt somit auch nicht »*die* eine Lehrerqualität«, die man als Lehrer*in haben *muss* oder gar lernen kann, sondern es gibt eine Palette von verschiedenen Dingen, die von den Schüler*innen, ihren Eltern, den Kolleg*innen und »der Außenwelt« wahrgenommen und dadurch ganz individuell bewertet werden.

Dieser Gedanke verdeutlicht einmal mehr, wieso Lehrer-Sein eine Frage der *Identität* ist: ich bin als Lehrer unverwechselbar und das liegt ausschließlich an meiner ganz individuellen Art und Weise. Das, was mich als Lehrer »gut« oder »schlecht« sein lässt, ist die absolute Spiegelung meiner *inneren Haltung*. Qualitätsmerkmale von Lehrer*innen aufzulisten, zu analysieren und durchzukauen, ist mir nicht möglich und ist darüber hinaus auch sinnfrei. Was viel wertvoller ist, ist klarzustellen, dass *ich* Lehrerqualitäten nur anhand von ganz wenigen Aspekten ansprechen kann, nämlich von ganz besonders »hervorstechenden« Aspekten, die für alle Lehrer identifizierbar sind, aber nicht auf jeden zutreffen müssen, wie im folgenden Kapitel zu sehen sein wird.

3.1 Lehrerqualitäten sind individuell

In verschiedenen Fortbildungen, Seminaren und Gesprächen habe ich, insbesondere jüngeren Kolleg*innen gegenüber immer wieder einen ganz bestimmten Satz gesagt, der ganz unterschiedliche Reaktionen hervorgerufen hat:

»*Ich* halte *mich selbst* für den besten Lehrer, der jemals über die dreckigen Flure aller Schulen gewandelt ist. Das sage ich zu 10% aus Ego-Gründen, zu 90% aus Motivationsgründen und ich meine es absolut ernst.«

Anfangs löst dieser Satz, meiner Wahrnehmung nach, eine bei mir endgültig festgeschriebene Arroganz aus und heizt Spekulationen zu der Größe meines Egos an. Das geht dann meist solange, bis ich die nachfolgende Erklärung dazu abliefere, worauf die Ernsthaftigkeit meiner Aussage in der Regel anders verstanden wird.

Der von mir gesagte und oft wiederholte Satz soll nicht aussagen, dass ich mich selbst messianisch betrachte und bewerte, sondern die Betonung liegt eigentlich nur auf den erwähnten 90%.

Im Grunde lässt sich meine Intention in einer einfachen Aussage manifestieren: nur wer sich selbst für die Beste oder den Besten hält, hat den Erwartungsdruck und vor allem den Anspruch an sich selbst, weiterhin auf dieser Position zu sein. Nur dadurch fühlt man sich angefeuert, denn die intrinsische Motivation zu den Besten zu gehören ist extrinsisch gar nicht herstellbar. Wir werden schließlich auch nicht schlechter bezahlt, wenn wir als schlechtere Lehrer*innen wahrgenommen werden – nebenbei gesagt: sehr zum Leidwesen einiger Kritiker*innen des Lehrerberufs, die damit andeuten wollen, dass unsere *Performance* marktwirtschaftlich organisiert werden sollte und beispielsweise Prämienzahlungen und Boni schon dafür sorgen würden, dass Lehrer*innen besser werden.

Zurück zur Sache: Ich sehe mich und meine Kolleg*innen deshalb beispielsweise *überhaupt nicht* in einer Konkurrenzsituation, sodass ich gar nicht hauptsächlich der Beste im Sinne von »besser als die Anderen« meine, sondern ich bin der Beste im Sinne von »der Beste vor mir selbst«. Ich versuche durch eine hohe Erwartung an mich selbst, die bestmögliche Leistung aus mir herauszuholen und dies vor allem in verschiedenen Bereichen (siehe Abb. 3.1 auf S. 101).

Das ist meine Lehreridentität, die mich dazu antreibt nicht stehen zu bleiben, mich und meine schulischen Aspekte stets zu hinterfragen, um meine Defizite zu erkennen und mich diesen zu stellen, damit ich für meine Schüler*innen besser werde, denn Stillstand ist der Tod.

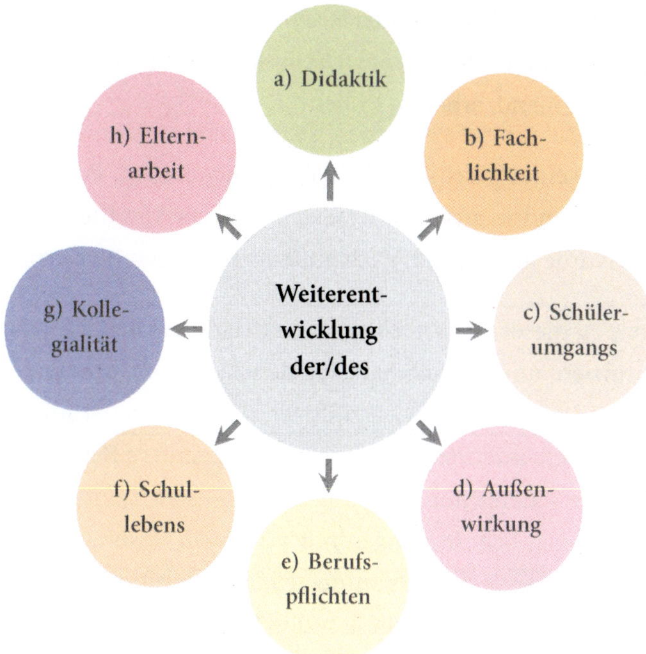

Abbildung 3.1: Die Bereiche des Lehrerwirkens.

Diese Bereiche des Lehrerwirkens, sind die Bereiche, *die ich persönlich* als wesentliche Bereiche identifiziere und in denen ich mich selbst versuche, immer weiter zu *pushen*, um noch besser zu werden. Wer behauptet, er ist der beste Lehrer, der muss:

- sich den Schüler*innen stellen wollen
- sich den Eltern stellen wollen
- sich den Referendar*innen und Praktikant*innen stellen wollen
- Fortbildungen nehmen und idealerweise Fortbildungen geben
- Fachliteratur lesen und idealerweise Fachliteratur schreiben
- sich mit seiner Schule identifizieren und diese weiterbringen wollen

- sich mit seinen Kolleg*innen auseinandersetzen und mit diesen gemeinsam professionell, loyal, konstruktiv-kritisch und progressiv, also immer weiterkommend, arbeiten wollen
- sich mit seiner gesellschaftlichen Verantwortung, Position und seinem Amtsverständnis auseinandersetzen und das Amt und die damit verbundene Würde authentisch nach außen ausstrahlen (wollen).

Ich betone an dieser Stelle *noch einmal*: das sind die Bereiche, die *ich für mich selbst* identifiziere und deshalb habe ich den Anspruch, dass andere es »eigentlich auch so oder ähnlich« sehen müssten. Gleichwohl ist mir natürlich klar, dass jeder andere *wiederum für sich selbst* völlig andere Bereiche identifizieren muss und sollte – denn nur so können sich zwischen unterschiedlichen Lehrerpersönlichkeiten Schnittmengen mit positivem Resultat ergeben. Dadurch entsteht ja das Eigentliche, was in der Pädagogik oft ausgelutscht klingt: ein *gemeinsames* Leitbild. Gerade diese individuelle Durchleuchtung der eigenen Bereiche zeigt die Rückkopplung zu dem Hauptbegriff dieses Buches: *Lehreridentität.* Einige von uns haben in der Lehreridentität andere Bereiche, die zu der eigenen Persönlichkeit passen und dadurch weiterentwickelt werden müssen. Die *von mir* gesehenen, hauptsächlichen, Bereiche möchte ich nachfolgend besprechen und tiefergehend erläutern, denn ich bin fest davon überzeugt, dass die Gedanken zu jedem einzelnen davon essenziell für beruflichen Erfolg und schulisches Gelingen für alle sind – auch wenn jemand anderes beispielsweise einen dieser Bereiche nicht für sich selbst als Schwerpunkt festschreibt.

a) und b) Weiterentwicklung der Didaktik und Fachlichkeit

Die Weiterentwicklung der Didaktik und Fachlichkeit steht für mich hier nur aus inhaltlichen Gründen an erster Stelle, denn die Fragen nach der Weiterentwicklung oder überhaupt einer Entwicklung von Didaktik und Fachlichkeit stellen sich zuerst im Studium. Ich habe in den vergangenen 10 Jahren immer wieder Kolleg*innen einen bestimmten Satz sagen gehört, auf den ich mittlerweile allergisch reagiere:

> »Das brauche ich doch sowieso nie wieder!« oder mit letztendlich ähnlicher Schlussfolgerung »Warum muss ich solche *detaillierten* Inhalte überhaupt lernen, ich mache schließlich nur Mathe in der Grundschule« oder Ähnliches.

Diese Sätze kann ich nicht mehr hören, denn sie lassen einerseits eine reflektierte Metaebene ihrer Urheber vermissen und, andererseits, kehren sie die Beweislast auf die Inhalte hin um. Das ist sinnlos und vor allem verkennt es *völlig* die Realität! Ich unterrichte Mathematik und bemühe mich alle dort besprochen Inhalte stets auch in einer realistischen Einbettung aufzuzeigen. Das heißt: im Idealfall sehen und verstehen die Schüler*innen, wieso diese Inhalte wichtig sind oder hilfsweise erkennen sie zumindest, dass es diese Inhalte im *wahren Leben* in diesem und jenem Bereich gibt. Das funktioniert natürlich nicht immer, aber das *muss es auch nicht*. Denn am Mathematikunterricht ist ja gerade das Schöne, dass er heuristische Fähigkeiten vermitteln soll, also Problemlösefähigkeiten, die *nichts* mit der Realität zu tun haben *müssen*! Es geht oftmals darum, sich in eine komplexe Sache hineinzudenken, die *eben nicht* wie die natürliche Umwelt ist – und das ist im mathematischen Kontext das Hin- und Herwechseln zwischen der komplexen Welt von Variablen, Termen, Identitäten, Formeln und der Sprung zurück in die Realität. Das nennt man in der Mathematikdidaktik *mathematisches Modellieren. Das* ist ein wesentliches Merkmal des Mathematikunterrichtes und deshalb lässt es sich sowohl didaktisch als auch fachlich völlig problemlos auf die Student*innen und Lehrer*innen anwenden. Auch in der Lehrerbildung müssen die Lehrer*innen *an sich selbst* feststellen, dass sie Schwierigkeiten haben können, sich in eine komplexe Gedankenwelt hineinzudenken, auch wenn man diese Inhalte später nicht zwingend aktiv unterrichtet. Das ist der eine Grund.

Den anderen Grund sehe ich allerdings auf einer völlig anderen Ebene: wer fachlich oder didaktisch sozusagen »nur 5 Minuten weiter« als die unterrichteten Schüler*innen sein will oder ist, der könnte dann doch direkt seine Aufgaben an Schüler*innen aus höheren Jahrgängen übertragen! Wir alle wissen: leider nein. Das funktioniert nicht. Das würde ja bedeuten, dass eine Abiturientin mit Leistungskurs Mathe und durchschnittlich 10 Punkten (oder dann doch lieber 11?) problemlos den Mathematikunterricht in der Grundschule schmeißen könnte, denn sie müsste ja eigentlich in der Lage sein, alles umzusetzen, zu erklären und zu vermitteln. Nein, das können eben nur die Wenigsten, wie wir alle wissen – und das ist auch nicht schlimm. Schlimm hingegen ist, dass Student*innen und Lehrer*innen verkennen, dass die didaktische und fachliche Bildung *in erster Linie Ihnen selbst* zugute kommt. Wer beispielsweise *Deutsch als Fremdsprache (DaF)* bzw. *Deutsch als Zweitsprache (DaZ)* studiert, der sollte sich einmal selbst klarmachen, dass die zu vermittelnden Inhalte von den späteren Schüler*innen in einer ihnen völlig unbekannten Sprache vermittelt werden. Das würde übertragen auf Student*innen bedeuten: man lernt Deutschdidaktik in einer Sprache, die man selbst nicht oder nicht sehr gut spricht – wie chinesisch oder englisch. Denn so geht es doch den Schüler*innen, die zum DaZ/DaF-Unterricht müssen: sie sollen deutsch lernen, ohne deutsch zu sprechen.

In Deutschland ist auch gängig, dass diese Schüler*innen meist Englisch als verpflichtende Fremdsprache lernen, allerdings vielerorts mit Deutsch als Bildungssprache. Das würde übertragen auf Student*innen bedeuten: sie sollen chinesisch lernen und die Dozenten weichen zwischendurch auf Kowaao aus. Wir erkennen aus diesen simplen Überlegungen: *dafür* ist die Didaktik da! Sie soll mir, anhand von verschiedenen Modellen, Theorien und Denkweisen helfen zu verstehen, wieso bestimmte bildungstheoretische Inhalte nicht oder nicht so gut aufgenommen werden *können* oder im Gegenteil: auf welche Art und Weise bestimmte Inhalte besonders gewinnbringend und nachhaltig aufgenommen werden *können*. Gerade deshalb ist es, vor allem für Student*innen wichtig, sich klarzumachen, dass die Didaktik und Fachlichkeit keine Feinde, sondern Helfer sein können. Die Betonung liegt hier auf dem Wort »können«, denn natürlich ist die Didaktik kein Messias, der alles problemlos erklären kann. Allerdings haben insbesondere die Fachdidaktiken in den vergangenen hundert

Jahren durch umfassende Studien, Forschungen und Beobachtungen gezielte Vorschläge und vor allem Weiterentwicklungen unterbreiten können, die mittlerweile einen großen Anklang finden. Bei der Fachlichkeit ist die Erklärung nur ein kleines bisschen schwieriger, denn die Frage nach der Diskrepanz zwischen gelerntem und vermitteltem Inhalt ist natürlich groß. »Wieso muss ich Flächeninhalte von geometrischen *n*-Ecken berechnen können, wenn ich es in der Grundschule höchsten mit Drei-, Vier- und Fünfecken zu tun habe?« Diese Diskrepanz hat vor allem den tieferen Sinn in der Qualifikation der Lehrkraft. Eine Lehrerin, die in der Grundschule in der 1.-4. Klasse unterrichtet, darf nicht auf dem stofflichen Niveau von Klasse 5 ihre Grenzen haben. Das würde vor allem für Deutschlehrer*innen bedeuten, dass sie in den sprachlichen und vor allem schriftsprachlichen Bereichen kaum mehr zu bieten hätten, als einen etwas größeren Wortschatz und ein paar Regeln mehr zur Orthografie und Interpunktion. Die daraus entstehenden Folgen sind hoffentlich allen klar und deshalb muss dieser Gedanke schnell aufgegeben werden. Insbesondere für den Primarstufenbereich meine ich mit dem Sinn der Qualifikation der Lehrkräfte etwas anderes. Allen Leser*innen sollte an dieser Stelle klar sein, dass die allermeisten Lehrkräfte in Grundschulen sehr viele Fächer, oftmals sogar alle, alleine abdecken. Das führt bei Klassenlehrer*innen zwangsweise zu Unterricht, den man *fachfremd* durchführt, das heißt, man hat weder didaktische noch fachliche Inhalte zu diesem Fach studiert. Es ist gerade deshalb völlig sinnig und richtig, der zukünftigen Generation von Lehrer*innen eine breite Qualifikation zu ermöglichen und dadurch für eine höhere Unterrichtsqualität einen wesentlichen Grundstein zu legen.

Fortbildungen können in diesem Zusammenhang von besonderem Wert sein, denn gerade für diejenigen, die viel fachfremd unterrichten, kann das an anderer Stelle Nerven retten: beispielsweise, indem man lernt, besonders schwierige, emotional-aufgeladene Fragen im Religionsunterricht zu beantworten, ohne sich selbst eindeutig positionieren zu müssen oder indem man durch Fortbildungen lernt, bestimmte Gefahrensituationen im Sportunterricht zu vermeiden und dadurch Lebensgefahr ausschließt. Die Weiterentwicklung der didaktischen und fachlichen Grenzen ist jedenfalls eine Kernaufgabe des Lehrerberufes, denn gerade bei Neuerungen in didaktischen Fragen kann sich der Horizont erweitern und dadurch kann mein Unterricht besser werden, wovon vor allem meine Schüler*innen profitieren werden. Zum Schluss möchte ich jedoch noch die abschließende Frage in diesem Zusammenhang stellen, die vor allem die Überlegungen zum Bildungsauftrag aus dem Kap. 2.3 aufgreift: *selbst wenn es mir fachlich und didaktisch nichts bringen sollte, mich mit Dingen im Studium beschäftigen zu müssen – was ist so schlimm daran?* Es handelt sich dabei ja schließlich um *einen* Inhaltsaspekt von vielen und Bildung heißt ja, hauptsächlich, bilden zu wollen und gezielt auf Bildung hinzuarbeiten. Wer hat aus der Beschäftigung im Studium mit Inhalten, die angeblich unnütz für das Lehrerdasein sind, ein Trauma davongetragen oder gar *so viel Zeit verschwendet*, dass sich ein Weiterleben oder gar ein Lehrer-Sein nicht mehr lohnen würde? Mir ist jedenfalls niemand bekannt.

c) Weiterentwicklung des Schülerumgangs

Ganz grob gesagt lassen sich die beiden Kapitel *Beziehungsarbeit* (2.1) und *Erziehungsauftrag* (2.2) als Umgang mit Schüler*innen bezeichnen. Mein Umgang mit meinen Schüler*innen ist für mich ein zentrales Merkmal im Fokus meiner Lehreridentität. Die ständige Weiterentwicklung am Umgang mit den Schüler*innen ist die Reflexion meines inneren Bildes dieses Umgangs, ohne dabei die daraus entstandenen Handlungen ändern zu wollen. Vielmehr geht es darum, Situationen des Lehrer-Schüler-Umgangs durch eine ständige Weiterentwicklung des inneren Bildes besser vorhersehen zu können. Das klingt auf den ersten Blick kompliziert, damit meine ich aber nur:

> Es ist *in erster Linie* erstmal nicht wichtig, ob *irgendeine* Begegnung mit den Schüler*innen *sofort* in Ordnung kommt oder nicht. Wichtiger ist, dass ich mir als Lehrer*in jede einzelne Begegnung vor Augen führe und mir fortwährend selbst die Frage stelle, ob meine Aktionen, Reaktionen und die bereits mehrfach angespro-

chenen Ebenen in dieser Begegnung in Ordnung waren und zu dem passen, was ich mir an so einer Stelle eigentlich »innerlich« gewünscht habe oder wünsche.

Genau das ist also das Komplizierte: Ich muss mein inneres Bild einer bestimmten Situation immer wieder mit der Realität und den Alltagssituationen abgleichen. Das erfordert viel Kraft, denn der dauernde Perspektivwechsel braucht professionelle Distanz, gleichzeitig Empathie und eine gute Beobachtungskompetenz.

Wer sich dieser ständigen Selbstreflexion nicht stellen möchte, hat die tragenden Elemente der Pädagogik verkannt, denn den eigenen Schülerumgang *nicht* weiter entwickeln zu *wollen* heißt ja im Grunde nichts anderes, als sich

1. entweder sicher zu sein, man »hätte es nicht nötig«. Das ist absoluter Blödsinn, denn es geht *immer* besser – wie ich ja mehrfach beschrieben habe, man kann auf jeder einzelnen Ebene und in jeder einzelnen Situation etwas finden, was man hätte besser machen können, schließlich ist zwischenmenschliches Miteinander kompliziert

2. oder zu glauben, der Schülerumgang sei »es nicht wert«. Das ist *noch größerer Blödsinn*, wie ja gerade die beiden Kapitel *Beziehungsarbeit* (2.1) und *Erziehungsauftrag* (2.2) gezeigt haben. Denn der Kern und insbesondere der Erfolg des Lehrerberufs bemisst sich einzig und allein an den Schüler*innen, weshalb sie unumgänglich sind und ein bestmöglicher Umgang mit den Schüler*innen damit ebenso.

d) Weiterentwicklung der Außenwirkung

Die Weiterentwicklung der Außenwirkung ist ein besonders interessanter Aspekt der Lehrerqualitäten, denn er ist doppelschichtig und von äußeren Rückmeldungen durchzogen.

Die erste Schicht der Außenwirkung ist die Ebene der individuellen Lehrkraft und ihrer äußeren Wirkung auf die Eltern.

Während die zweite Schicht der Außenwirkung die Ebene der individuellen Lehrkraft als Teil der Schule, in der sie wirkt und arbeitet, darstellt. Im Grunde könnte man diese beiden Schichten auch als zwei einfache Fragen formulieren: »Was halten die Eltern von Lehrer*in X?« und »Was macht Lehrer*in X der Schule Y genauso oder ganz anders als alle anderen Lehrer*innen der Schule Y?«

Die Außenwirkung der individuellen Lehrkraft als Teil der Schule, in der sie arbeitet und wirkt, ist insofern spannend, als dass diese Ebene erkennbar zeigt, ob und wie sehr sich die individuelle Lehrkraft mit der »eigenen« Schule identifiziert. Das deutlichste Beispiel, wo man dies für sich selbst als Lehrer*in merkt, sind Fortbildungen oder ähnliche Veranstaltungen: immer dann jedenfalls, wenn man auf andere Kolleg*innen trifft. Bereits an den Beschreibungen der anderen Schulen, wo die »fremden« Kolleg*innen unterrichten, wird eher schnell die defizitäre Situation der anderen Schule angesprochen, statt die eigene Identifikation und damit auch Repräsentation der eigenen Schule zu betonen. Das ist einerseits zwar normal, aber eher ein Zeichen der Distanz zur eigenen Schule: bei der Vorstellung unseres Partners sprechen wir schließlich auch nicht als erstes über dessen Defizite. Wieso lassen sich also Lehrer*innen eher dazu verleiten?

Natürlich hat diese Frage keine einfache Antwort, allerdings bin ich der festen Überzeugung, dass ein *Großteil* der Gründe sich auf die *Banalität der eigenen Tätigkeit* zurückstellen lässt. Damit meine ich, dass, sobald Lehrer*innen aufeinander treffen, jeder ganz genau weiß, dass die anderen dieselben Schwierigkeiten, Probleme und oftmals auch Klagen haben, sodass sofort eine gemeinsame »Insel« gefunden ist – die Versteifung auf die Defizite der eigenen Schule. Das ist, erstens, unendlich schade, zweitens, eine vollkommen destruktive Art und Weise, das Bild der eigenen Tätigkeitsstätte zu zeichnen und drittens, bestätigt eine solche Darstellung der eigenen Schule im Grunde die fehlende, eigene Innovationsbereitschaft an der eigenen Schule. Wer an seiner eigenen Schule viele schulweite Regeln und Rituale mitgestaltet, das schuleigene Leitbild mitverfasst, in der *Steuergruppe* Visionen für die Zukunft mitentwickelt und unterschiedliche Arbeitsgemeinschaften bereichert und damit viele Konzepte zum Tragen gebracht hat, der identifiziert sich ganz anders mit »seiner« Schule und repräsentiert diese somit auch ganz anders nach außen.

Damit ist natürlich nicht gemeint, dass eine kritische Distanz zur Schule nicht erwünscht oder gar gänzlich abzulehnen ist, aber in meiner Wahrnehmung ist die Innovationsbereitschaft vieler Kolleg*innen für ihre eigenen Schulen niedrig, wohingegen die Klagen und Schreie nach Verbesserungen und Veränderungen jedweder Art allgegenwärtig und unüberhörbar sind. Viele Kolleg*innen denken kaum daran, die Schule im Sinne einer *Schulentwicklung* voran zu bringen, sodass dies auch *äußerlich* sichtbar wird und somit die Schule in gewisser Art und Weise auch zu einem »Hingucker« macht. Die Weiterentwicklung der Außenwirkung jeder Schule ist also zusammenfassend nicht nur indirekt und mittelbar eine Aufgabe, die auch die Kolleg*innen betrifft, sondern direkt und unmittelbar untrennbar mit der eigenen Lehreridentität an der Schule, an der ich wirke – einfach, weil *meine* Schule durch *mein Wirken* auch zu einem gewissen Teil einmalig und besonders ist und bleibt! Deshalb kann ich mit Stolz und Freude meine Schule repräsentieren und aufzeigen, was *unser aller* Anteil am Bildungs- und Erziehungsbeitrag ist und damit einen Mehrwert für die uns anvertraute Schülerschaft darstellt, aber gleichzeitig kann ich trotzdem zielgerichtet und konsequent die Probleme und Defizite meiner Schule benennen.

e) Weiterentwicklung der Berufspflichten

Die Weiterentwicklung der Berufspflichten der Lehrer*innen sind mindestens genauso spannend wie die Weiterentwicklung der Didaktik und Fachlichkeit. Viele Kolleg*innen sind der Meinung, es sei leider überhaupt nicht so, da die beruflichen Pflichten »eher abstrakt«, von Juristen geschrieben worden und der praktischen Tätigkeit damit eigentlich nur auf dem Papier dienlich seien. Das ist eine verkürzte Auffassung und deshalb nur ein kleiner Ausschnitt des »Möglichen«. Die Berufspflichten sind vielmehr ein vom Staate formuliertes *Idealbild* der eigenen Lehrerschaft und die damit verbundenen Erwartungen an diese.

Gerade deshalb sind die Berufspflichten der Lehrer*innen in Deutschland an vielen Stellen sehr umfassend geregelt, durch gezielte *Nachsteuerungen* stetig verbessert und verfeinert worden. An dieser Stelle ist wichtig zu klären, welche konkreten Berufspflichten für Lehrer*innen hier eigentlich zur Diskussion stehen, denn diese sind zwar überall in Deutschland anders formuliert, aber *im Kern* alle zueinander »sehr ähnlich«, wenn nicht gar kongruent.

Die **Grundlagen der Berufspflichten** der Lehrer*innen in Deutschland **ergeben sich aus…**[23] (Stichworte in Klammern)

- dem **Grundgesetz** (Berufsfreiheit, Bestenauslese, Gewissensfreiheit, demokratischer Wertekanon)
- dem **Schulgesetz** im jeweiligen Bundesland (Erwartungen im Rahmen des Erziehungs- und Bildungsauftrags, Rahmenbedingungen, Position der Lehrer*innen in der Schule, delegierbare Aufgaben an Lehrer*innen, Verhältnis zur Schülerschaft – den Eltern oder der Schulleitung)
- dem **Beamtengesetz** im jeweiligen Bundesland (die berufsbezogene Laufbahn und der Werdegang, Laufbahnverordnungen, Dienste und Pflichten der Beamten und des Staates, Mehrarbeit oder die Besoldung) – dieser Punkt gilt natürlich nur bei Lehrer*innen die Beamte sind, analog gibt es Dienstvereinbarungen und tarifrechtliche Bestimmungen für Angestellte
- der **Lehrerdienstordnung** oder sonstige Verordnungen und Erlasse im jeweiligen Bundesland (Fortbildungsverpflichtung, Kenntnisse über einzelne Erziehungs- und Ordnungsmaßnahmen, Deputatsregelungen, Lehrerarbeitszeit oder Vertretungsregelungen).

Für mich ist dieser Punkt nennenswert, weil die meisten Kolleg*innen sich leider *überhaupt gar nicht* damit auseinandersetzen, was sie sozusagen »eigentlich« tun müss(t)en und was nicht. Das mag zwar banal klingen, aber zeigt

[23] Die Gesetze, Regelungen, Verordnungen usw. heißen in den Bundesländern unterschiedlich und sind damit nicht selten in einem anders heißenden Papier zusammengefasst.

sich in der Realität immer wieder. Das passende Stichwort ist in diesem Zusammenhang »Dienstauffassung«. Erstaunlich viele Kolleg*innen haben leider überhaupt gar keine Ahnung davon, was eigentlich von ihnen – auf der rechtlichen Seite im Sinne der Berufspflichten – gefordert wird. Natürlich ist dieser Satz pauschal schnell über die Lippen gebracht, aber viele alltägliche Beispiele zeigen im Grunde genau diese Problematik.

Noch vor den konkreten Praxisbeispielen zeigt sich der Schiefstand bereits bei der sogenannten »Verbeamtung«. Denn alle Kolleg*innen unterschreiben noch vor dem praktischen Dienstantritt, dass sie sich im Rahmen ihrer Selbstinformationspflicht mit den nötigen Rechtstexten und verschiedenen Verordnungen und Regelungen auseinandersetzen und sich mit den darin befindlichen Rechten und Pflichten vollumfänglich einverstanden erklären. Genau das ist der Grund dafür, dass man überhaupt für etwas vom Dienstherren haftbar gemacht werden kann, wenn man gegen eine Vorschrift verstößt – denn der Dienstherr wird darauf verweisen, dass man ja unterschrieben hat, sich mit den wesentlichsten Punkten vertraut zu machen. Allein diesen Einzelaspekt, nämlich dass sich alle beamteten Lehrer*innen dazu bereit und damit einverstanden erklärt haben, habe ich in mehreren Lehrerzimmern und in vielen Gesprächen mit vielen Kolleg*innen angesprochen und die zum Teil völlig verwunderten Reaktion zeigten bereits, dass fast ausnahmslos alle ausgerechnet dieses »Kleingedruckte« nicht gelesen zu haben scheinen. Jetzt könnte man natürlich einwenden, dass insbesondere die Erleichterungen und Vorteile, die mit dem Beamtenstatus einhergehen, vielen im Vorfeld bekannt seien dürften und deshalb nicht jeder alles lesen müsse.

Wer das allerdings ernst meint, dem kann ich nur sagen: »Wieso haben dann viele Kolleg*innen bei ganz banalen, alltäglichen Schulsituationen, große Ängste oder regen sich über diese Situationen dann so auf?« Die Wirklichkeit sieht nämlich anders aus. Nur die allerwenigsten Kolleg*innen haben sich tatsächlich mal die Zeit genommen, um zumindest *einmalig* die wesentlichen Texte, die sie selbst betreffen, durchzu*lesen* statt durchzu*ackern*!

1. Ein von mir gerne benutztes, und im Alltag sehr gerne zur Diskussion gestelltes, Beispiel sind Vertretungsstunden, zu denen man herangezogen wird. Vertretungsstunden sind für Lehrer*innen nicht umsonst unattraktiv: nicht immer kennt man die Lerngruppe und sehr selten ist etwas so vorbereitet, dass man als vertretende Lehrer*in sinnvoll mit der Lerngruppe arbeiten kann. Was die meisten Lehrer*innen an Vertretungsstunden aber eigentlich stört, ist, dass diese in der Regel in ihren Freistunden eingeplant werden und man damit über sein wöchentliches Stundendeputat hinaus arbeitet. Die Meckerei darüber ist also einerseits völlig verständlich, denn niemand möchte gerne regelmäßig Mehrarbeit leisten, ohne dass diese bezahlt wird. Allerdings ist die Meckerei an gleicher Stelle auch ein Windsturm im Wasserglas, da beispielsweise die verbeamteten Lehrer*innen in allen Bundesländern *die Verpflichtung* haben, über ihr Wochendeputat hinaus Vertretungen zu leisten. In Bremen ist dies beispielsweise in der Lehrerdienstordnung (§14, Abs. 3) festgeschrieben und bei vorsichtiger Schätzung ca. 99% der Kolleg*innen unbekannt. Jedes Mal, wenn ich es im Zuge eingeplanter Vertretungen sage, kommen einerseits nicht nur verwunderte Blicke, sondern große Diskussionen, »wie das denn eigentlich möglich sei« oder das »dadurch ja diejenigen systematisch benachteiligt würden, die zufälligerweise Freistunden in ihrem Plan hätten«.

   Ja, es ist ärgerlich und ja, es ist Mehrarbeit, die bis zu einem bestimmten Stundensatz hin unbezahlt bleibt, aber es ist eine *Verpflichtung* und damit auch eine Frage der Haltung zum Beruf. Es verwundert mich immer wieder, wie gerne gerade Lehrer*innen ihre Rechte einfordern, aber gleichzeitig ihre Pflichten versuchen wegzudiskutieren. Das ist in dreifacher Hinsicht peinlich:

   a) Die Kolleg*innen, die zur Vertretung herangezogen werden, kriegen in der Regel sehr schnell mit, wieso sie jemand anderen vertreten müssen. Sei es Krankheit oder Absenz aufgrund von Klassenfahrt, Fortbildung oder Ähnlichem. Wenn also Kolleg*innen ausfallen, dann ist im Vorfeld ja bereits klar, dass diese Last von anderen Kolleg*innen aufgefangen werden muss, sofern es planerisch-organisatorisch möglich ist. Was auch sonst? Wir vertreten schließlich *unsere Kolleg*innen*, nicht die Nachbarn aus der übernächsten Querstraße, die uns kaum interessieren – sondern unsere Mitstreiter, die gleichzeitig *Professionals* wie wir sind und damit *wie wir auch* irgendwann in der Situation stecken, dass sie zur Vertretung herangezogen werden, wenn nicht sie selbst, sondern die anderen krank oder absent sind. Eine Unterscheidung zum Kollegium und darin befindlichen Lagern zu machen, macht keinen Sinn, denn die Arbeitslast wird schließlich bewältigt werden *müssen*, sofern es möglich ist. Wie sonst könnte dargelegt und nach außen hin glaubhaft versichert werden, dass die Schüler*innen beschult, aber auch betreut, werden?

Die Mehrarbeit jedenfalls als ein Mittel darzustellen, dass dem Einzelnen Schaden zufügen soll, ist deshalb völliger Blödsinn. Es geht um die Vertretung von *Kolleg*innen* und damit um eine Unterstützung ebendieser. Ich habe Diskussionen wie diese insbesondere an Schulen mitbekommen, wo sich das Bild auf das Kollegium deutlich gezeigt hat: Oberstufenlehrer*innen beschwerten sich, dass sie in der Mittelstufe vertreten müssten, weil der Krankenstand in der Mittelstufe hoch und das damit eine Belastung zulasten der Kolleg*innen der Oberstufe sei.

Bereits die Einteilung *eines* Kollegiums in Oberstufen- und Mittelstufenlehrer*innen zeigt, dass nicht nur die Dienstpflicht nicht gesehen wird, sondern gleichzeitig auch noch ein Lagerkampf geführt wird – als ob die geleistete Vertretung durch eine Oberstufenlehrer*in wertvoller wäre, als von den anderen. Das klingt fast so, als würden sich diejenigen in *Über-* und *Untermenschen* einteilen wollen. Die Peinlichkeit liegt also darin, nur sich selbst zu sehen und nicht »das große Ganze«.

b) Das *Kerngeschäft* von Lehrer*innen ist Unterricht. Unvorbereiteter Unterricht im Sinne einer Vertretung kann nervlich anstrengend sein und damit natürlich bis hin zur körperlichen Belastung führen. Auch deshalb sind Vertretungsstunden höheren Umfangs unbeliebt. Allerdings muss man hier entgegenhalten, dass unabhängig von der Deputatszahl und der privaten Verpflichtungen rund um die Lehrer*innen nunmal genau eine solche Tätigkeit zum Beruf gehört und damit auch führt auch kein Weg an ihr vorbei. Unser Kerngeschäft ist Unterricht und weil *gerade wir* wissen, wie man effizient Unterricht plant und durchführt, kann man von uns zumindest erwarten, dass wir in einem unvorbereiteten Unterricht in einer Lerngruppe, die uns fremd ist, zumindest für Ruhe und Betreuung sorgen können, die idealerweise mit Unterricht gespickt ist. Das Beispiel wird vielleicht durch ein Dilemma deutlicher: wenn ein Lehrer an einer Gesamtschule beispielsweise mit der Aufgabe einer Klassenleitung überfordert ist und ständig Beschwerden an die Schulleitung kommen und die organisatorischen Abläufe zu Problemen führen, dann könnte die Schulleitung diesen Kollegen natürlich von der Klassenleitung befreien. Das schont vielleicht Nerven und vermindert vielleicht auch die Beschwerden.

Schulorganisatorisch macht das allerdings keinen Sinn, denn damit gesteht man sich nicht nur ein, dass man dem Problem aus dem Weg geht, sondern man verdeutlicht nach außen hin die Tatsache, dass ein Professional einen wesentlichen Aspekt seines Berufes nicht adäquat ausüben kann und jetzt auch noch davon befreit wird – statt sich darin verbessern zu können und zu steigern. Die schulorganisatorische Antwort müsste also eigentlich sein: dem Kollegen auf keinen Fall die Klassenleitung zu entziehen und stattdessen Wege und Lösungen zu finden, die dazu führen, dass sich die Schwächen in Stärken verwandeln. Zum Beispiel durch eine kooperative Führung der Klasse mit anderen Kolleg*innen zusammen, die erfahrener sind und wenig bis keine Probleme bei einer Klassenführung haben, durch gezielte Fortbildungen für die unerfahreneren Kolleg*innen oder durch kollegiale Hospitationen zur Verbesserung und Ermöglichung von Reflexion eigenen Handelns. Dasselbe gilt für die Vertretungsstunden: wer, wenn nicht die ausgebildeten Kolleg*innen, sollte unvorbereitet in einer Klasse etwas Sinnvolles stiften können und zumindest durch Expertise, Erfahrung, Regeln und Rituale für Ruhe und Betreuung sorgen können, wenn doch gerade das unser Kerngeschäft ist? Die Peinlichkeit ergibt sich aus dem Wegducken davor, so, als würde ein Metzgermeister sich weigern auf einer privaten Grillparty seiner Schwester die Steaks zu schneiden, mit der Begründung, das sei anstrengend oder nicht vorbereitet oder Ähnliches. Natürlich gebe ich allen Kolleg*innen recht, wenn es darum geht das *WIE* zu verbessern und verändern, aber am *WAS* führt kein Weg vorbei. Insbesondere dann nicht, wenn man sich freiwillig bereiterklärt, den Status »Beamt*in« anzunehmen und gegenüber den Angestellten monatlich finanziell und rechtlich viel besser gestellt ist, aber die damit einhergehenden Verpflichtungen stillschweigt.

c) Die dritte Peinlichkeit sehe ich darin, dass die Vertretungsstunden sehr gerne als Argument benutzt werden, es handele sich dabei um einen Racheakt gegenüber Kollegin X oder Kollege Y. Das ist nicht nur völliger Quatsch, sondern auch nicht von langer Hand planbar. Das Gegenteil ist der Fall: obwohl Vertretungsstunden ja eigentlich kein Drama sein sollten, wird aus dieser Mücke ein riesiger Elefant gemacht. Ich kenne nur sehr wenige Schulen, wo immer dieselben Kolleg*innen Bereitsschaftsstunden haben. Die Mehrheit aller

Lehrer*innen in Deutschland wird in Freistunden zur Vertretung herangezogen und diese entstehen bei der Stundenplangestaltung mehr oder minder völlig zufällig, aus Zwängen heraus oder in gezielter Absprache mit Kolleg*innen. Gerade diese Zufälligkeit verhindert eine Willkür und somit liest sich das Argument als *contradictio in adiecto*. Der Alltag in vielen Schulen sieht sogar eher so aus, dass die Stunden- und Vertretungsplaner da draußen leider sehr genau wissen, wen sie für Vertretungen einteilen können und wen nicht. Bei wem gibt es … Beschwerden? Verletzungen? Theater oder Unruhe? keine Probleme? Wenn Vertretungsstunden dann ein Mittel der Rache gegenüber bestimmte Kolleg*innen sein sollen, dann kann die adäquate Antwort darauf ja nur sein, den Kolleg*innen Bücher von Niccolò Machiavelli zu schenken (dem Meister des vorgetäuschten Todes und sich Rächens), falls diese denn selbst mal krank werden und vertreten werden müssen.

2. Das zweite Beispiel, das uns einfach verdeutlicht wie wenig Kenntnisse die Kolleg*innen über ihre Dienstpflichten haben, sind beispielsweise Klassenkonferenzen und sonstige Maßnahmen. Vielen Kolleg*innen sind Erziehungs- und Ordnungsmaßnahmen unbekannt. Gerade bei den Beschlussfassungen ist es wichtig, dass die Beschlüsse »wasserdicht« sind, um einerseits die verfolgten, pädagogischen Ziele zu gewährleisten und um andererseits nach außen hin sicherzustellen, dass die Schule als Akteur in der Lage ist, die geltenden Gesetze und Normen einzuhalten und im Einklang mit diesen zum Wohle der Schüler*innen zu arbeiten. Viele Kolleg*innen argumentieren damit, dass sie ja keine Juristen seien und das alles niemals gelernt hätten. Ich denke mir an dieser Stelle: das müsstest du doch eigentlich *vorher* gewusst haben! Zunächst einmal haben viele Kolleg*innen bei ihrer Einstellung unterschrieben, dass sie sich selbst informieren würden. Wer also aufmerksam gelesen hat, der muss spätestens im Schulgesetz und in der Ordnungsmaßnahmenverordnung gele-

sen haben, welche Sanktionen gegenüber Schüler*innen verhangen werden können. Da das bei vielen nicht der Fall gewesen zu sein scheint, muss die Masse ja immerhin *in der Praxis* mit solchen Dingen zu tun haben.

Wie kann es dann also möglich sein, nicht zu wissen, wie ein ordnungsgemäßer Beschluss formuliert wird und welche Hürden an ihn gestellt werden? Die Antwort ist ganz einfach und ich weiß, dass sie einen *Shitstorm* auslösen wird: Desinteresse der Lehrer*innen ist der Grund dafür. Denn die Unkenntnis eines wesentlichen Bereiches meiner beruflichen Tätigkeit schützt mich weder vor weiteren Berührungen damit in der Zukunft, noch hilft sie mir, die an mich gestellten Erwartungen abzuschwächen. Im Gegenteil: ich muss mich dafür in vollster Weise verantworten. Wer also unsicher in Schulrecht ist und überhaupt nicht weiß, was es damit auf sich hat und was zu beachten ist, sollte sich dringend darum kümmern, sich in diesem Bereich fortzubilden, denn die Erwartungen an die Lehrer*innen sind in den Schulgesetzen nicht umsonst hoch: Ordnungsmaßnahmen können teilweise schwerwiegende Eingriffe in die schulische Laufbahn der Schüler*innen sein, sodass es völlig verständlich ist, dass diejenigen, die so etwas beschließen, auch in der Lage sind, aufgrund umfassender Kenntnisse zu diesen Schlüssen zu gelangen und diese Schlüsse auch entsprechend zu formulieren. Ich finde gerade diesen Punkt immer wieder spannend, denn ich kenne viele Kolleg*innen, die 20 Jahre und mehr in der Schule sind und eigentlich als erfahren und geerdet gelten, weil sie nichts mehr so schnell aus der Bahn wirft. Die Realität ist: Viele dieser Kolleg*innen kennen wesentliche, schulrechtliche, Zusammenhänge nicht, was sich sehr oft darin zeigt, dass sie beispielsweise Maßnahmen verhängen, zu denen sie formal überhaupt nicht im Stande sind. Ich komme fast gar nicht drumherum, das anders zu bezeichnen als *erbärmlich*, denn das Schulrecht hat sich im selben Zeitraum schätzungsweise zu 2-4% geändert. Die schulrechtlichen Gesetzestexte sind alle online und kostenfrei verfügbar und mitsamt der Änderungshistorie einsehbar – tun Sie sich selbst einmal den Gefallen und gucken einmal nach.

3. Das dritte Beispiel ist die alltägliche Angst, die ein wesentlicher Indikator ist. Viele Kolleg*innen haben große Ängste, dass ihre Beschlüsse bei Ordnungsmaßnahmen angefochten werden (könnten) und sie selbst dafür haftbar gemacht werden könnten. Ähnlich verhält es sich mit der formellen Haftung bei Buchungen von Klassen- bzw. Jahrgangsfahrten, Aufsichtsproblemen (und den daraus potenziell entstehenden Schadenersatzforderungen), fehlerhaft korrigierte Klassenarbeiten, falschen Ansagen, nicht nachgekommenen Informationspflichten, zu spät erfolgten Maßnahmen oder Ähnlichem. Das alles sind, einerseits, zwar nachvollziehbare Ängste, aber letztendlich sind diese Ängste die Bestätigung der eigenen Kenntnis darüber, dass man etwas nicht weiß oder anders macht, als man es eigentlich *müsste*. Wieso sollte jemand auf der professionellen Ebene sonst ständig Angst vor etwas haben, wenn die Arbeit ordnungsgemäß verrichtet wurde? Richtig, sie wurde es dann wohl höchstwahrscheinlich nicht und diejenige Person weiß das auch ganz genau.

   Das Problem, das ich hierbei sehe, ist nicht einmal die Unkenntnis über eine Wissenslücke, die schließlich jeder hat, sondern vielmehr die mangelnde Bereitschaft, die ich bei der überwiegenden Mehrzahl aller Lehrer*innen wahrnehme, sich diesen und vielen anderen Wissenslücken zu stellen. In Bremen gibt es beispielsweise eine Fortbildungsverpflichtung von 30 Std. **pro Schuljahr** und **pro Lehrkraft** (einschl. der Schulleitungsmitglieder – vgl. Lehrerfortbildungsverordnung § 3). Mal abgesehen davon, dass leider die allerwenigsten dieser Fortbildungsverpflichtung nachkommen, obwohl alle Lehrer*innen zur Dokumentation und die Schulleitungen zur Kontrolle ebendieser verpflichtet sind, ist die Fortbildungsverpflichtung ja gerade *das Paradebeispiel* sich seinen Ängsten zu stellen, ja mehr noch: der Staat stellt mich sogar per Verordnung frei, mich meinen Lücken zu stellen und effizienter meinem beruflichen Wirken nachzugehen. Ja geht´s denn eigentlich noch schöner? Wer beispielsweise Sportunterricht gibt und ständig mit der Angst lebt, im Notfall nicht adäquat erste Hilfe leisten zu können, der sollte sich selbst fragen, ob die Ursache der Angst höchstwahrscheinlich mit der Unsicherheit von Erste Hilfe-Maßnahmen zusammenhängt. Ein toller Sportkollege von mir geht beispielsweise jedes Jahr zu einer Erste Hilfe Fortbildung, einfach um genau diese Angst zu eliminieren und durch die alljährliche Fortbildung die Chance zu erhöhen, dass im Notfall »jeder Griff sitzt«. Fast alle Kolleg*innen, die ich kenne, kommen gerade dieser dienstlichen Verpflichtung nicht nach und erkennen damit leider nicht den tieferen Sinn dahinter und verschwenden wertvolle Möglichkeiten sich selbst weiterzuentwickeln und damit auch die Schüler*innen profitieren zu lassen.

Diese drei Beispiele zeigen uns leider sehr deutlich, dass die beruflichen Verpflichtungen zwar einen Idealzustand zeichnen, aber als grundsätzlicher Nährboden viel zu wenig Beachtung von Seiten der Lehrer*innen finden. Mir ist wichtig klarzustellen, dass ich das nicht schreibe, um alle Kolleg*innen darauf aufmerksam zu machen, dass das Lehrerleben »leichter« ist, wenn man sich artig an alle Regeln hält. Sondern mir geht es darum klarzumachen: viele Verpflichtungen sind eine wertvolle Ressource, die von den Lehrer*innen leider weitgehend unbeachtet bleibt, obwohl sich die Lehrer*innen auf viele dieser Verpflichtungen beziehen und berufen könnten, um etwas Positives daraus für das eigene Wirken zu ziehen. Wer dies für sich selbst nicht plant oder niemals realisieren wird, sollte sich zumindest aber klarmachen: wir sind *Amtspersonen* und damit kann keine brach liegende Dienstauffassung verkörpert werden.

f) Weiterentwicklung des Schullebens

Damit ist nicht die konzeptionelle Weiterentwicklung der Schule im Sinne einer Außendarstellung und Attraktivitätserhöhung der Schule gemeint – sondern vielmehr die *innere* Weiterentwicklung der Schule und des Schullebens im Sinne eines Schulklimas und Miteinanders. Es ist mittlerweile völlig normal geworden, dass immer mehr Frühförderung, ganztägige Krippen- und KiTa-Plätze sowie Ganztagsbeschulung ausgebaut und innerhalb unserer Gesellschaft angenommen werden. Je mehr und je länger die »Kinder« betreut und beschult werden, umso wichtiger ist es, dass sich alle darüber im Klaren sind, dass diese Einrichtungen nicht nur funktionale Einrichtungen sind und sein sollten, sondern *Lebens*räume, in denen verdammt viel Zeit verbracht wird.

Daraus ergibt sich natürlich kein Rechtsanspruch auf ein interaktives und zufriedenstellendes Schulleben, aber zumindest ein Denkanstoß das Schulleben weiterzuentwickeln. Für die Kolleg*innen ist das insofern interessant, weil sie ihre ganz menschlichen und persönlichen Interessen einbringen können. Dadurch kann man als Lehrer*in auf der Ebene der Schüler*innen sozusagen »ganz anders ins Rennen gehen« und, was noch viel wichtiger ist, man hat Freude daran, seinen eigenen Arbeitsplatz aktiv mitzugestalten, wodurch man sich selbst auch wohler fühlt. Ich selbst halte diesen Punkt für essenziell und möchte deshalb allen Kolleg*innen da draußen empfehlen, sich der Weiterentwicklung des Schullebens anzunehmen und zumindest von Zeit zu Zeit auch einen Part dazu beizutragen. Für jeden Bereich ist alles denkbar und ich greife hier einmal bewusst auf das Engagement meiner real existierenden Kolleg*innen zurück, die mir hier als Beispiele dienen:

- Ein Kollege spielt für sein Leben gerne Basketball und bietet freiwillig eine Basketball-AG in der Mittagsfreizeit an (und hat dadurch im unbeliebten Ganztag bis spätnachmittags »Unterricht«)

- Eine Kollegin hat für das neue Schuljahr die Idee eines Wahlpflichtkurses (»WP Schöne Schule«) durchgesetzt, der sich der fortlaufenden Verschönerung unseres Gebäudes annimmt (Geländer abschleifen und streichen, Fassaden mit individuellen Mustern und Gemälden verzieren, Flure streichen und verzieren)

- Ein Kollege hat ein ausgeprägtes technisches Interesse und bietet einen

Wahlpflichtkurs Technik an, bei dem es gezielt um die technische Umsetzung physikalischer und chemischer Erkenntnisse aus dem Unterricht geht (z.B. eine Rakete bauen und fliegen lassen).

- Drei Kolleg*innen bieten in der freiwilligen AG-Schiene am späten Nachmittag die AGs Chor, Band und Orchester an usw.

Wer durch solche Aktivitäten von Zeit zu Zeit an der Weiterentwicklung des Schullebens partizipiert, kann seine Energien und Ideen auf eine relativ einfache Art und Weise wohlwollend für alle einbringen. Die Identifikation mit der Schule, an der man arbeitet und wirkt, steigert sich dadurch höchstwahrscheinlich auch.

g) Weiterentwicklung der Kollegialität

Die Weiterentwicklung der Kollegialität ist eine tragende Säule für die Arbeitsatmosphäre der Lehrer*innen in einer Schule. Diese Aufgabe mag nach einer relativ einfach zu bewerkstelligenden Sache klingen, denn sie muss »ja eigentlich« nur auf zwei Ebenen angegangen werden. Diese Ebenen *haben es aber in sich*:

1. Mein individueller Umgang mit meinen Kolleg*innen
2. Das Schaffen von Teamstrukturen und damit mehr Kollegialität in der Schule

Ich möchte mich hier hauptsächlich auf den ersten Punkt fokussieren, denn der zweite Punkt ist an vielen Stellen von der Unterstützung durch die Schulleitung abhängig und muss durch gezielte Impulse von dieser in die Wege geleitet werden. Unabhängig von den Impulsen und der Bereitstellung von Ressourcen durch die Schulleitung ist die Weiterentwicklung von Kollegialität dennoch zu ca. 75% eine Frage des *individuellen Umgangs* mit den Kolleg*innen. Es ist an einigen Stellen zwischen den Zeilen sicherlich schon deutlich geworden, aber es geht mir hier um die Altersspanne und die Phase der pädagogischen Ausbildung vieler Lehrer*innen. Ich ziehe diese Altersgrenze bei ca. 50 Jahren und älter. Vorhin schrieb ich:

> ... alle Kolleg*innen diesen Alters sind in einer Zeit ausgebildet worden, in der das pädagogische Paradigma des Behaviorismus (...) gerade eben vom Paradigma des Kognitivismus (...) abgelöst wurde. Es verwundert da also nicht, dass diese Lehrergeneration gelernt hat, wie Lernen vermeintlich funktionieren kann und gleichzeitig mehrheitlich nicht gelernt hat, wie wichtig und prägend ein erzieherischer und damit beziehungsorientierter Ansatz ist.
>
> (S. 64)

Das soll nicht nach Altersdiskriminierung klingen, allerdings müssen wir uns alle einmal vor Augen führen, dass diese Lehrergeneration gelernt hat, dass Lehrer-Sein im Grunde eine *One-Man-Show* sei, mit allem was dazu gehört: geschlossener Tür während des Unterrichts, absolute Lehrerzentriertheit, erlernbare Lehrerrolle und alle vom Lehrer ausgehende Macht. Diese Generation kann also nichts dafür, dass sie der Meinung ist, Lehrer*innen seien Einzelkämpfer – sie kennen es aus den vergangenen Jahrzehnten ja nur so. Der Unterschied dieser Lehrergeneration zu allen anderen vor ihr ist aber, dass sie in Deutschland gerade jetzt und in den nächsten Jahren in Pension geht und damit einerseits ein großes Loch auf dem Lehrerarbeitsmarkt auslöst. Was allerdings noch viel wichtiger ist: diese Generation ist die letzte, die nach einem völlig obsolet gewordenen pädagogischen Paradigma ausgebildet worden ist. Man könnte sagen, die »Lehrer*innen sind Einzelkämpfer«-Mentalität hat damit in dieser Größenordnung endlich ein Ende – leider haben sich aber sehr viele junge Kolleg*innen diesen Lehrertypus zum Vorbild genommen, denn sie wurden ja selbst mehrheitlich von gerade diesen älteren Kolleg*innen unterrichtet.

Worauf ich damit hinaus will, ist von entscheidender Bedeutung für diesen Punkt: mein individueller Umgang mit meinen Kolleg*innen ist zentraler Bestandteil für die Weiterentwicklung der Kollegialität in meiner Schule und damit auch stellvertretend für mein Berufsbild. Wer mehr Kollegialität von und durch andere erwartet, sollte mit leuchtendem Beispiel vorangehen – und das muss sich auf alle Bereiche erstrecken:

- den Kolleg*innen das selbst erstellte Unterrichtsmaterial zur Verfügung stellen (womöglich)
- den Kolleg*innen Unterstützung anbieten (in beratender Funktion, als Beistand in Bezug auf Eltern oder Schüler*innen, als Vertrauensperson)
- den Kolleg*innen professionellen Respekt entgegenbringen (was aber auch heißt, erwarten zu dürfen professionelle Kritik, ob positiv oder negativ, aushalten zu können)
- den Kolleg*innen zugestehen, dass *deren* Lehrer*identität* anders gestrickt ist als die eigene
- den Kolleg*innen gegenüber dienstlich unterstützend sein (beispielsweise als Vertretung einzuspringen, wenn der Krankenstand hoch ist und deshalb nicht jedes Mal zu meckern)
- den Kolleg*innen gegenüber zu versuchen zwischenmenschlich zugewandt zu sein (zum Beispiel ungefragt einen Tee kochen und hinstellen oder im Lehrerzimmer in den Pausen nicht immer am eigenen Platz sitzen)
- den Kolleg*innen dabei helfen, sich professionell weiterzuentwickeln

So wie ich das sehe, ist die Sicht auf den individuellen Umgang und die Sicht auf Kollegialität der anderen im Lehrerzimmer erstaunlich weit voneinander entfernt, fast so, als wären diese Positionen nicht miteinander in Einklang zu bringen. Das Gegenteil ist aber der Fall. Gerade in unserem Berufsfeld *weiß jeder ganz genau* zu welchem Zeitpunkt im Jahr welche Arbeitsbelastung auf den anderen liegt, jeder von uns weiß genau um die Anstrengungen und Wirrungen, wenn Kolleg*innen Mist gemacht haben und ihrer Verpflichtung nicht nachgekommen sind – aber es scheuen sich gerade Lehrer*innen auf ihre Kolleg*innen zuzugehen und dieses Eis aufzubrechen. Liegt das daran, dass wir alle Akademiker*innen sind und deshalb erwarten, dass es gerade bei uns doch keinerlei Probleme geben sollte im gegenseitigen Umgang? Ich denke nicht. Ich denke eher, dass wir uns, *weil* wir Akademiker*innen sind, nicht so leicht verständigen können, wie ein zwangloses und kollegiales Miteinander aussehen kann. Die Ursache dafür liegt größtenteils in unserem Werdegang: viele Lehrer*innen in Deutschland haben nie etwas anderes gesehen als »Schule«: bis zum Abi, dann Studium und dann direkt wieder Schule. Wer schon mal etwas ganz anderes gemacht hat, wird wissen was ich meine: bei Daimler am Fließband zu arbeiten und das Miteinander in der Nachtschicht mitzuerleben zählt genauso, wie in einer Fliesenbrennerei geschuftet zu haben.

Uns Lehrer*innen fehlt an vielen Stellen die Gelassenheit, uns gegenseitig im System Schule als ebenbürtig zu sehen und durch diese Überschätzung unserer selbst leidet unsere Kollegialität – *obwohl* wir *genau* wissen, wie es den anderen im Kollegium gerade geht. Wir gehen nicht sieben Meilen in den Schuhen der anderen, sondern tagtäglich hundert – wieso fällt es gerade uns dann so schwer im Lehrerzimmer unseren Kaffee oder Tee heute am Tisch aller Ü60er zu trinken und morgen am Sonderpädagog*innen-Tisch und übermorgen am Tisch, an dem die Schulleitung immer in der Pause hinkommt? Oder ein noch eindrücklicheres Beispiel: überhaupt auf einen festen Platz im Lehrerzimmer zu bestehen? Die neuen Lehrergenerationen sind und werden durch das Studium an mehr Teamsettings gewöhnt und haben das große Glück, dass sie auch im System Schule auf immer mehr Teamsettings treffen, sodass die individuelle Haltung zur Kollegialität bereits durch einen unveränderbaren Rahmen eine Grenze findet. Wer für sich selbst »on top« aber nicht erkennt, dass die Kollegialität einer Weiterentwicklung bedarf, der hat nicht verstanden, dass wir zukünftig immer weniger nebeneinander arbeiten werden, sondern immer mehr miteinander.

h) Weiterentwicklung der Elternarbeit

Die Weiterentwicklung der Elternarbeit ist im Grunde die erste Schicht der Weiterentwicklung der Außenwirkung und damit die spannendere Schicht. Denn in ihr zeigt sich im Kern, wie sehr sich die individuelle Lehrer*in mit der eigenen Lehreridentität auseinandersetzt und darum bemüht ist, ein eigenes *Standing* zu haben. Als Lehrer*in werde ich mir meiner Außenwirkung gegenüber Eltern nur in zwei Fällen bewusst: wenn ich vermute die Eltern sehen mich soundso oder wenn ich es von den Eltern indirekt höre. Die meisten Lehrer*innen haben mehrheitlich negatives Feedback der Eltern parat, das liegt aber nicht an den Eltern, sondern an den Lehrer*innen – denn diese scheuen sich zumeist aktiv und *regelmäßig* nach einem Feedback zu fragen und somit ihre eigene Außenwirkung kennenzulernen.

Das ist allerdings nicht nötig, denn es gibt weder was zu verstecken, noch etwas zu scheuen. Wenn man es auf den Kern herunterbricht, bedeutet meine Außenwirkung bei den Eltern zu erfragen nichts anderes als ein Einholen von Feedback. Und genau wie ich es vorhin beschrieben habe, gilt auch hier: der Beste kann nur sein, wer immer weiterkommen will – und weiterkommen geht nur, indem ich mich Kritik stelle und diese reflektiere. Die Scheu aktiv bei Eltern nach einem Feedback zu fragen ist also unbegründet, mehr noch: sie ist eine vertane Chance. Meine Außenwirkung bei den Eltern zu erfragen, eröffnet mir nicht nur die Chance besser zu werden im meinem Lehrerwirken, sondern vor allem ist es eine aktive Einbeziehung der Eltern und somit eine aktive Form der Elternarbeit. Ich bin fest davon überzeugt, dass je qualitativ besser und intensiver ich eine solche Einbringung der Eltern gestalte, umso mehr Konflikte, Ärger und Mühe spare ich mir an anderer Stelle. Viele Kolleg*innen begegnen mir dann mit Sätzen wie »du verwendest wirklich *jeden* Sonntag *eine Stunde*, um allen Eltern deiner Klasse einen Newsletter zu schreiben? Das ist doch Zeitverschwendung!«. Diese Kommentare sind lächerlich und falsch. *Ich* kann *empirisch* belegen, wie sich diese eine, investierte Zeitstunde an anderen Stellen bemerkbar macht! Seit ich den Newsletter schreibe und die wichtigsten Anliegen dort ankündige, renne ich keinen Zetteln mehr hinterher, alle Zahlungen und Einsammelaktionen kommen pünktlich, flächendeckend *deutlich* mehr erledigte Hausaufgaben, viel mehr Transparenz, weniger Krankmeldungen der Kinder, weniger Diskussionen um Tagesgestaltungen, weniger Ausflüchte oder Gelegenheiten der Schülerinnen und Schüler für Schulabstinenz und allgemein deutlich engerer Kontakt mit den Eltern unserer Schule.

Bildlich gesprochen hole ich mir durch dieses Vorgehen »die Eltern ins Boot« und sorge damit dafür, dass die »Betroffenheit« bei positiven und negativen Momenten *auch* auf die Eltern übergeht. Damit habe ich an anderer Stelle einen Impuls gesetzt, der für viele Kolleg*innen leider nur eine Floskel darstellt: »mit den Eltern gemeinsam an einem Strang zu ziehen«. Als Lehrer*in meine Außenwirkung bei den Eltern zu erfragen und damit meine Elternarbeit weiterzuentwickeln, kann in verschiedenen Bereichen passieren. Ich selbst greife zum Beispiel zu einem *Mix* aus verschiedenen Bereichen, die die Eltern bei jedem Elternabend anonym als Fragebogen ausfüllen können, nachdem ich ihnen eindringlich und eindrücklich versucht habe zu erklären, wie wertvoll und wichtig diese Art des Feedbacks der Eltern für mich und meine Arbeit ist. Mein Mix des Fragebogens besteht aus Fragen nach meiner Organisation, dem Bedürfnis, das Kind in eine andere Klasse zu schicken, der Frage nach elterlicher Partizipationsmöglichkeit, die ich ermögliche, meiner Kompetenz, der Zufriedenheit der Eltern und der Sinnhaftigkeit des Newsletters.

3.2 Qualität(en) des Unterrichts

In einem Findungsausschuss in Hamburg erlebte ich einmal die Situation, dass mir ein Mitglied des Personalrates eine Fragen stellte: »Als Deutschlehrer interessiert mich eine Sache: Können Sie in *drei einfachen Sätzen* auf den Punkt bringen, was der Mittelpunkt Ihrer pädagogischen Arbeit ist?«

Ich erwiderte, dass das eine schwierige, aber tolle Frage sei und ob ich kurz nachdenken dürfe. Nach einigen Augenblicken des Nachdenkens antwortete ich: »Ich kann das, aber ich brauche keine drei Sätze, sondern mir reichen zwei einfache Worte: die Schüler.«

Es liest sich vielleicht ein wenig großspurig, allerdings habe ich es nicht großspurig oder floskelhaft gemeint, sondern im Gegenteil: absolut ernst und deshalb habe ich es auch ruhig und deutlich auf den Punkt gebracht.

Niemand kann sagen, wie viele Lehrer*innen sich diese Tatsache immer wieder bewusst machen, aber wir sind nur wegen unserer Schüler*innen da und nicht andersherum. Die Schüler*innen sind unser Mittelpunkt, sie sind die Sonne unseres Sonnensystems, um die sich alle Planeten drehen und deshalb sind sie allein der Maßstab *allen pädagogischen Handelns* in Schule. Das lässt sich auch pädagogisch-fachlich formulieren: *Die Schüler*innen sind Subjekte ihres Lernens und nicht Objekte – und damit bestimmen sie wesentlich über ihren Lernerfolg mit.* Wer etwas anderes behauptet, sollte sich um eine Zeitmaschine bemühen und ca. 35-6000 Jahre zurück in die Zeit, um dort das Feeling auszuleben, die Schüler*innen nur als Objekte zu behandeln. Der Mittelpunkt allen pädagogischen Handelns klingt vielleicht poetisch, aber damit ist schlicht und ergreifend gemeint: *jede* Frage, die in Schule diskutiert wird, muss vor dem Hintergrund geführt werden, was sie *den Schüler*innen* bringt. Wenn beispielsweise von einem Umbau zur Ganztagsschule die Rede ist, dann muss klar sein, dass es dabei *zuallererst* um die Schüler*innen geht und nicht um die Nachmittage der Beschäftigten oder um die Betreuungssituation der Eltern. Wir können hier zusammenfassen: die Schüler*innen stehen im Mittelpunkt unserer Arbeit, allerdings steht unsere Arbeit nicht im Mittelpunkt für unsere Schüler*innen. Das ist wichtig, um über die Unterrichtsqualität der Lehrer*innen zu sprechen, denn vielen Kolleg*innen ist leider nicht klar, dass *wir*, als Schule, als Lehrer*innen, als externe Einrichtung tagtäglich in Konkurrenz stehen mit den Dingen, die bei unseren Schüler*innen wiederum im Mittelpunkt sind: Smartphone und Handy, Internet, Spiele, Sport, Familie oder Hobbys.

Die Unterrichtsqualität der Lehrer*innen bemisst sich also für unsere Schüler*innen in unmittelbarer Konkurrenz zu den Dingen, die sie selbst besser finden, während für die Eltern, die Gesellschaft oder die Behörde die Unterrichtsqualität natürlich mithilfe von kriteriengeleiteten Instrumenten gemessen wird.

Wenn wir also von Unterrichtsqualität sprechen, dann versteht jeder darunter etwas anderes. Für die nachfolgende Betrachtung ist deshalb wichtig, dass *ich* mit Unterrichtsqualität eher die Meta-Ebene meine: nicht die Unterrichtsqualität im Sinne einer messbaren Qualitätszunahme oder -abnahme, sondern Unterrichtsqualität im Sinne einer vor sich selbst gerechtfertigten, erbrachten Leistung durch die Unterrichtsdurchführung. Es geht mir mit diesem Buch ja um die Kernthese, dass man nicht *einfach so* lernen kann, Lehrer*in zu sein, sondern dass man zu einem großen Teil bereits Lehrer*in *ist* und dieses Lehrer-Sein sich in der Ausbildung und beruflichen Eingangsphase verfestigt und verstärkt wie die eigene Identität – sodass wir Lehrer*innen eine Lehrer*identität* haben. Deshalb begreife ich »Unterrichtsqualität« auch nicht vor dem Hintergrund von eher objektivierbaren Maßstäben, sondern vor dem Hintergrund der individuellen Lehrerpersönlichkeit.

Mein Unterricht ist also dann qualitativ hochwertig, wenn er in erster Linie meinen eigenen Ansprüchen gerecht wird. Das kann, verglichen mit einem objektiven Maßstab, natürlich tückisch sein, denn der eigene Anspruch ist vielleicht heute hoch und morgen niedrig. Allerdings wird diese Vereinfachung den Lehrer*innen nicht gerecht. Lehrer*innen sind *Professionals*, die Experten ihrer Lerngruppen und damit *sehr genau* in der Lage, ihren Unterricht den Schüler*innen anzupassen. Idealerweise jedenfalls. Eine hohe Unterrichtsqualität erreiche ich, wenn ich mit mir selbst in den Austausch darüber gehe, ob die Planungen, Überlegungen und die Durchführungen meinerseits so in Ordnung waren oder noch besser sein könnten. Es gibt *immer* irgendwas, was hätte besser sein können, aber die Grundtendenz wird hoffentlich deutlich: mein eigener Maßstab ist von hohem Wert, denn *gerade meine Lehreridentität*, also meine Persönlichkeit mit all meinem Wirken und Sein, ist schließlich auch eine eigene Sache und damit als solche nicht objektiv erfassbar. Wer zum Beispiel viel mit seiner Stimme arbeitet und Räuspern als »Ruhe bitte«-Signal oder Lautstärke als Ausdruck von Gefühlen oder Sonstigem benutzt, der wird seinen Unterricht an Tagen, wo die Stimme wegblieb, qualitativ schlechter bewerten, als an anderen Tagen. Ähnlich wird es demjenigen gehen, der viel mit einem Klangstab als Signal- und Impulssetzer arbeitet, wenn der Klangstab einmal vergessen wurde. Der eigene Maßstab bemisst sich natürlich aber *nicht nur* an dieser Äußerlichkeit, sondern an meinem Blick darauf. Vielleicht wird das für viele ernüchternd oder zynisch klingen, aber die Unterrichtsqualität der Lehrer*innen hängt von ihrer Persönlichkeit und ihren Lebensumständen ab – genauso wie die Aufnahme der Unterrichtsinhalte von der Persönlichkeit und den jeweiligen Lebensumständen unserer Schüler*innen abhängt.

Wer an einem Dienstag Vater eines Kindes geworden ist und am Donnerstag oder Freitag schon wieder »auf der Matte stehen muss«, der wird seinen Unterricht höchstwahrscheinlich weniger intensiv vorbereitet haben, als jemand, der am Vortag frei hatte und diese Zeit regelmäßig dafür nutzt, in der Schule in Ruhe alles für den Folgetag zu kopieren und bereitzustellen. Das muss auch so sein, denn sonst wäre die individuelle Lehrerpersönlichkeit belanglos, was uns zu Robotern macht. Es ist also völlig normal, wenn an solchen Tagen der Kopf ganz wo anders steht und vielleicht »nur Zettel« kopiert werden, denn auch den Lehrer*innen ist dies bewusst! Es spricht nur leider niemand darüber, dass eine Tagesform sozusagen »auf beiden Seiten« mindestens genauso viel Einfluss darauf hat, wie das Lernen gestaltet wird.

Zentrale Leitkategorien der Unterrichtsgestaltung

Die gängigen, man könnte auch sagen »*klassischen*«, Leitkategorien eines jeden Unterrichtes sind in den vergangenen Jahrtausenden vom jeweiligen pädagogischen Paradigma abhängig gewesen und haben sich im Laufe der Zeit deshalb stark verwandelt. Während früher Faktoren außerhalb des Unterrichtssettings völlig ausgeblendet wurden, gewinnen diese zunehmend an Bedeutung. Die heute gängigen und damit zentralen Leitkategorien der Unterrichtsgestaltung sind die Berücksichtigung verschiedener Faktoren für die Planung von Unterricht. Diese sind in Deutschland von Bundesland zu Bundesland unterschiedlich, aber allgemeinpädagogisch sind in der Regel bei der Planung von Unterricht diese Faktoren ohne Reihenfolge berücksichtigt:

a. Zeit

b. Lehreraktivität

c. Schüleraktivität

d. Methodik

e. Didaktik

f. Kompetenzerwerb (Fach-, Methoden-, Sozial-, Personalkompetenz)

g. Bildungsstandards bzw. Bildungsziele der Bildungspläne oder Curricula

h. Rahmenbedingungen der Schule, des Unterrichts und der Lerngruppe

i. Kompetenzorientierte Lern- und Arbeitsvoraussetzungen (Vorbildung, Einstellungen und der Entwicklungsstand)

j. Interaktionsbeziehungen

k. Sozialform

l. Rückkopplung mit Fachliteratur

Diese Aufzählung berücksichtigt »nur die klassischen« Kategorien. Andere Aspekte sind mindestens genauso interessant, wenngleich sie aber derzeit leider kaum Eingang in die Ausbildung und ins pädagogische Paradigma gefunden haben. Ich denke hierbei an *Identitäts- bzw. Persönlichkeitsstärkung*, BUSO: Berufs- und Studienorientierungsstärkung, Medienkompetenz und insbesondere Digitalisierungskompetenz, Glücksempfinden, Heuristik, Gefühlsverständnis oder Führungsstärken. Es ist interessant, dass vor allem in den letzten 20 Jahren in der frühkindlichen Entwicklung immer mehr auf Öffnung und offene Konzepte Wert gelegt wurde, während in der Schule nicht ganz so viele Veränderungen eingeführt wurden, sodass eine große Anzahl von Kindern in die Schule kommt und sozusagen einen »Schock« erlebt, wie wenig man dort »darf« und wie regel-

und ritualbehaftet alles ist. Fairerweise muss man aber auch sagen, dass die älteren Kolleg*innen in gleichem Maße »geschockt« sind, wie die Öffnungen und offeneren Unterrichtskonzepte so wirken, denn vieles »hat und hätte es damals so nicht gegeben«. Die Lehrer*innen stellen deshalb Fragen danach, ob die Öffnung der ganzen Konzepte nicht dazu führt, dass die Schüler*innen immer weniger an Inhalten lernen und »scheinselbstständig« werden.

Wir sehen an der obigen Auflistung dennoch, dass Lehrer*innen heutzutage immer umfassender und weitsichtiger versuchen, ihren Unterricht zu planen und in dieser Planung sehr viele relevante Faktoren zu berücksichtigen, um qualitativ besseren Unterricht zu geben. Das ist *eigentlich* eine absolut erfreuliche Sache, wenn sich die Praxis um diese Bemühungen bereichert sähe. Nur leider ist das nicht der Fall. Im Grunde kann man es auf einen Punkt bringen: *Eigentlich* sollten alle Lehrer*innen ihren Unterricht unter der Berücksichtigung aller relevanten Faktoren planen können, nur leider geschieht dies im schulischen Alltag äußerst selten. Das hat einerseits praktische Gründe aber auch Gründe nach einer dahinterstehenden Haltung. Ich habe beispielsweise schon oft Sätze von Kolleg*innen gehört, in denen es so oder so ähnlich heißt: »Es gibt nunmal Alltagsunterricht, der zu 99% gegeben wird und den Vorführunterricht, der die restlichen 1% bildet.« Vorführunterricht meint dabei einen Unterricht, in dem die Schulleitung, externe Gäste oder sonst irgendjemand anwesend ist und hospitiert. Ein solcher Satz lässt sich vielseitig interpretieren und für mich sind die dahinter liegenden Aspekte eindeutig:

- Bereits die Unterscheidung zwischen Alltagsunterricht und Vorführunterricht zeigt ja deutlich, dass die Urheber solcher Sätze dem alltäglichen Unterricht so wenig Relevanz beimessen, dass es sozusagen »nicht nötig« sei, den alltäglichen Unterricht mit all der fachlichen Expertise und Erfahrung zu planen – dies sei nur dem Vorführunterricht vorbehalten.

- Vorführunterricht anders zu planen als alltäglichen Unterricht ist eine Kapitulation vor sich selbst und insbesondere vor den Schüler*innen. Wer seinen alltäglichen Unterricht »versteckt« und nur bei anwesenden Gästen etwas besonderes »hervorzaubert«, enthält den Schüler*innen nicht nur Expertise und damit eine qualitativ höherwertige Beschulung vor, sondern sorgt damit vor allem dafür, dass die Schüler*innen den Vorführunterricht als eine unnormale Situation begreifen und damit auch sich selbst unnatürlich verhalten. Der Lernprozess als Ganzes wird dadurch künstlich und die Realität verzerrt.

- Unsere Wahrnehmung bestimmt unsere Realität. Wer den Vorführunterricht als eine Randerscheinung wahrnimmt, drückt im gleichen Atemzug damit aus, dass die volle Spanne der eigenen Lehrerexpertise ebenfalls eine Randerscheinung sind und nur zu 1% Anwendung finden. Damit disqualifiziert man sich selbst. Denn wie kann man von Schüler*innen erwarten, sich ihrerseits auf einen Lernprozess einzulassen, wenn man sich selbst nur in 1% aller Situationen vollständig darauf einlässt?

- Bindung kommt *vor* Bildung. Was ist das dann also für eine *erbärmliche* Haltung, meine Schüler*innen 99% der Zeit nicht nur um eine qualitativ bessere Beschulung zu berauben, sondern vor allem um meine beziehungstechnischen Mühen? Damit signalisiere ich ja nur, dass ich mich 99% der Zeit also beziehungstechnisch anders auf meine Schüler*innen eingelassen habe, als ich es hätte machen können.

Die Qualität des Unterrichts hängt, wie wir sehen, entschieden von der Grundhaltung gegenüber der Planung und Durchführung des Unterrichts ab. Um das vorige Beispiel noch einmal aufzugreifen: Wenn ich an einem Dienstag Vater werde und Donnerstag und Freitag derselben Woche nicht den Kopf habe, mir intensiv Gedanken um meinen Unterricht zu machen und meine Expertise in dieser Woche in meine Unterrichtsplanung einzubringen, dann ist das zwar einerseits eine qualitative Einbuße – aber ich bin mir der Einbußen bewusst und damit stehe ich auch in keinem Konflikt. Das Vater-Sein stand für meine Person als solches, also auch für meine Lehreridentität, in dieser Woche im Vordergrund und damit »leidet« mein Unterricht. Wenn ich aber grundsätzlich die

Haltung habe, dass mein alltäglicher Unterricht meiner Expertise »nicht würdig« ist oder der Mühe nicht wert oder was auch immer, dann werde ich meiner Verantwortung meinen Schüler*innen gegenüber nicht gerecht und arbeite auf allen Ebenen an meinen Schüler*innen vorbei.

Ansprüche an die Unterrichtsqualitäten

Qualitativ hochwertigen Unterricht habe ich dann geplant und durchgeführt, wenn er in erster Linie meinen eigenen Ansprüchen gerecht wird. Diese Definition ist eng mit der individuellen Lehreridentität verbunden und das heißt für mich, das wird wohl wieder wenig überraschend sein, dass die Erwartungen der Lehrer*innen an sich selbst hoch sein müssen, um sozusagen nicht in eine »Abwärtsspirale« zu geraten. Besser werden in so vielen Bereichen wie möglich heißt auch hier, sich erst einmal der Fülle aller Bereiche der Planung und Durchführung des Unterrichts sicher und vor allem bewusst zu sein. Jeder hat seine Inseln und ist damit in verschiedenen Bereichen Experte. Die Einen sind Experten, was die Zeit, Lehrer- und Schüleraktivität angeht, während die anderen vielleicht Experten bei Methodik, Didaktik und Sozialformwechseln sind. Bei der Betrachtung der Unterrichtsqualitäten ist die Meta-Ebene interessant, denn es gibt im Grunde nur drei »Blicke« auf die Qualität unseres Unterrichtes (s. Abb. 3.2 auf S. 134): einen objektiven Blick von außen, einen subjektiven Blick von außen und den eigenen Blick.

Diese drei Meta-Ebenen zeigen in aller Deutlichkeit die Herausforderungen der Ansprüche an die Unterrichtsqualität: allen Ansprüchen in gleichem Maße gerecht zu werden, ist weder nötig, noch sinnig und schon gar nicht möglich. Ein einfaches Gedankenspiel liefert die Erklärung:

> Wer in einer 5. Klasse Mathematikunterricht gibt und auf sachfachlicher Ebene den Mathematikunterricht so gestalten möchte, dass die objektive Blickrichtung besonders »bedient« wird, das heißt, dass objektive messbare Faktoren im Unterricht zentralen Platz einnehmen, der wird große Probleme haben, den Unterricht gleich-

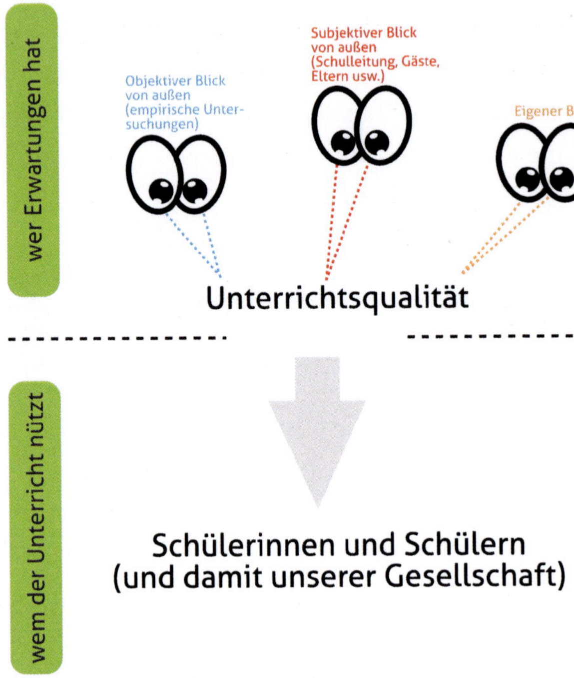

Abbildung 3.2: Drei verschiedene Blicke auf die Qualität unseres Unterrichts.

> zeitig so zu gestalten, dass er die Blickrichtung von Eltern »bedient«, die vielleicht ein Kind mit einer diagnostizierten Lernstörung oder Behinderung haben oder Ähnliches.

Dieses Beispiel ist authentisch und es führt uns zurück zum Kern der Unterrichtsqualität und somit auch zur Frage nach den Ansprüchen unserer Unterrichtsqualität: zu den Schüler*innen. Ob und wie die Erwartungen der verschiedenen Blickrichtungen sind, ist im Grunde egal, denn diese Erwartungen sind an *die Lehrkräfte* gerichtet und damit in der Hoffnung, sie würden den Schüler*innen vermeintlich nützen. In einer absolut heterogenen Klasse ist es mit 25 Schüler*innen schlicht und ergreifend nicht möglich, meinen unterrichtlichen Schwerpunkt auf 100% objektive Fortschritte zu legen, denn damit nehme ich, wenn überhaupt, nur ein bis zwei Schüler*innen mit, mal abgesehen davon, dass ich in der Praxis bei der *Planung* des Unterrichts nicht einmal weiß, ob gerade diese ein bis zwei Schüler*innen morgen zufälligerweise krank sind oder nicht. Was ich damit sagen will: von jeder der drei Seiten gibt es Erwartungen an die Lehrer*innen, die sowieso nur eines dieser drei Lager abbilden – was die meisten aber dabei vergessen ist, dass hinter jedem Lager immer nur vereinzelt Schüler*innen stehen, sodass es keinen Sinn macht einer dieser Erwartungen voll und ganz nachzugeben. In der Abb. 3.2 zeigte sich das als gestrichelte Linie, die anzeigen soll, dass die Unterrichtsqualität zu den Schüler*innen »durchsickert«, allerdings nicht in einem 100%igen Ausmaß. Gerade deshalb sind verschiedene Blickrichtungen auf die Unterrichtsplanungen *völlig* in Ordnung und damit auch die Szenarien 1 und 2 aus der nachfolgenden Abb. 3.3.

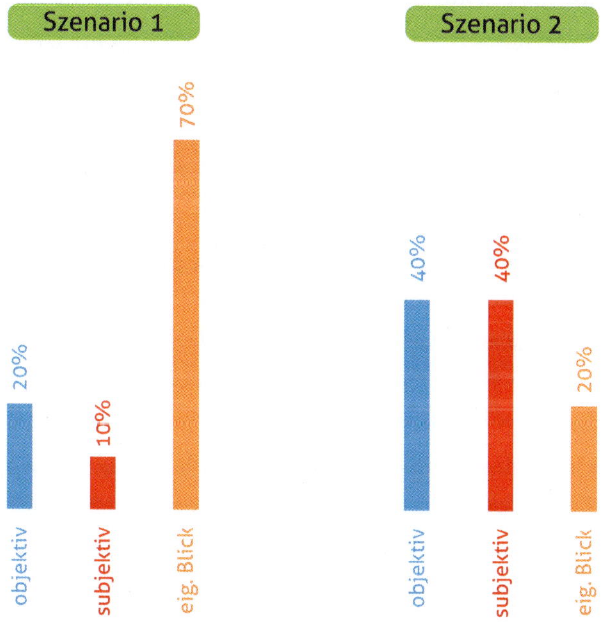

Abbildung 3.3: Zwei Szenarien mit prozentualer Schwerpunktsetzung, wie die einzelnen Blickrichtungen auf die Unterrichtsqualität aussehen könnten.

Aus meinem Verständnis heraus wird dadurch deutlich, dass der Unterricht eben nicht *qualitativ besser* wird, sondern nur anders. An dieser Stelle lohnt sich die Einbringung der Lehreridentität, vor dem Hintergrund aller bisherigen Erläuterungen dazu: Teil meiner Lehreridentität ist *mein* Blick auf *meine* Schüler*innen. Und dieser Blick ist nicht die letzte Instanz, *sondern muss die erste Instanz* sein und damit die Grundlage all meiner Planungen, Empfehlungen, Handlungen und Umsetzungen. *Das* macht die Qualität des Unterrichts aus und sorgt für eine mehrheitliche »Passung« in meinen Lerngruppen: wenn die eine Lerngruppe *soundso* zusammengesetzt ist, dann werde ich vielleicht einen höheren Schwerpunkt auf die objektivere Blickrichtung »bedienen« können und damit höhere Fachlichkeit erzielen können, während das in einer anderen Lerngruppe nicht denkbar ist. Aber dadurch ist die unterrichtliche Qualität nicht besser oder schlechter, sondern äquivalent! Gerade dieser Punkt ist vielmals für Eltern schwer zu verstehen und deshalb möchte ich auch dazu ein kleines Beispiel aus der Praxis geben.

> Ich habe, nun schon einige Male, verschiedene Geschwisterkinder unterschiedlicher Jahrgänge zeitgleich in Mathematik unterrichtet. Ein Elternpaar hat mich um einen Gesprächstermin gebeten und mir dargelegt, dass sie »nicht verstehen können«, wieso ich viele Dinge »nicht völlig anders, aber doch irgendwie anders« machen würde, insbesondere was die Fachbegriffe und die Schwerpunkte angehen würde. Im konkreten Fall ging es um das jüngere Kind in Jahrgang 7 und das ältere Kind in Jahrgang 8. Bei dem älteren Kind sei meine unterrichtliche Schwerpunktsetzung anders. Bei dem älteren Kind seien mir viel mehr Fachbegriffe und technische Dinge wichtig gewesen, während bei dem jüngeren Kind viel mehr Rechenoperationen und formelle Dinge wichtig seien. Die Eltern äußerten ihre Verwunderung, dass es so unterschiedlich sei, obwohl ich doch dieselbe Person bin und beide Kinder von mir dieselben Eigenschaften loben und kritisieren würden. Weiterhin äußerten sie Bedenken, ob eine solch unterschiedliche Schwerpunkt-

setzung nicht zu ungleichen Ausgangsvoraussetzungen für die Kinder führen könne und ob es nicht sinnvoller sei das aufeinander abzustimmen.

Ich erklärte den Eltern den obigen Sachverhalt und versuchte ihnen zu vermitteln, dass *gerade wegen meiner Person* und *gerade wegen meiner Beobachtungen* meine Ansprüche eben an vielen Stellen gleich, manchmal jedoch auch ähnlich oder unterschiedlich sind. In der einen Lerngruppe waren mehrheitlich andere Voraussetzungen vorhanden: Vorwissen, technischer Umgang mit Zirkel und Geodreieck und ein anderer Sprachfundus, sodass ich dort auf andere Dinge verstärkt achten musste. Dadurch verschiebt sich natürlich auch die Art und Weise, wie ich meinen Unterricht plane – auch wenn die Inhalte dieselben sind. Das war für die Eltern, verständlicherweise, nicht leicht einzusehen – allerdings muss den Eltern aber auch klar sein, dass sie als Eltern *nur ihr eigenes Kind* vertreten und, genauso wie ich, *ihren eigenen Blick* auf die Situation haben. Anders als die Eltern aber, habe *ich* die Verantwortung für *alle* Schüler*innen in der Lerngruppe und zwar auf vielen verschiedenen Ebenen gleichzeitig. Das ist ein großer Unterschied.

Die Qualität unseres Unterrichts ergibt sich also zusammenfassend aus unserer Lehreridentität und damit bestätigt sich nur einmal mehr, dass die unterschiedlichen Lehrer*innen einerseits nicht miteinander »vergleichbar« sind, und andererseits, dass die Qualität des Unterrichts subjektiv ist: nämlich für diejenigen, die den Unterricht als Rezipienten wahrnehmen und für diejenigen, die ihn halten. Das ist die eine Begründung. Eine andere, besonders häufige Begründung bezieht sich allerdings auf die Schule als Ganzes, denn oft wird aus einer Unterrichtsqualität auch die vermeintlich höhere Schulqualität abgeleitet und eine Schule bekommt gegenüber einer anderen den Vorzug. Diese Überlegungen können natürlich auch zu vielen anderen Kernfragen führen, die für mich bedeutsamste bezieht sich allerdings auf die eben angesprochene Ableitung: *was heißt das alles für die Schulwahl?*

3.3 Wovon die Schulwahl wirklich abhängt

Diese Frage ist vertrackt, denn die Kinder werden hierzulande immer öfter gefragt, welche Schule ihnen beispielsweise bei einem Tag der offenen Tür am Besten gefallen hat. Allerdings liegt die Verantwortung und rechtsverbindliche Wahlmöglichkeit bei den Eltern. Wer selbst als Elternteil diese Entscheidung schon einmal treffen musste oder sich gerade darauf vorbereitet oder Ähnliches, der ist sich dieser »Qual der Wahl« bewusst, die mit der Frage nach der Schulwahl einhergeht. Ich bin fest davon überzeugt, dass Eltern das Beste für ihr Kind wollen und, da die Kinder bis zum Erwachsenenalter mehrere tausend Stunden ihres jungen Lebens in der Schule verbringen, wollen Eltern keine falsche Wahl treffen, die dem Nachwuchs schaden könnte.

Viele wissenschaftliche Forschungen bestätigen einen Zusammenhang, auf den leider viel zu wenig verwiesen wird: Eltern wählen die Schule ihrer Kinder meist nach »äußeren« Gründen aus.[24] Anders als noch in den 1980er, 1990er und zu Beginn der 2000er Jahre, wo in Deutschland vielerorts uneingeschränkt noch die »Einzugsgebiet«-Regelung galt, nutzen immer mehr Eltern ihre Wahlmöglichkeiten und suchen eine Schule für ihr Kind, das zu den individuellen Voraussetzungen, Charaktereigenschaften und Startbedingungen des eigenen Kindes zu passen scheint. Man könnte auch sagen, *eine Schule, in der das Kind klarkommen wird und keinerlei große Probleme hat.*

Zusammengefasst ist in vielen verschiedenen wissenschaftlichen Erhebungen, aber auch in zahlreichen Gesprächen mit Eltern, immer wieder deutlich geworden, dass Eltern oftmals von außen auf diese *Auswahlkriterien* achten, um »die richtige Schule zu finden«:

- Entfernung zum Wohnort
- Ansehen oder der Ruf der Schule

[24] Um die Mannigfaltigkeit der Forschungsergebnisse abzubilden, sei exemplarisch auf Freytag 1969; Avenarius und Heur 1992; Schuchart, Schulzeck und Böhm-Kasper 2007; Baumert, Maaz und Trautwein 2010; Suter 2013; Thiersch 2014; Zielonka 2017; Tippelt und Schmidt-Hertha 2018 verwiesen.

- Zusammensetzung der Schülerschaft
- Klassengröße
- äußeres und inneres Erscheinungsbild der Schule (schmutzig oder sauber, erkennbarer Vandalismus, Verhalten der Lehrer*innen und Schüler*innen untereinander)
- Ausstattung (sowohl räumlich, als auch technisch – dazu zählen z.B. interaktive Whiteboards, Klassen- und Fachräume, Alter der Schulbücher oder Instrumente)
- Schulprogramm, Leitbild oder schulischer Schwerpunkt (z.B. Profile, jahrgangsübergreifendes Lernen, Schule mit Schwerpunkt auf Berufsorientierung, »Schule ohne Rassismus« oder Ähnliches)
- extracurriculare Aktivitäten (AG, Wahlpflicht-Angebote, Schülerfirmen, Exkursionen)
- Betreuungssituation der Schule (Halb-/Ganztag, Verlässlichkeit, Internat)
- externe Kooperationspartner (z.B. Sportvereine, Universität, Museen oder Orchester der Stadt)
- öffentliche Präsenz der Schule, die »einlädt« (Eigenwerbung der Schule oder Tage der offenen Tür)
- sonstige »Hingucker« (Uniformen, gewonnene Preise, die Gestaltung der Homepage oder ein online einsehbarer Vertretungsplan)

Diese Liste ist der Ausdruck der äußeren Dinge, denn alles, was dort steht, sind Aspekte und Inhalte, die man von außen *sehen* kann – ohne großen Aufwand und Anstrengung. Diese Auswahlkriterien sagen nur leider in sehr seltenen Fällen etwas über die *Qualität* des Unterrichts aus. Es gibt nämlich keinen kausalen Zusammenhang zwischen den *sichtbaren* Dingen, die der Liste zu entnehmen sind und gesteigerter Unterrichtsqualität! Um den Eltern gegenüber fair zu bleiben: natürlich bleibt ihnen nicht viel anderes übrig, denn sie können natürlich nur das bewerten, was sie *sehen*. Die Unterrichtsqualität zu beurteilen ist nämlich fast ein Ding der Unmöglichkeit. Deshalb heißt es auch »Schulwahl« und nicht »Lehrerwahl«: denn die Eltern wählen die Schule aufgrund ihres Gesamteindrucks. Ich bin mir sehr sicher, dass die Schulwahl von Eltern in der überwiegenden Mehrheit anders ausfiele, wenn Eltern *vorher* die Möglichkeit hätten, die Unterrichtsqualität der zukünftigen Lehrer*innen ihrer Kinder zu sehen und sich einen Eindruck zu verschaffen.

In einem Radiointerview hat John HATTIE etwas sehr schön auf den Punkt gebracht:

> »If you look at the student's homes, the families, the schools, the teachers, the curriculum, the strategies etc. it just comes out to the expertise. The teacher's expertise. *This* is *the* most important thing! *How* teachers think. *How* they make daily decisions and judgements. It's not necessarily what they do, it's necessarily *who they are*. Because who you are defines how you think. And that is the biggest difference.«
>
> (Betrachtet man das häusliche Umfeld der Schüler*innen, ihre familiäre Situation, ihre Schulen, ihre Lehrer*innen, die Curricula, die Unterrichtsstrategien usw., dann landet man immer bei der Expertise. Der Lehrerexpertise. Das ist das Wichtigste! *Wie* Lehrer*innen denken. *Wie* sie ihre täglichen Entscheidungen, Urteile und Beurteilungen treffen. Es geht nicht notwendigerweise um das, was sie tun, sondern es geht darum, *wer sie sind*. Denn wer man ist, definiert zugleich auch, wie man denkt. Das macht den größten Unterschied.)

Im Grunde schließt sich an dieser Stelle der Kreis zu der »Lehreridentität«. Wie die einzelne Person in ihrer Identität als Lehrer*in »beschaffen« ist, hat den größten Anteil an der Qualität des Unterrichts, an den vermittelten Werten, an dem sozialen Klima in der Lerngruppe, dem Miteinander, dem Maßstab an die fachliche und erzieherische Gestaltung des Unterrichts oder der Weiterentwicklung der Stärken und Schwächen der Lehrer*innen. Je nach Lehreridentität ist daher ein anderer Schwerpunkt vorhanden.

Schulen können nicht weiterempfohlen werden – *Teachers make the difference*

Deshalb ist es auch einfach zu sagen, dass man nicht *eine Schule* weiterempfehlen kann, sondern nur *Lehrer*innen.* »Die Schule« ist zumeist ein großer, anonymer Kasten, der erst durch die Schüler*innen und die Lehrer*innen »mit Leben« gefüllt wird. Die pädagogischen Ideen, Haltungen und Bestrebungen der Lehrer*innen füllen diesen Kasten sozusagen »mit Hirn«. Die (Un-)Reife, Startbedingungen, bisherigen Lebenserfahrungen der Schüler*innen füllen diesen Kasten »mit Herz« – natürlich bringen beide Parteien jeweils auch das Andere mit.

Diese Sichtweise ist für viele allerdings schwer nachzuvollziehen, denn die Auswahlkriterien aus der Liste locken uns in »Fallen«, in die auch Kolleg*innen gerne hineintappen.

Ich möchte gerne ein besonders oft angeführtes Beispiel besprechen: die *Klassengröße.* Bei der Klassengröße denken Eltern, Außenstehende und erstaunlicherweise vor allem Politiker*innen in der Regel daran, dass die Schüler*innen individuell mehr Aufmerksamkeit bekommen können, je kleiner die Lerngruppe ist. Dieses Denken ist natürlich naheliegend, denn aus beiden Perspektiven scheint es anfänglich auch Sinn zu machen: jeder von uns kennt die Situation sich als »Einer von Vielen« gegenüber den Anderen behaupten zu müssen und weiß daher, dass man es leichter hat, je weniger »Andere« es neben einem selbst gibt. Das wäre die Perspektive der Schüler*innen: nämlich, dass sich jedes Individuum »leichter gesehen« fühlt, wenn es insgesamt wenig Personen sind. Die Perspektive der Lehrer*innen scheint auch naheliegend: je weniger Schüler*innen es gibt, um die sich gekümmert werden muss, umso mehr positive Effekte können die Lehrer*innen »vereinen«.

Zum Beispiel mehr Ruhe, bessere Betreuung und mehr Zeit »pro Kopf«. Ich möchte bewusst betonen, dass dieses Denken nur *naheliegend* ist, denn auch wenn diese Denkweisen zwar offensichtlich zu sein scheinen, heißen sie nicht, dass sie auch im Unterricht Anwendung finden. Im Gegenteil: es gibt nicht einmal eine Garantie dafür, dass eine kleinere Klassengröße eine bessere Bedingung darstellt. Man kann in einer Klasse mit 14 Schüler*innen landen und gleichzeitig Lehrer*innen erwischen, die wenig Expertise haben und es nicht schaffen diesen 14 Schüler*innen genug Aufmerksamkeit und Betreuung zukommen zu lassen. Man kann auf der anderen Seite aber auch in einer Klasse mit 28 Schüler*innen landen und Lehrer*innen erwischen, die mehr Expertise haben und es deshalb problemlos hinbekommen, allen Schüler*innen genug Aufmerksamkeit zukommen zu lassen. *Man kann das allerdings nicht im Vorfeld sehen*, denn es ist eine Frage der Unterrichtsqualität und damit auch der Expertise der Lehrer*innen, also ihrer Lehreridentität. Bei uns in Deutschland ist das übrigens auch in der Praxis so der Fall: ab der 5. Schulklasse ist es an nahezu jeder Schule üblich, dass eine Schulklasse ja tatsächlich von mehreren Fachlehrer*innen unterrichtet wird, sodass hier die Eindrücke und Umgangsweisen der Kolleg*innen mit den Schüler*innen unterschiedlich sind. Schauen wir doch einfach einmal in andere Länder: in vielen asiatischen Ländern ist es absolut üblich, dass es Klassengrößen von 40-55 Schüler*innen gibt – vor allem in Südkorea, China und auch Japan. Die dortigen Kolleg*innen schaffen es problemlos, über die einzelnen Schüler*innen detailliert Auskunft zu geben. Sowohl auf der persönlich-psychosozial-pädagogischen Ebene, als auch auf der didaktisch-sachfachlich-inhaltlichen Unterrichtsebene. Viele werden jetzt einwenden, dass der Unterricht in diesen Ländern auch nicht so »frei« und vom Individuum ausgehend gestaltet ist, wie in »westlichen« Ländern. Allerdings ist das nicht der eigentliche Grund, es ist die Ausbildung der Lehrer*innen – und damit deren Expertise. Lehrer*innen aus den »westlichen Ländern« wurden schlicht und ergreifend im jetzigen und vorigen Jahrhundert hinweg auf eine Klassengröße von 15-30 Schüler*innen in einer Lerngruppe hin ausgebildet. Die Kolleg*innen in den asiatischen Ländern auf 25-60 Schüler*innen.

Das ist der Grund, wieso *wir* dort keinen Unterricht machen könnten: weil wir nicht die Expertise haben, auf bis zu 60 Schüler*innen gleichzeitig einzugehen, unsere methodische Vielfalt auf bis zu 60 Schüler*innen gleichzeitig anzuwenden und damit auch bis zu 60 Schüler*innen gleichzeitig genug Aufmerksamkeit zu geben. Diese Expertise haben wir nicht, weil wir das alles nie gelernt haben. Genauso wenig, wie unsere asiatischen Kolleg*innen gelernt haben, mit deutlichen kleineren Lerngruppen umzugehen. Daraus leitet sich deutlich ab, dass *wir* unseren Unterricht gar nicht großartig umstellen würden, wenn statt 25 Schüler*innen nur noch 10 oder gar 5 anwesend wären – denn das ist ja für uns nur die Ausnahmesituation. Viele behaupten, es sei anders und natürlich wäre ihr Unterricht völlig anders und den Schüler*innen gegenüber viel »gerechter« oder Ähnliches. Es mag für viele unglaublich klingen, aber dieser Effekt ist dennoch empirisch unstrittig belegt.[25]

Klassengröße hat also nicht sonderlich viel zu sagen, denn die Expertise der Lehrer*innen ändert sich bei einer anderen Klassengröße nicht. Eine Schule anzuwählen, die mit kleinen Klassengrößen Werbung macht, hat also qualitativ *nichts* zu sagen.

In der vergangenen Woche brachte mich ein Vater auf einen anderen Aspekt der oben genannten *Auswahlkriterien*: Schuluniformen als fester Bestandteil des Leitbildes einer Schule. Der Vater erzählte mir (der Definition nach ist die Familie »arm«), wie sehr er sich Schuluniformen wie in Großbritannien oder an vielen Schulen in den USA wünsche – damit das gesellschaftliche Stigma gegenüber Armut es seinen Kindern nicht schwerer mache, als es so schon ist. Ich kann diesen Mann aus tiefstem Herzen verstehen, schließlich wünscht er sich nichts weiter, als einen unvoreingenommenen Umgang mit seinen Kindern und Chancengleichheit für sie. Allerdings ist auch Schuluniform nur ein *Item*, das kaum Auswirkungen auf den Umgang mit Schüler*innen haben wird

[25] Exemplarisch möchte ich *nur einige* (!) Studien der vergangenen *30 Jahre* anführen, vgl. Ingenkamp, Petillon und Weiss 1985; Slavin 1989; Öğülmüş und Özdemir 1995; Nye, Hedges und Konstantopoulos 2000; Schrader u. a. 2001; Asadullah 2005; Brahm 2006; Saldern 2011; Yaman 2006; Ekici 2008; Jepsen und Rivkin 2009; Schukajlow und Blum 2011.

und zur Qualität des Unterrichts an einer Schule ebenfalls *nichts* aussagt. Wie bei der Klassengröße auch, lassen sich viele Gründe aufzeigen, die eine höhere Qualität der Schule ausschließen, hier seien auf die Schnelle drei genannt:

1. Eine Schuluniform ist *nur auf den ersten Blick* ein Merkmal, dass soziodemographische Aspekte unsichtbar macht – in diesem Fall: Armut. Die Schüler*innen hätten untereinander, wie oftmals von Eltern angeführt wird, dann keinen Gruppendruck mehr, sich mit Markenklamotten in der Schule zu profilieren, wodurch den Schüler*innen aus ärmeren Haushalten das Leben zur Hölle gemacht werde. Natürlich kann ich dieses Argument verstehen, denn Klamotten sind das Sichtbarste an unserem Gegenüber. Ich kann allerdings versichern, dass Schuluniformen *nicht im geringsten* garantieren, dass die Armut einzelner Schüler*innen unsichtbar bleibt. Armut zeigt sich schließlich nicht nur an Klamotten, sondern leider an tausenden Dingen: am Zustand der Schultasche, der Vollständigkeit der Federmappe, der Brotdose, dem mitgebrachten Essen, der Höhe des Taschengeldes, der Mitgliedschaft in Vereinen, dem nicht gebügelten Hemd aufgrund eines fehlenden Bügeleisens, der Möglichkeit an Ausflügen und Unternehmungen teilzunehmen und vielem mehr. Die Schüler*innen würden bei Schuluniformen zwar nicht mehr sehen können, wer keine Markenjeans hat – dafür aber an mitgebrachten Handys, an der Marke der Schultasche und vielen anderen Dingen den Gruppendruck wieder aufblühen lassen. Wichtig ist in diesem Zusammenhang: Armut ≠ Verwahrlosung – materielle Armut muss nicht zwangsläufig in Verwahrlosung münden. Um dieses Problem in den Griff zu bekommen, müssten alle Schüler*innen die exakt gleiche Ausstattung gestellt bekommen, was in Deutschland undenkbar ist.

2. Die Armut von Schüler*innen wäre gegenüber den Lehrkräften ohnehin nicht zu verbergen, schlicht und ergreifend, weil die Klassenleitungen ja sozusagen wissen müssen, »was im Budget ist und was nicht«. Wie aus vielen Untersuchungen bekannt ist, herrschen in jeder Bevölkerungs-

schicht große Vorurteile gegenüber ärmeren Menschen. Wenn also die Lehrer*innen wissen, dass ihre Schüler*innen arm sind, dann sind diese Vorurteile bei den Lehrer*innen genauso vorhanden, wie bei jedem anderen Menschen auch. Wir haben es, aufgrund unserer Expertise, zwar leichter, weil wir gelernt haben, dass die soziodemographische Situation *nichts* über Intelligenz und Motivation aussagt, allerdings heißt das nicht, dass wir uns auch bewusst so benehmen. Die *Haltung* gegenüber Schüler*innen, die arm sind, ist entscheidend. Insbesondere wenn es nur ein einziges Kind oder einige wenige Kinder in der Klasse sind. *Wie gehe ich mit kritischen Situationen um? Was mache ich, wenn die Armut einzelner plötzlich Thema wird? Verhalte ich mich diesen Schüler*innen gegenüber definitiv nicht anders, obwohl ich weiß, dass sie arm sind?* Das sind alles Fragen, die sich Lehrer*innen stellen müssen, wenn sie es mit armen Schüler*innen zu tun haben. Vor allem dann, wenn nach außen hin ein schulisches Leitbild suggeriert wird, bei dem die Schuluniform ein Zeichen von Gemeinsamkeit, Verbindlichkeit, kurzum: Einheit und Konformität ist.

3. Schuluniformen sorgen zwar oberflächlich für diese sichtbare Einheit und Konformität, allerdings heißt das nicht, dass die Lehrer*innen diese Einheit und Konformität auch durch eine Haltung verkörpern. Das ist sowieso eine grundsätzliche Frage *jeden Leitbildes*: stehen die Lehrer*innen *wirklich* dahinter – und wenn ja, wodurch zeigt sich das? Kontrollieren die Lehrer*innen dann beispielsweise, ob die Hemden tatsächlich gebügelt sind und die Schuluniform dann auch sauber und ordentlich ist oder ist es ihnen egal, weil sie nicht wirklich dahinterstehen? Thematisieren die Lehrer*innen die Schuluniform und den kritischen Austausch und mögliche Hintergründe, sowie Vor- und Nachteile dazu oder nehmen sie die Schuluniform als »gesetztes Ding« einfach an und thematisieren das gegenüber den Schüler*innen auch nicht weiter?

Die Schuluniform und die Klassengröße sind jeweils nur *ein* Aspekt von hunderten Aspekten, die man an einer Schule finden kann. Wer also, entgegen der obigen Ausführungen, der Meinung ist, dass Klassengröße oder Schuluniform ja vielleicht doch qualitativ etwas zu sagen haben, der sollte sich zumindest klarmachen, dass es sich dabei um zwei kleine *Effektstärken* handelt. Die Vielzahl der unterschiedlichen *Auswahlkriterien* kann deshalb auch nichts über die Qualität einer Schule aussagen. Es bestätigt sich also meine Eingangsthese: man kann nicht Schulen weiterempfehlen, sondern nur Lehrer*innen.

4 Klassenleitungen und Fachlehrkräfte

> The average classteacher cares more about their students than the world will ever know. That drives them to endure and absorb more than the average human could sometimes. But they do it and they'll continue to do it, day in day out.
>
> (Unbekannt)

Grundsätzlich sind die sichtbarsten Unterschiede zwischen allen Lehrer*innen die unterschiedlichen Funktionen, die sie bekleiden. Die einfachste Unterscheidung zwischen Lehrer*innen, die ja meist *alle* irgendwie auch Schüler*innen unterrichten, ist die Unterteilung in Klassenlehrkräfte und Fachlehrkräfte. Natürlich kann es sein, dass die Kolleg*innen mehrere Funktionen in einer Schule haben: z.B. Ausbildungskoordination, Jahrgangsleitung, Fachbereichsleitung oder seltener ausgewiesene Schulleitungsaufgaben oder gar ein Mitglied der Schulleitung sind. Solche *Doppelbelegungen* sind in der Regel auf drei Faktoren zurückzuführen: (1.) die Größe der Schule, (2.) die Motivation der Lehrer*innen eine Aufgabe zu übernehmen und (3.) das Stundendeputat inklusive der Fächerkombination der Lehrer*innen. Schauen wir uns diese drei Faktoren einmal etwas genauer an.

1. Die Größe der Schule. Es ist an kleine(re)n Schulen, insbesondere aber an Grundschulen, *überdurchschnittlich häufig* der Fall, dass die dortigen Kolleg*innen mehrere Funktionen auf einmal innehaben. Bei kleineren Schu-

len ist dies einfach den anfallenden Aufgaben und der Anzahl der vorhandenen Kolleg*innen geschuldet und somit gibt es für die einzelne Schule keine Möglichkeit, sich anders zu helfen, als einzelnen Personen mehrere Verantwortungsbereiche zu übertragen.

Mir ist eine Grundschule bekannt (ca. 200 Schüler*innen, 13 Klassenverbände, 15 Lehrer*innen, 6 pädagogische Mitarbeiter*innen), in der die Schulleitung **und** Stellvertretung jeweils eine eigene Klassenleitung haben. In Grundschulen ist das aber *keine* Seltenheit, dass die Schulleitung oder die stellvertretende Schulleitung gleichzeitig auch Klassenleitungen sind, einfach weil es oftmals organisatorisch nicht anders bewältigt werden kann. Wie man sich denken kann, führt das nicht selten zu »Reibungen«. Größere bis sehr große Schulen mit >50 Kolleg*innen und >500 Schüler*innen haben diese Probleme in der Regel eher nicht, weil sich in so einem Kollegium ausreichend viele Personen befinden, denen individuelle Verantwortungen übertragen werden kann. Eher im Gegenteil: an größeren bis sehr großen Schulen werden in der Regel Stellen mit besonderen Verantwortlichkeiten geschaffen, die oftmals als »Beförderungsstellen« ausgeschrieben sind.

2. Die Motivation der Lehrer*innen eine Aufgabe zu übernehmen. Wer sich in Deutschland umguckt, wird feststellen, dass es überdurchschnittlich häufig Kolleg*innen mit einer Naturwissenschaft sind, die den Stundenplan machen oder überdurchschnittlich häufig jemand mit dem Fach Informatik für Technik oder Medien beauftragt ist. Diese Liste ließe sich für jede Aufgabe fortführen. Natürlich ist es naheliegend, dass jemand eine Aufgabe, für die er sich persönlich interessiert *und* gleichzeitig fachlich »in der Nähe« dieser Aufgabe ausgebildet wurde, auch eine solche Aufgabe übernimmt – aber das ist kein *Muss*. Wer intrinsisch motiviert ist, eine Aufgabe zu übernehmen und sich hineinkniet, hat natürlich höhere Chancen eine solche Aufgabe zu bekommen – schließlich wollen wir alle eine delegierte Aufgabe in guten Händen wissen.

3. Das Stundendeputat inklusive der Fächerkombination der Lehrer*innen. In der Praxis ist, von den ersten zwei Gründen einmal abgesehen, leider oftmals das Stundendeputat und die Fächerkombination ausschlaggebend, was eine beauftragte Aufgabe innerhalb der Schule angeht. Leider ist es in Deutschland vielerorts eine ungeschriebene Regel, dass man Klassenleitung wird, wenn man die Fakultas für ein Haupt- und ein Nebenfach hat. Diese Situation hat oftmals leider mehr zu sagen als die Motivation der Lehrer*innen. Mir sind nur sehr wenige Kolleg*innen bekannt, die zwar zwei »klassische« Nebenfächer haben und trotzdem Klassenleitung sind – genauso wie es nur sehr selten Kolleg*innen gibt, die ein Haupt- und Nebenfach haben und keine Klassenleitung sind. Die »Hauptfach + Nebenfach-Regelung« ist leider das Maß. Es wäre vielerorts und in vielen Fällen sicherlich sinnvoller herauszufinden, wer Klassenleitung sein *möchte* und sich das zutraut, schließlich macht es keinen Sinn, jemanden dienstlich zu etwas zu verpflichten, was man ehrlicherweise als Überforderung oder ungeliebte Erledigung kommuniziert. Dennoch ist Klassenleitung sein ein wesentlicher Bereich unseres Berufes und deshalb ist auch eine gegenteilige Argumentation völlig berechtigt: jemand der wenig Erfahrungen als Klassenleitung hat und sich das nicht so sehr zutraut, kann nicht ständig davon ausgeklammert werden, denn sonst wird es ja nie gelernt. Allen Lehrer*innen sollte klar sein, dass wir in *alle* Richtungen bestmögliche Leistungen bringen sollten – dazu gehört, dass man als Lehrer*in auch Klassenleitung »kann«. Eine eindrückliche Metapher führt hier vielleicht weiter: den eigenen Sohn nachts alleine das Auto niemals fahren zu lassen, mit der Begründung er sei ja nicht erfahren genug was solche Fahrten angeht, führt eben nicht dazu, dass der Sohn ein erfahrener Fahrer wird.

Alle Überlegungen der beiden Kapitel 2 (Verantwortung der Lehrer*innen) und 3 (Qualität der Lehrer*innen) zeigen sich *in der Praxis* ganz konkret in zwei verschiedenen Positionen innerhalb jeder Schule deutlich: als Klassenleitung und als Fachlehrkraft.

Mir persönlich sind keine Kolleg*innen bekannt, die mir bei dieser Aussage widersprechen würden:

> Es macht einen *sehr großen Unterschied*, ob man als Klassenleitung ein bestimmtes Fach in einer Klasse unterrichtet oder »nur« als Fachlehrkraft in einer Klasse, in der man selbst nicht Klassenleitung ist.

Alle bisherigen Überlegungen zu *Beziehungsarbeit* lassen sich bei einer intensiveren Betrachtung von Klassenleitungen schnell und einfach zusammenführen. Wer eine Klassenleitung hat, braucht in der Regel viele Stunden in der Klasse – um damit eine signifikant bessere Beziehungsebene zu allen Schüler*innen in der Lerngruppe aufzubauen, was wiederum viele positive Effekte auf das Lernen und den Lernzuwachs an sich hat. Alles andere würde einer Klassenleitung nicht gerecht werden. Dies ist nicht nur in der Theorie bestätigt, sondern wird wohl von nahezu allen Kolleg*innen bestätigt werden. Der große Unterschied, der also entsteht, wenn man selbst als Klassenleitung ein bestimmtes Fach unterrichtet, *muss* auch so sein, denn als Klassenleitung habe ich einen ganz anderen »Zugriff« auf meine Schüler*innen. Das ist in vielerlei Hinsicht der Fall. Deshalb ist es natürlich verständlich, dass man, in planerischer Hinsicht, darauf achtet, dass die Klassenleitung ein Haupt- *und* Nebenfach unterrichtet, aber das ist nicht zwingend notwendig. Der »Zugriff« auf die Schüler*innen geschieht durch mehrere Aspekte.

i.) Die erste »Zugriffmöglichkeit« bietet die Beziehungsebene zu den Schüler*innen, die bei einer Klassenleitung nicht nur besser im Sinne des »sich besser Kennen« ist, sondern insbesondere tiefer und damit pädagogisch-psychologisch belastbarer und verbindlicher. Jeder kennt das auf zwischenmenschlicher Ebene: je besser man sein Gegenüber kennt, umso umfangreicher teilt man miteinander Informationen und Erzählungen, erzählt »persönlichere« Dinge aus dem eigenen Leben oder sagt sich gegenseitig freche(re) Sprüche. Kurzum: Das Miteinander wird intensiver. Und je intensiver dieses Miteinander wird, umso ertragreicher wird die Zusammenarbeit mit den Schüler*innen. Aus der Perspektive unserer Schüler*innen gesprochen heißt das aber auch: das »Aushalten« ihrer Lehrer*innen wird für sie einfacher. Verglichen mit Fachlehrern ist die unterrichtliche Gestaltung konfliktärmer und ernsthafter, woraus wiederum mehr Gelegenheiten für eine vertiefte Beziehung und somit auch vertiefteres Lernen entstehen.

Klassenleitungen kennen ihre Klassen deshalb in jeglicher Hinsicht in der Regel am besten und das ist auch gut so! Sie haben, dank ihrer vertieften Beziehungsebene, meist auch einen Blick auf Außerschulisches. Mit dem Wissen darum, wie das Zuhause aussieht, wer zur Peergroup gehört, welche Aktivitäten bei einzelnen Schüler*innen außerhalb der Schule anstehen, ob und welche Vereinsmitgliedschaften bei einzelnen Schüler*innen vorhanden sind oder die Kenntnis über eventuell vorhandene Geschwisterkinder und die Beziehung der Schüler*innen zu diesen, können die Klassenleitungen dies gezielt einbringen: Bei der Beratung oder in Konfliktsituationen und somit im Sinne der Lösung von Problemen im allgemeinen Sinne. Dasselbe gilt auch für die Klasse als »Ganzes«. Eine Klassenleitung kennt die Dynamik der Lerngruppe und der unterschiedlichen Schüler*innen untereinander in der Regel viel besser und umfangreicher als Fachlehrer*innen und kann damit nicht nur anders reagieren, sondern vor allem auch viel besser in der Planung von Aktivitäten bereits im *Vorfeld* viel mehr Aspekte berücksichtigen.

ii.) Eine Klassenleitung ist ihrer Funktion nach der erste Ansprechpartner, wenn es um die Klasse geht. Dies gilt für Schüler*innen gleichermaßen wie für ihre Eltern und die Kolleg*innen, die in dieser Klasse unterrichten. Das macht die Klassenleitung zu einer *Hydra* mit vielen Köpfen: einerseits ist man als Klassenlehrer*in ein Organisationsapparat der alle verwalterischen Belange der Klasse im Griff und Blick haben muss, andererseits ist man gewissermaßen das personifizierte Abbild der Schule, das für Bildung steht, gleichzeitig ist man Mitmensch aus Fleisch und Blut, sowie Fachlehrer*in mit der besten Beziehung und herausgehobener Stellung. Das heißt konkret: wie die Klasse »läuft« und was ihr fehlt, hängt *größtenteils* an der Klassenleitung – ob es (a) organisatorische, (b) zwischenmenschliche oder (c) unterrichtliche Dinge sind.

(a) Die organisatorischen Inhalte führen dazu, dass man auf seine Schüler*innen und deren Eltern einen anderen Blick hat, einfach weil man Daten kennt, die höchst intim sind – vom Einwohnermeldeamt, psychologische Probleme oder Vorfälle von Gewalt oder sonstiger Misshandlungen in der Vergangenheit, finanzielle Situation und Berufstätigkeit der Eltern, Nationalität oder schulischer und bisheriger Werdegang. Darüber hinaus regelt die Klassenleitung die verwalterischen Abläufe für die einzelnen Schüler*innen und trägt damit *auf Amtswegen* dazu bei, dass die Schüler*innen im Schulsystem existieren, beispielsweise durch Führung der Schülerakten.

(b) Die zwischenmenschlichen Aspekte führen dazu, dass man seine Beziehungsebene zu den Schüler*innen und ihren Eltern vertiefen und verbessern kann, weil man eine zentrale Figur in der schulischen Entwicklung im Leben der Schüler*innen geworden ist und deshalb mit vertraulichen, pädagogisch-psychologischen Fragen konfrontiert ist – durch Erziehungstipps, Trösten, Streit schlichten oder als Ersthelfter*in.

(c) Die unterrichtlichen Dinge führen zur »Konfrontation« mit zwei Personengruppen: den Eltern und gleichzeitig den Kolleg*innen. Den Eltern gegenüber geht es um die Transparenz der schulischen Leistungen, während es mit den Kolleg*innen gemeinsam eher um pädagogische Mittel und Wege geht, die Klasse in eine bestimmte Richtung zu erziehen, Konflikte zu lösen oder den Unterricht anders ausführen zu können.

4.1 Klassenleitungen sind immer irgendwie zerrissen

Klassenleitungen oder solche die es lange waren, werden bestätigen können: Eltern melden sich, egal um was es geht, in der Regel *zuallererst* bei der Klassenleitung und tun es damit ihren Kindern gleich. Das ist einerseits gut so, denn dadurch wird sichergestellt, dass alle verwaltungstechnischen, organisatorischen und pädagogischen Angelegenheiten von 20-30 Schüler*innen hauptsächlich von *einer* Person »geregelt« werden. Andererseits kann das auch zu großen Problemen führen, gerade *weil* die Klassenleitung sozusagen »das Gesicht« der Schule und damit erster Ansprechpartner ist. Wenn einzelne Schüler*innen Konflikte mit Kolleg*innen haben, dann beeindruckt das die Eltern irgendwann nur noch herzlich wenig, wenn »mal wieder« die Klassenleitung anruft. Der Ausgleich, der zwischen Klassenleitung und Fachlehrer*innen nötig ist, wird leider zu häufig vergessen. Klassenleitungen sind deshalb nicht selten *zerrissen*, wenn es um ihre Klassen geht, schließlich haben sie alle oben genannten Vorteile und mehr, aber stehen doch in einem besonderen Fokus.

Eine solche Zerrissenheit zeigt sich in vielerlei Hinsicht – aus jeder Perspektive heraus lässt sich ein Beispiel finden. Deshalb möchte ich hier die »Klassiker« einbringen.

i. **Die Fachlehrer*innen können nicht mit meiner Klasse »umgehen«.**

   Diese Perspektive ist aus der Sicht der Klassenleitung und sicherlich vielen Kolleg*innen auf diesem Erdball vertraut. Wie allen anderen Klassenleitungen auf der Welt, ist mir natürlich auch schon passiert, dass sich Fachlehrer*innen meiner Klasse bei mir über meine Klasse beschwert haben. Entweder über einzelne, besonders anstrengende Stunden oder über bestimmte Schüler*innen, die die Klasse »aufgemischt« und damit zusätzlich für Unruhe gesorgt haben oder Ähnliches. Für mein Empfinden sind diese Beschwerden aus Sicht der Klassenleitung nur rezeptiv zu lösen, das heißt in der Praxis: ich höre mir die Sache ausführlich an und dabei aktiv zu, notiere mir den Sachverhalt und trage die Situation noch einmal zur Reflektion in die Klasse und dann hat sich das für mich auch schon erledigt. Das mag für Fachlehrer*innen vielleicht hart oder kurzsichtig klingen, allerdings ist eine solche Reaktion ganz einfach und objektiv erklärbar: Ich war bei der Situation nicht dabei, kenne gleichzeitig meine Kolleg*innen und darüber hinaus die Wirkung dieser Kolleg*innen auf meine Klasse. Diese drei Faktoren führen unweigerlich zu einer Voreingenommenheit aller Klassenleitungen, von der sich *niemand* freimachen kann. Ein solcher, voreingenommener, Gedanke kann sein: *Ich weiß, dass gerade diese eine Kollegin, die sich bei mir beschwert hat, unbeliebt in meiner Klasse ist und ich persönlich denke, dass sie qualitativ schlechten Unterricht macht.* Es ist schwer in einer solchen Situation meiner Kollegin gegenüber objektiv und fair zu bleiben, wenn ich ihr gegenüber innerlich voreingenommen bin oder gar der Meinung, sie »könne« aus solchen Gründen nicht richtig mit meiner Klasse umgehen. Das Resultat dieser Voreingenommenheit bestätigt meine These: man nimmt seine eigene Klasse dadurch bewusst in Schutz und bestätigt die Zerrissenheit: gegenüber den Fachlehrer*innen.

Situationen wie diese treten vor allem immer dann auf, wenn die Fachlehrer*innen sich nicht wirklich auf das Klassenteam einlassen. Das mag drastisch oder gar herablassend klingen, aber die Realität ist: die meisten Fachlehrer*innen stimmen sich zu wenig mit den Klassenleitungen ab und erfahren kaum, was bei den Schüler*innen »so los« ist. Wenn man keine Klassenleitung ist, sollte man wenigstens in Absprache mit der Klassenleitung versuchen, so viel Einblick wie möglich zu erhalten und sich in Absprache mit der Klassenleitung auf Regeln und Rituale einzulassen, um der Klasse »Herr« zu werden.

ii. **Die Fachlehrer*innen haben eine andere *Vision* von meiner Klasse und verstehen deshalb meine Handlungen und Herangehensweisen nicht immer.**

Dieses Beispiel ist ebenfalls eine klassische Situation, in der man sich als

Klassenleitung wiederfindet. Mir persönlich ist es bei Klassenkonferenzen ein besonderer Dorn im Auge und hat mich nicht selten zur Weißglut getrieben. Wenn in einer Klasse beispielsweise eine bestimmte Schülerin eine Ordnungsmaßnahme bekommen soll, dann ist das nur dann mehrheitlich fruchtbar, wenn die Klassenleitung diese Maßnahmen »einfädelt«. Das heißt im Umkehrschluss: wenn Fachlehrer*innen eine Klassenleitung überstimmen und einer Schülerin eine Maßnahme »aufbrummen«, die die Klassenleitung sinnfrei oder unverhältnismäßig findet, ist diese Maßnahme das Papier nicht wert, auf dem sie den Eltern des betroffenen Kindes mitgeteilt wird.

Die Gründe dafür sind durch die Überschriften der vier Kapitel zu erklären: 2.1 (Beziehungsarbeit), 2.2 (Erziehungsauftrag), 2.3 (Bildungsauftrag) und 2.4 (Laufbahnberatung).

Ich habe als Klassenlehrer mit sehr hoher Wahrscheinlichkeit die beste *Beziehungsebene* zu meinen Schüler*innen und kann damit sicherlich am ehesten einschätzen, wie eine Maßnahme bei einzelnen Schüler*innen wirkt oder sozusagen »ankommt«. Mein *erzieherisches Wirken* ist als Klassenlehrer ein völlig anderes, da meine erzieherischen Handlungen, Anweisungen und Visionen, also Gedanken, »wohin« ich die Schüler*innen erziehen möchte, eben auf meiner intensive(re)n Beziehungsebene mit allen Schüler*innen meiner Klasse beruhen. Mit anderen Worten könnte man auch sagen, dass der *Erziehungsauftrag* hauptsächlich bei Klassenleitungen zu verorten ist. Das ist nicht nur theoretisch sinnvoll, sondern in der Praxis auch unumgänglich, denn als Klassenlehrer habe *ich* in der Regel die meisten Stunden in meiner Klasse und damit obliegt mir *natürlich* mehr Verantwortung für erzieherischen Erfolg! Schließlich erwartet auch niemand von einer Erzieherin im Kindergarten, dass sie großen Einfluss auf das eigene Kind hat, wenn sie ebendieses Kind wöchentlich nur 90 Minuten sieht – oder? Die meisten Stunden in der Klasse zu haben, heißt aber nicht nur mehr »Zugriff« auf die Klasse zu haben, sondern es heißt vor allem mehr Durchsetzungsmöglichkeiten zu haben, erzieherische und pädagogisch-psychologische Gedanken und Visionen konsequent durchzusetzen, weshalb erzieherische Gedanken der Klassenleitungen in jeder Maßnahme berücksichtigt werden müssen. Einerseits verantworte *ich* als Klassenlehrer also am ehesten den erzieherischen Erfolg einer Maßnahme und trage, andererseits, gleichzeitig am ehesten dazu bei, dass erzieherische Maßnahmen umgesetzt werden. Hand in Hand mit diesem Erziehungsauftrag geht aber natürlich auch der *Bildungsauftrag*: *Ich* gebe die meisten Stunden in meiner Klasse, sodass der größte Bildungsanteil von mir ausgeht und deshalb alle Maßnahmen, die meine Schüler*innen betreffen, mit mir abgestimmt sein müssen, denn ich bin der größte »Lernanteil« in der Woche und habe deshalb nicht umsonst entscheidendes Mitspracherecht, was den schulischen Lernerfolg der Schüler*innen meiner Klasse angeht. Die *Laufbahnberatung* ist die abschließende Konsequenz dieser Kette: als Klassenlehrer bin *ich* am ehesten dafür verantwortlich, dass die Schüler*innen die für sie bestmögliche Laufbahn einschlagen und berate sie dahingehend. Deshalb sind alle Maßnahmen, die gegen die Schüler*innen meiner Klasse verhangen werden, unbedingt mit meinem Einverständnis zu treffen, denn gerade meine geleistete Beziehungs-, Erziehungs- und Bildungsarbeit gegenüber allen Schüler*innen der Klasse resultiert darin, dass *ich* als Klassenlehrer am meisten an die Zukunft der mir anvertrauten Schüler*innen glaube und deshalb auch hinter jeder Maßnahme »stehen« muss.

Dieses Beispiel ist aus der Sicht von Fachlehrer*innen etwas hinterhältig, denn für eine schlechtere Beziehung können sie ja nicht immer selbst etwas. Und genau da beißt sich die Katze in den Schwanz: denn ohne bessere Beziehung werden die Fachlehrer*innen nicht angenommen. Und wenn die Fachlehrer*innen nicht angenommen werden, gibt es auch keine bessere Beziehung. Das bringt Klassenleitungen, die diese Situation ja mitverfolgen können, oftmals noch weiter in die Bredouille, denn sie sind sich dieser »Ungleichheit« bewusst und geraten in Entscheidungszwang sich einer Seite gegenüber zu positionieren.

iii. **Als Klassenleitung habe ich eine andere Unterrichtsatmosphäre als die Fachlehrer*innen und deshalb sehe ich die Fachlehrer*innen mit anderen Augen.**

In diesem Beispiel zeigt sich die Zerrissenheit einer Klassenleitung durch den professionellen Blick auf die eigene Klasse vor dem Hintergrund des Umgangs der Fachlehrer*innen mit ihr. Es ist kein Wunder, dass man als Klassenleitung mehr Ruhe, weniger Unterrichtsstörungen und dadurch eine angenehmere Unterrichtsatmosphäre »hinbekommt«. Daraus resultiert aber nicht zwingend besserer Unterricht und schon gar nicht zeigt sich das in besseren Noten. Der Fokus zwischen Klassenleitung und Fachlehrer*innen ist die *Richtung*, die im Lernvorgang verfolgt wird: weil die Klassenleitung es leichter hat, für Ruhe zu sorgen und die Klasse oft genug sieht, legt sie deshalb den Fokus auf ein entspannteres Lernen und dadurch entsteht letztlich auch ein entspannteres Miteinander. Das ist zwar nicht das anvisierte Ziel einer Klassenleitung, aber ein unvermeidlicher (Neben-)Effekt der Praxis! Diese Herangehensweise ist eine andere als bei Fachlehrer*innen, bei denen die Erwartung ist, dass die Klasse »funktioniert«. Als Fachlehrer*in hat man schließlich in der Regel nur wenig Stunden in einer Klasse und dadurch größeren Druck und muss mehr vorankommen. Vor allem wenn es nur eine oder zwei Einzelstunden in der Woche sind. Bei Klassenleitungen kann sich schnell ein »herablassender« Blick auf die Fachlehrer*innen einstellen und das sorgt gewissermaßen für ihre »Zerrissenheit« – schließlich kriegt man mit, dass die Fachlehrer*innen eine andere Unterrichtsatmosphäre haben, bei der man sich schnell einbilden kann, diese sei schlechter als die eigene. Ich kenne diese Situation aus dem Blick des Klassenlehrers nur zu gut: es ist mir zum Beispiel schon öfter passiert, dass ich an meinem Klassenraum vorbeigegangen bin und schon von außen durch die dicke Brandschutztür hören kann, was sich innerhalb des Klassenraums für ein Dschungelfilm abspielt. Das *muss* aber nichts heißen. Es handelt sich dabei vielleicht um Kolleg*innen, die zwar wenig Ruhe reinbringen, aber dafür immer noch problemlos das Arbeits- und Sozialverhalten im Blick haben und genau verfolgen können, wer trotz Unruhe nicht weiterkommt – auch wenn ich das, zugegebenermaßen, nicht sehr oft erlebt habe.

iv. **Der »Wechsel« der Perspektiven – man ist in einer anderen Lerngruppe als Fachlehrer*in eingesetzt, in der man als Klassenleitung tausend Dinge anders machen würde.**

Dieses Beispiel führt sehr gut die bisherigen Blickwinkel zusammen und zeigt damit auf allgemein-menschlicher, aber auch auf professioneller Ebene die Zerrissenheit von Klassenleitungen. Die eingängliche Situation wird vielen Klassenleitungen in Deutschland bekannt sein. Ich selbst bin beispielsweise in jedem Schuljahr mindestens in einer anderen Klasse als Fachlehrer eingesetzt gewesen und erfahre dort als Fachlehrer regelmäßig die Nachteile gegenüber den Klassenleitungen »am eigenen Leibe« und ärgere mich nahezu in jeder Stunde über irgendeine Sache in der Klasse, die ich aus der Klassenlehrer-Perspektive komplett anders machen würde. Der Ärger kann dabei auf alle erdenklichen Aspekte bezogen sein: von der Sitzordnung bis hin zur Anordnung der Schränke, von den eingeführten oder ausgebliebenen Regeln und Ritualen bis hin zum Umgangston in der Klasse, von nicht vorhandenen Klassendiensten bis hin zur Sauberkeit oder gar Ausstattung des Klassenraums und sogar bis zum Bemängeln nicht vorhandener Kreide. Das bunte Kreide nicht immer vorhanden ist, kann ich dabei noch am besten *verknusen* – aber wieso fehlt ständig weiße Kreide bei einigen Kolleg*innen?

Man macht als Fachlehrer*in viele Dinge anders als die Kolleg*innen und deshalb hat man andere Visionen von der Klasse als Ganzes aber auch von einzelnen Schüler*innen und damit kommt man schnell in die Lage, dass man gegen die Klassenleitungen »anarbeitet«. Das ist nur schwer in

Einklang zu bringen, denn gerade bei Konferenzen kommt oft noch ein Element dazu: so eine Art unterschwelliger Konkurrenzkampf zwischen Klassenleitungen und Fachlehrer*innen. Ich habe auf Konferenzen nicht selten Sätze gehört wie »Meine sind da ja ganz anders, die haben eine viel bessere Gemeinschaft« oder »Also fachlich haben Deine ja *gar nichts* drauf«. Hier wird eine Profilierung auf Basis des vermeintlichen Versagens der Anderen erkennbar. Natürlich gilt dies nicht immer und überall, aber oft wahrnehmbar in unterschiedlichen Nuancen. Allerdings ist unabhängig von dieser Problematik auch die Beziehung der Klassenleitung selbst zu den entsprechenden Fachlehrer*innen entscheidend.

Wenn ich beispielsweise in Fr. Müllers Klasse als Mathe-Fachlehrer eingesetzt bin und Fr. Müller zeitgleich in meiner Klasse als Bio-Fachlehrerin, *kann* ich zu meiner Kollegin einen anderen Draht gewinnen und dadurch pädagogisch-psychologisch die Ebenen klären und festsetzen, was meine Ziele und Vorstellungen sind. Ich habe als Fachlehrer in Klassenkonferenzen anderer Kolleg*innen mehrfach Vorschläge eingebracht, wie mit einzelnen Schüler*innen verfahren werden könnte und welche erzieherischen Maßnahmen ich aus bestimmten Gründen für am sinnvollsten halte. Der Spagat in einer solchen Situation besteht darin, eine Brücke zu den Fachkolleg*innen zu bauen und sich gleichzeitig selbst einzugestehen, dass man die Klasse nicht so kennt wie die Klassenleitungen, aber im selben Moment auch klarzustellen, dass man als Fachlehrer*in eben auch zurecht einen anderen Blick und damit auch andere Erwartungen an die Klasse hat.

Mir hat in Konferenzen beispielsweise oft geholfen, wenn ich bei meinen Kolleg*innen um *Vertrauen* geworben habe und klar und deutlich sowas gesagt habe wie: »Ich verstehe, dass du das soundso machen möchtest. Das hat ja damals bei deinem Schüler X gut geklappt. Aber meine Schülerin Z ist völlig anders und du irrst dich, wenn du denkst, das funktioniert bei ihr genauso. Ich kenne sie besser als du und das ist ja auch kein Wunder, du hast ja nur 2 Stunden pro Woche. Deshalb bitte ich dich um dein Vertrauen in meine Einschätzung und darum, dass du meinen Vorschlag unterstützt, an die Sache stattdessen soundso ranzugehen…«

Im Perspektivwechsel ist ein weiterer Aspekt enthalten, der sich als *diffuses* Gefühl äußert und, anders als die anderen, wurde dieser Aspekt im Vorfeld dieses Buches von Kolleg*innen in Gespräche eingestreut und ist auch mir selbst nicht unbekannt. Die Rede ist vom Gefühl der »fachlichen Zerrissenheit«, die sich im Gespräch zwischen Klassenleitungen und Fachlehrer*innen zeigt, wenn Fachlehrer*innen von den Klassenleitungen sowas hören wie

> *Du wunderst Dich, dass Dein Unterricht boykottiert wird, wenn Du mit Themen um die Ecke kommst, die zwar im Bildungsplan verankert sind, aber null Relevanz für die SuS haben und* stinkend *langweilig sind?!*

Diese fachliche Zerrissenheit ist im Grunde *ein* Ausdruck, der verdeutlicht, dass die Fachlehrer*innen einen völlig anderen Zugang zu denselben Schüler*innen einer Klasse haben, als die Klassenleitungen. Das mag in dem Zitat herablassend klingen, kann in der Praxis allerdings oftmals als Wink mit dem Zaunpfahl interpretiert werden, der Fachlehrkraft klarzumachen, dass der »rein unterrichtlich-kognitive« Zugang nicht mit *dieser* Klasse funktionieren wird.

Die Zerrissenheit der Klassenleitungen ist also kein erfundenes Gespenst, sondern zeigt sich im schulischen Alltag auf ganz praktische und nachvollziehbare Art und Weise in der zwischenmenschlichen Kommunikation und, als Reaktion darauf, in unseren Handlungen und Verhaltensweisen.

Klassenleitungen sind Anwälte ihrer Klasse

Ich spreche in diesem Zusammenhang deshalb gerne davon, dass Klassenleitungen »die Anwälte« ihrer Klassen sind und auch *sein müssen*. Denn alle Handlungen und Verhaltensweisen, die ich als Klassenlehrer aus meiner Arbeit mit *meiner* Klasse herleite, funktionieren auf den ersten Blick ähnlich eines Anwalt-Mandanten-Verhältnisses.

Wie ein Anwalt auch, »regelt« eine Klassenleitung die verwalterischen und organisatorischen Angelegenheiten seiner Mandaten – das wären dann unsere Schüler*innen. Im Grunde sind wir sogar besser als ein Anwalt, denn eine anwaltliche Beratung darf in Deutschland nicht kostenfrei sein – als Lehrer*innen *müssen* wir unsere Schüler*innen natürlich kostenfrei beraten. Natürlich haben die Schüler*innen den Nachteil, dass sie ihre Klassenleitung nicht nach eigenem Ermessen »mal eben so« wechseln können, aber gleichzeitig haben sie dadurch die Sicherheit, dass ihr Anwalt alle relevanten Informationen über ihre schulische Laufbahn gebündelt vorliegen hat – und damit schnell und effizient zu Lösungen kommen kann, die für die Schüler*innen von Vorteil sind. Natürlich unterliegen auch wir einer Schweigepflicht und sind *in erster Linie* nur gegenüber unseren Mandanten Rechenschaft schuldig. Diese Sichtweise beschränkt sich darauf, dass eine Klassenleitung dafür Sorge trägt, dass »die Klasse läuft«. Dazu gehören alle Aufgaben, die ich ganz persönlich *hasse*: Zettel einsammeln, Geld »eintreiben«, Formalitäten für Zeugnisse kontrollieren, berufsbildende Maßnahmen regeln und vieles mehr. Ich hasse diese Aufgaben aus drei Gründen:

(1.) Ich bin der Meinung, dass die meisten Dinge davon auch von Inhabern einer Funktionsstelle geregelt werden könnten, die es in Zukunft immer mehr geben wird und somit die tatsächlichen organisatorischen Dinge von derselben Person in Gang gebracht *und* abgeschlossen werden. In Großbritannien gibt es an vielen Schulen schuleigene »Finanz-Center«, in denen die Mitarbeiter dafür da sind, Geld entgegenzunehmen und Listen zu führen.

Diese Verwaltungskräfte sind nun einmal kostengünstiger als Lehrkräfte. Außerdem gibt es in Großbritannien an vielen Schulen auch einen eigenen Kopier-Service, bei dem man Kopiervorlagen mit Kopieranweisungen abgibt und das Produkt liegt tags darauf kopiert und in Farbe im Fach.

(2.) Bei vielen Dingen ist die Unkenntnis und Fehlerhäufigkeit unserer Kolleg*innen die Hauptursache dafür, »dass noch jemand anderes drübergucken muss«. Wenn zum Beispiel die Fachlehrer*innen nicht so häufig Fehler bei der Noteneingabe am Halbjahres- oder Schuljahresende machen würden, wäre es auch nicht nötig, dass die Klassenleitungen alles noch einmal nachkontrollieren müssen – um dann bei ihren vermeintlich professionellen Kolleg*innen nachhaken zu müssen.

(3.) Offen gesagt sehe ich durch die verwalterisch-organisatorischen Aufgaben mein Potenzial verschwendet. Ich betone hier bewusst und ausschließlich die Verwaltungsaufgaben, denn Zettel jedweder Art einzusammeln, abzuheften oder beispielsweise für einen Tagesausflug zum Klettern Einverständniserklärungen auszuhändigen und deren Rücklauf zu kontrollieren, halte ich für eine absolut kontraproduktive und veraltete Aufgabe von Lehrer*innen. Ganz davon abgesehen, dass jeder Schimpanse die Zettel wieder einsammeln könnte, ist die Auslagerung der Verwaltungsaufgaben an Klassenleitungen *nur ein Mittel der Beweislastumkehr und die Schaffung einer Verantwortlichkeit*. Es ist jemand nötig, den man haftbar machen kann, wenn ein Zettel nicht eingesammelt und abgeheftet wurde und etwas passiert ist, was von den Eltern oder Erziehungsberechtigten so nicht gewollt gewesen ist. Auch dafür hätte ich viele Beispiele, die ich in den vergangenen Jahren meines Lehrerlebens leider miterleben durfte – in Form von eingereichten *Klagen*, *Beschwerden* oder *Drohungen* der Eltern. Der Einfachheit und Anonymität halber, ist nachfolgend die Rede »vom Kind«:

- Ein Kind wollte auf Klassenfahrt frisch-gemolkene Milch einer Kuh trinken, was von der Lehrkraft erlaubt und entsprechend vom Kind getan wurde. Es gab keine Einverständniserklärung der Eltern, weshalb diese dann Klage auf fahrlässige Körperverletzung einreichten und ein Schmerzensgeld zugesprochen bekamen.

- Ein Kind durfte während eines Tagesausflugs zum Kletterwald nicht auf die Bäume klettern, weil die Eltern auf mehrmalige Nachfragen der Klassenleitung die Einverständniserklärung nicht abgegeben hatten. Als Reaktion des Ausschlusses vom Tagesausflug wurde Klage der Eltern auf Diskriminierung eingereicht – durch das Amts- und Verwaltungsgericht abgewiesen.
- Ein Kind wurde nach der Klassenfahrt von den Eltern am Sammelplatz nicht abgeholt – trotz zweifacher, vorheriger schriftlicher und mündlicher Ankündigung. Die Kolleg*innen entschieden sich dafür, dieses Kind mit dem eigenen PKW nach Hause zu fahren, nachdem sie 45 Minuten am Sammelplatz warteten. Die Eltern meckerten die Kolleg*innen an, dass es sich bei ihrem Verhalten um »so etwas wie Kindesentführung« halten müsse, schließlich sei nicht abgesprochen gewesen, dass das Kind von den Lehrer*innen nach Hause gefahren wird. Ob jemand zum Abholen käme, sei nicht in der Verantwortung der Lehrer*innen.
- Ein Kind hatte die Möglichkeit, durch das Bildungs- und Teilhabepaket (BuT), an staatlich geförderter Nachhilfe teilzunehmen. Die Zeugniskonferenz beschloss, dass dieses Kind zu einem Kooperati onsinstitut für ebendiese Nachhilfe gehen sollte, um dort Nachhilfe zu erhalten. Ich als Klassenleitung musste jetzt den Papierkram erledigen, die Eltern informieren und damit sicherstellen, dass »alles seinen Gang geht«. Es kommt jedes Jahr vor, dass sich Eltern beschweren, wieso die Nachhilfe nicht gleich für mehrere Schulhalbjahre beschlossen wird und der Zettel entsprechend ausgehändigt wird – oder dass sich Eltern beschweren, wieso ihre Kinder keine weitere Nachhilfe-Empfehlung mehr bekommen, nachdem das Kind nach Aufforderungen *fast nie* zur Nachhilfe gegangen ist.

- Ein Kind hat für sein Betriebspraktikum keinen Praktikumsplatz organisieren »können« – trotz *wöchentlicher* Abfrage, angebotener Hilfe, gegebenen Tipps und vielem mehr seitens der Lehrer*innen und offenbar wenig Unterstützung von der elterlichen Seite. Die schulinterne Regelung, dass es für das betreffende Halbjahr dann eine »6« für die Unterrichtseinheit »Praktikum« gibt, wurde von denselben Eltern erst per Drohbriefen durch einen Anwalt, dann per Klageandrohung gegenüber der Schulaufsicht und später durch verweigerte Kooperation und immanente, persönliche, Kritik an den Lehrer*innen quittiert.

Wir sind als Klassenleitungen also Ansprechpartner für den Ablauf und kümmern und um das Verwalterisch-Organisatorische. Der Witz ist: das ist auch dann der Fall, wenn wir selbst die »Betroffenen« sind – das letzte Beispiel der Aufzählung ist dafür besonders anschaulich. Selbst wenn sich Beschwerden gegen uns als Klassenleitungen richten, sind wir als Klassenleitungen verantwortlich, auch diese Beschwerden ordentlich aufzunehmen und sozusagen verwaltungstechnisch *weiterzubearbeiten*. Allerdings ist das alles nur die eine Seite der Medaille.

Die zweite Seite der Medaille zeigt nämlich, dass wir als Klassenleitungen unserer Klassen auch Verantwortung für Dinge haben, die sich auf unsere abstrakte Verantwortung gegenüber den Schüler*innen als uns anvertraute Menschen bezieht. Dazu gehören die pädagogischen Zielsetzungen meinerseits auch, so wie mein Führungsstil, die Einbindung der Eltern gleichermaßen wie die räumliche Gestaltung und natürlich die Umgangsweise mit den Schüler*innen. Die Metapher der Anwälte bringe ich hauptsächlich für diese, zweite Seite der Medaille ins Spiel, weil ich der festen Überzeugung bin, dass die wenigsten Schüler*innen in Deutschland im Schulsystem tatsächlich jemanden haben, der bedingungslos und ohne Vorbehalte *für sie kämpft*. Das ist ja, bekanntlich, die »eigentliche« Aufgabe von Anwälten: Das Recht ihrer Mandanten für ebendiese durchzusetzen. Die Metapher zu den Anwälten kommt an dieser Stelle allerdings leider auch schnell an ihre Grenze: während der Anwalt strikt einseitig im Interesse des Mandanten handeln muss, um ein Kräftegleichgewicht zwischen Staatsanwaltschaft und Angeklagten herzustellen, sind wir als Klassenleitungen in der Rolle des sogenannten *doppelten Mandats*. Damit ist gemeint, dass wir gleichzeitig im Sinne der uns anvertrauten Schüler*innen arbeiten müssen aber gleichzeitig auch im Sinne des Gemeinwohls. Bei uns Lehrer*innen geht es sogar noch einen Schritt weiter: wir vertreten auf der formellen Ebene die Bildungsbehörde des jeweiligen Bundeslandes und sind damit Teil des Systems und sozusagen »das Gesicht« der Schule und Behörde. Das heißt konkret: wir wirken nicht nur im Sinne des Gemeinwohls auf unsere Schüler*innen ein, sondern wir werden vom Staate bezahlt, um unter ganz bestimmten Bedingungen ganz konkrete Anforderungen und Erwartungen des Staates zu erfüllen und Interessen des Staates gegenüber den Schüler*innen »durchzusetzen«. Der Interessenkonflikt ist unübersehbar. In der Fachliteratur wird das Problem des doppelten Mandats meist sehr simpel erklärt: man ist gleichzeitig Teil der Instanzen *Hilfe* und *Kontrolle*. Man könnte es auch mit einer anderen Metapher aus dem Bereich Jura ausdrücken: als Klassenleitungen sind wir, zumindest in der schulalltäglichen Praxis, gleichzeitig alle drei Gewalten der Gewaltenteilung. Es ist schwierig, diese paradoxe Situation auszuhalten, insbesondere vor dem Hintergrund einer konfliktreichen Begegnung mit Eltern.

4.2 Klassenleitungen und ihre Begegnungen mit Eltern

So wie die Klassenleitungen eine individuelle Beziehungsebene zu ihren einzelnen Schüler*innen haben, so gilt dasselbe für die jeweiligen Eltern. Zumindest im Idealfall und unter der Prämisse, dass man die Eltern »kennt« und hin und wieder sieht, weil diese sich um die schulischen und psycho-sozialen Belange ihrer Kinder kümmern und entsprechend engagiert sind. Obwohl in der medialen Öffentlichkeit immer öfter von sogenannten »Helikoptereltern« die Rede ist, ist die Realität eine ganz andere: der Großteil der Eltern ist um die eigenen Kinder bemüht, während »Helikoptereltern« oder »Desinteresseeltern« nur die Randerscheinungen sind. Ich lasse mich hier einmal bewusst dazu hinreißen und stecke die Elternschaft einmal als relative Anteile in diese Schubladen – dann wäre das Ergebnis: maximal ein Sechstel der Eltern sind desinteressiert oder helikopterhaft, während maximal zwei Drittel, also der Großteil, engagiert um sein eigenes Kind ist (Abb. 4.1).

Abbildung 4.1: Der Aufbau der »Elternschaft« – pauschalisiert ausgedrückt.

Für Kolleg*innen, die das hier lesen, ist in diesem Zusammenhang wichtig zu betonen, dass »engagiert« nicht in dem Sinne zu verstehen ist, dass diese Eltern vollumfänglich kooperativ gegenüber unseren Belangen als Klassenleitungen sind. Engagiert heißt in diesem Zusammenhang: sie engagieren sich spürbar um ihrer Kinder willen und im Sinne ihrer Kinder, so wie die Eltern es »für richtig« befinden. Das kann in der Praxis auch bedeuten, dass man als Lehrer*in die Inhalte oder Art und Weise der Eltern persönlich blödsinnig finden mag, dennoch kann man solchen Eltern ihr Engagement nicht absprechen.

Die Begegnungen zwischen Eltern und Kolleg*innen sind, und zwar ganz unabhängig von dem Draht, den man als Lehrer*in zu den jeweiligen Eltern hat, ziemlich situationsabhängig. Das liegt vor allem an der Problematik des eben erwähnten *doppelten Mandats*. Die Realität in nahezu allen Schulen Deutschlands sieht meist so aus: zu Beginn eines Schuljahres stellt sich die neue Klassenleitung relativ zeitnah auf einem Elternabend vor, damit die Eltern ein ungefähres Bild zu der Person haben, über die sie schon einige Erzählungen gehört haben. Es gibt in der Regel die Möglichkeit einige Fragen zu stellen und, nachdem die Elternsprecher*innen nach langer, peinlicher Stille endlich gewählt sind und die letzten Formalia besprochen wurden, gehen alle nach Hause. Als Lehrer*in sieht man Eltern der eigenen Klasse dann wiederum nur noch wieder – und das mag erschreckend klingen – »wenn irgendwas ist«. Das kann zum Beispiel auf schulischen Veranstaltungen sein oder bei Besprechungen und Konferenzen. Das macht uns deutlich, dass eine Begegnung mit den Eltern der eigenen Klasse nicht zwangsläufig negativ sein muss, aber in der Regel sind die Ursache und der Anlass bei *häufigen* Begegnungen leider negativ ausgeprägt. Das liegt einerseits daran, dass die Schule im Schuljahr *in der Praxis* gar nicht genug Veranstaltungen anbietet, sowie an der pragmatischen Situation selbst: warum sollten Eltern von Kindern, bei denen es keine negativen Ursachen oder Anlässe gibt, übermäßig häufig in der Schule sein und damit den Klassenleitungen begegnen?

Das ist nicht im geringsten böse gemeint, sondern absolut sachlich und sozusagen »technisch«. Als Klassenleitung gehört es, leider, mit dazu, dass man die Eltern häufiger wegen problematischer Situationen sieht. Hierbei zeigt sich der eben angesprochene Konflikt des doppelten Mandats sehr gut: in »guten Zeiten« sind wir Lehrer*innen als Ansprechpartner in beratender Funktion willkommen, allerdings fällt diese Stimmung schnell ins Gegenteil, wenn man als Klassenleitung dann eine Klassenkonferenz moderiert, bei der es um Fehlverhalten von einzelnen Schüler*innen geht. Aus der Sicht der Eltern sollen wir, also *dieselben* Personen, die sich über das Kind beschweren, gleichzeitig *Hilfe* und *Kontrolle* für dieses Kind sein. Das klingt nicht nur kompliziert, sondern das ist es. Besonders ärgerlich sind Situationen, in denen man als Klassenleitung zu Konferenzen einladen muss, in denen es um Fehlverhalten von einzelnen Schüler*innen geht, das bei Fachlehrer*innen aufgetreten ist und seltener bei einem selbst. Dann steht man nämlich gegenüber den Kolleg*innen schnell so da, als würde man »nur der Form halber« die Konferenz moderieren, weil man ja selbst diese Probleme mit den betreffenden Schüler*innen nicht hat. Wenn wir nun also Eltern häufiger sehen müssen, so bleibt uns nichts anderes übrig, als die damit einhergehenden Spannungen auszuhalten und dafür positive Bewältigungsstrategien zu entwickeln. Uns muss als Klassenleitung zum Beispiel klar sein, dass wir in Problemfällen »schneller abgewetzt« sind, weil wir für die Eltern einerseits »das Gesicht« der Schule darstellen und das kann in positiver und negativer Hinsicht unterschiedliches bedeuten.

Das positive Gesicht der Schule sind wir, wenn sich die Eltern für unsere Arbeit, die Mühen und Strapazen bedanken, wenn sie stolz auf ihre Kinder sind und sich bei uns für die tolle Zusammensetzung des Zeugnisses bedanken oder wenn eine von uns initiierte Beratung in irgendeiner Hinsicht Früchte trägt. Das sind nicht nur die Momente, die ich als Lehrer liebe, sondern ich begreife solche Gelegenheiten als Chance eine Beziehung zu den Eltern aufzubauen. Oder ich versuche zumindest, in Beziehung zu ihnen zu treten.

Das negative Gesicht der Schule sind wir, wenn wir »schon wieder« anrufen und über das wiederholte Fehlverhalten des Kindes informieren, Klassenkonferenzen einberufen und Ordnungsmaßnahmen gegen das Kind verhängen müssen oder (mit-)verantwortlich dafür sind, dass einzelne Schüler*innen die Schule verlassen müssen oder gar ihren Abschluss nicht erreichen.

Wie deutlich wurde, sind die Begegnungen mit Eltern leider nicht in dem Maße von tatsächlicher, konstruktiver Pädagogik durchdrungen. Ich kenne eine Handvoll Kolleg*innen in Deutschland, die sich darum bemühen, einen fortlaufenden, guten, intensiven und von Vertrauen geprägten Kontakt zu den Eltern herzustellen, aufrecht zu erhalten und zu pflegen – das ist und bleibt nur leider die Ausnahme. Wie ich ja auf den Seiten 125ff. beschrieben habe, ist leider von vielen Kolleg*innen nicht verstanden worden, was ein intensiver und guter Draht zu den Eltern alles für Vorteile bringt: schnellere, effizientere und vor allem gütlichere Lösungen, konstruktiveres Miteinander, weniger Störungen vonseiten der Schüler*innen und weniger »Problemfälle«. Zusammenfassend kann man sagen, dass eine Stunde gut investierte Elternarbeit an anderer Stelle vier mühsame Stunden aufwiegen und zu einem umfassenden, gewinnbringenden Miteinander im Sinne der uns anvertrauten Schüler*innen führt.

4.3 Klassenleitung als ultimativer Ausdruck der Lehreridentität

Die Arbeit und Mühe von Klassenleitungen wird in Deutschland leider nicht ausreichend wertgeschätzt, obwohl ich gerade die Mühen, das »Tohuwabohu« rund um die Aufgaben einer Klassenleitung umfassend und demzufolge auch anstrengend finde. Die fehlende Wertschätzung oder die zum Teil auch offen gezeigte Geringschätzung ist allerdings kein Resultat von Ahnungslosigkeit, sondern einer falschen Zuschreibung zwischen den Arbeitsbedingungen und der gesehenen Arbeit geschuldet. Viele Leute denken, dass Klassenleitung zu sein heißt, dass man eine Sache macht, die zum Lehrerberuf »dazugehört« und somit für jeden ohne weiteres machbar ist.

Das ist zwar auf den ersten Blick kein völlig falscher Gedanke, allerdings trifft er nicht im Kern die eigentliche Arbeit einer Klassenleitung. Die Klassenleitung spielt mit ihrer Lehreridentität eine ganz andere Rolle im schulischen Lernen. Die Wertschätzung gegenüber Klassenleitungen sollte deshalb weniger daran orientiert sein, was man selbst von der Klassenleitung sieht oder hört, sondern in Bezug gesetzt werden zu dem, was die Klassenleitung der Klasse »gibt« und wohin das führt. Als Lehrer*innen führen wir unsere Klasse nicht mit methodischen Tipps und Tricks, sondern wir führen unsere Klassen mit unserer Lehreridentität: das heißt mit unserem einmaligen und einzigartigem, menschlichen Charakter, unserer Sprache, unserem Handeln und unserem Vorbild. Unsere Schüler*innen orientieren sich an unserer Lehreridentität. Tipps und Tricks helfen unserer Lehreridentität-bedingten Arbeit nur dabei, effizienter und facettenreicher zu werden.

Ich bin der festen Überzeugung, dass sich die geleistete Arbeit, der Schweiß und die Mühen einer Klassenleitung, die sich »reingekniet« hat, auf eine ganz einfache Art und Weise *sehen* lassen: nämlich daran, wie die Klasse so ist. Um die Tragweite dieser Überlegung zu verstehen, müssen wir uns klarmachen, dass alle Menschen von Natur aus sogenannte *reziproke* Verhaltensweisen an den Tag legen. Das heißt wir *spiegeln* Verhalten, das wir bei anderen sehen und setzen das uns entgegengebrachte Verhalten in Bezug zu unserer Umwelt, indem wir dasselbe Verhalten »zurückgeben«:

- als Säuglinge und Kleinkinder, wenn wir angelächelt, angegluckst, mit höherer Stimme angesprochen werden und die ersten Krabbelbewegungen, Griffe und Schritte unserer Eltern und Umwelt nachgeahmt und gesprochen werden
- als Kinder und Jugendliche, wenn wir unsere ersten, vertieften, kommunikativen und insbesondere sexuellen Erfahrungen machen
- altersübergreifend spiegeln wir in institutionalisierten Kontexten – das heißt in der Krippe, im Kindergarten, im Spielkreis, im Sportverein oder in der Schule
- und als Erwachsene, wenn wir uns und unseren Platz »um uns herum« gefunden haben und uns gezielt zu beliebigen Mitmenschen in Beziehung setzen können

Wir können uns nicht dagegen wehren, uns entgegengebrachtes Verhalten zu spiegeln, insbesondere dann nicht, wenn eine Bindung vorhanden ist. Wie ich eben erwähnte, wird insbesondere bei Klassenleitungen leider viel zu selten wahrgenommen, dass sich ihre Bemühungen insbesondere durch ihre Lehreridentität bemerkbar machen, also durch die allumfassende Einbringung ihrer selbst.

Klassenleitung zu sein ist deshalb der ultimative Ausdruck der Lehreridentität: wir bringen uns zwar auch mit unseren fachlichen, theoretischen und methodischen Kenntnissen in unseren Beruf ein, aber was noch viel entscheidender ist, sind all die zwischenmenschlich-charakterlichen Aspekte, die wir einbringen. Insbesondere all die Aspekte und Facetten unserer Lehreridentität, die wir uns bewusst gemacht haben und damit durch einen Selbstreflektionsprozess gezielter »steuern« können. *Diese ganzen Aspekte* machen die Arbeit als Klassenleitung hauptsächlich aus und führen dazu, dass sie so anstrengend ist.

Das betrifft *alle* Lehrer*innen, aber *insbesondere* die Klassenleitungen darunter: wir arbeiten mit unserem Charakter, mit unserer Sprache, mit unseren Handlungen, mit unserem Körper, unserer Stimme, unserer Sensibilität, unserer Empathie, unserem Geschick, unserem Gespür und vielem mehr. *Weil* wir ungemein viel von uns selbst geben, bekommen wir dadurch unglaublich viel zurück. *Das* ist das Anstrengende daran, Lehrer*in und vor allem Klassenleitung zu sein – das, was uns ungemein viel Kraft kostet. Diese Anstrengungen müssen wir neben all den verwalterischen »Schimpansenaufgaben« bewältigen, die uns die Zeit rauben, um uns von der täglichen zwischenmenschlichen Intensität zu erholen und die Kraftreserven auftanken zu können.

Klassen sind wie ihre Klassenlehrer*innen

Wenn wir nun die Überlegungen zu einer Klassenleitung zusammenführen, dann wird klar, dass wir die Arbeit und Bemühungen einer Klassenleitung ihrer Klasse gegenüber auf eine ganz einfache Art und Weise erblicken und daraus ableiten können: Klassen sind im Grunde *mehrheitlich* so wie ihre Klassenleitungen.

Wer die Möglichkeit hat, eine Klasse zu beobachten oder vielleicht auch längere Zeit in einer Klasse zu hospitieren, wird sehr schnell merken, wessen Verhalten von und in der Klasse am stärksten gespiegelt wird: in aller Regel das der Klassenleitungen. Und aus den Spiegelungen wird wiederum deutlich, an welchen zwischenmenschlich-charakterlichen Aspekten der Klassenlehrer*innen sich die Schüler*innen am stärksten orientieren. Der Blick in eine Klasse verrät uns aber nicht nur, welche Bereiche der Lehreridentität einer Klassenleitung bei den Schüler*innen »hängen geblieben« sind, sondern vor allem zeigt uns der Blick in die Klasse zur gleichen Zeit auch, welche zwischenmenschlich-charakterlichen Aspekte der Klassenleitungen am stärksten anzutreffen sind. Salopp gesagt sehen wir an den Spiegelungen der Klasse also *mehrheitlich* die vorhandenen »Stärken« und »Schwächen« ihrer jeweiligen Klassenleitung. Natürlich muss dieser Eindruck nicht stimmen und die Herleitung dieser Annahme ist nicht evidenzbasiert, aber immer wieder bestätigen mir Kolleg*innen auf Konferenzen, in Fortbildungen, während Podiumsdiskussionen und in sonstigen Gesprächen, dass meine These stimmig scheint und offenbar nicht sehr weit hergeholt ist. Man kann diese These auch auf eine andere Art und Weise untermauern: die erzieherische Prägung durch die Klassenleitungen ist nunmal ebenso individuell wie die Menschen, die ebendiese erzieherische Prägung planen und umsetzen. Wir dürfen in diesem Zusammenhang allerdings nicht vergessen, dass die Spiegelungen und die Prägung einer Klassenleitung ihrer Klasse gegenüber insbesondere am besten »funktioniert«, je größer und intensiver die Beziehungsebene und damit die Bindung zu einer Klassenleitung ist. Meine Kolleg*innen bestätigen mir, dass natürlich auch meine Klassen meine zwischenmenschlich-charakterlichen Eigenschaften übernehmen. Viele Kolleg*innen beschreiben meine Klasse als sportlich, aufmerksam, willensstark, aufgeschlossen, konkurrierend, hilfsbereit, individuell, selbstständig, vorlaut, ehrgeizig und vieles mehr. Darunter finden sich Eigenschaften, die mit Sicherheit in der Spiegelung von mir besonders verstärkt wurden und somit auch meine zwischenmenschlich-charakterlichen »Schwerpunkte« offenbaren.

Welche zwischenmenschlich-charakterlichen Schwerpunkte haben Sie?

5 Lehrer*innen und ihr Verhältnis zur Schule

> Die Essenz unseres Berufes ist einfach zusammenzufassen: Lehrer*in zu sein, heißt *ewig* Optimist*in zu sein.
>
> (M.Y.)

So wie die Gründe für die Ergreifung und Ausbildung des Lehrerberufes ganz individuell und höchst persönlich sind, so ist es zumeist auch das Verhältnis der Lehrer*innen zur Schule und allen damit zusammenhängenden Aspekten. Die Besonderheit des Lehrerberufes, verglichen mit anderen Berufsgruppen, ist allerdings die Lehreridentität in all ihren Faktoren und Facetten. Ich habe versucht umfassend zu beschreiben, dass mit einer Lehreridentität Einstellungen und Haltungen einhergehen. Metaphorisch könnte man sagen: eine vorhandene Lehreridentität sorgt dafür, dass das »innere Bild«, das man von Schule hat, nach außen getragen und damit vor allem für die Schüler*innen sichtbar und erlebbar wird.

Die ganz eigenen, individuellen Meinungen, Haltungen und Einstellungen von Lehrer*innen gegenüber »der Schule« finden in aller Regel auf zwei verschiedene Arten und Weisen Ausdruck:

1. In ganz konkreter Form von Gedanken zur *eigenen* Schule. Damit sind natürlich die Blicke auf die eigenen Schüler*innen, die Ressourcen der eigenen Schule, die Führungspersonen in der eigenen Schule, das Verhältnis zu allen Akteuren in der Schule und das Verhältnis der örtlichen Bildungspolitik und

Schulaufsicht zur eigenen Schule gemeint.

2. Als abstrakt-paradigmatische oder als ideelle Gedanken zu »Schule« im Allgemeinen. Dazu zählen vor allem Gedankenspiele und Forderungen, die die eigene Schule in Relation zur ideellen Schule sehen, weshalb zwangsläufig Sätze wie »eigentlich müsste es doch soundso sein…« aufkommen. Gerade solche Gedankenspiele sind häufig Gegenstand von Gesprächen und Diskussionen im Lehrerzimmer – weil die unterschiedlichen Perspektiven der Kolleg*innen auf dasselbe Bildungssystem aus unterschiedlichen Haltungen und Einstellungen resultieren, aber in der Praxis der Kolleg*innen zu vollkommen unterschiedlichen Ergebnissen und Konsequenzen führen können.

Es ist unmöglich für die Lehrerschaft in Deutschland verbindliche und repräsentative Aussagen zu machen. Allerdings sollten wir trotzdem nicht aus dem Auge verlieren, dass *viele* und vor allem *eindeutige* Zusammenhänge aus dem Kontext »Schule – Lehrkräfte – Eltern« sozusagen »etwas mit der Lehrerschaft machen«. Es gibt viele verschiedene Studien, die auf psychosozialer, medizinisch-diagnostischer, arbeitsrechtlicher und systemischer Ebene versucht haben, diverse Problemfelder und die »Ist-Situation« der Lehrer*innen festzustellen. Je nach Forschungsbereich und Schwerpunkt finden sich entsprechend positive oder negative Schlagzeilen, die uns zwar einen Einblick, nicht aber einen Gesamteindruck verschaffen. Wir müssen uns also fragen, welche Bereiche sozusagen *stärker ins Licht* gerückt werden sollten, um ein etwas verlässlicheres Bild zu bekommen, wie Lehrer*innen auf den Kontext »Schule« blicken.

Nach langen Überlegungen und Gesprächen mit Kolleg*innen habe ich mich dazu entschlossen, den Versuch zu wagen, das Verhältnis zwischen den Lehrer*innen und »der Schule« durch drei Teilbereiche zu skizzieren, die auf den ersten Blick vielleicht nicht jedermanns erste Wahl gewesen wären. Meine Wahl fiel letztlich auf »die Behörde«, die Lehrergesundheit und bildungspolitische Themen und Diskussionen im Fokus der (Schul-)Öffentlichkeit. In diesem Kapitel geht es deshalb vorrangig darum, die *konkreten* aber auch *ideellen* Gedanken von vielen Lehrer*innen einmal exemplarisch für diese drei Teilbereiche aufzuzeigen und damit eine Diskussion anzustoßen, was (noch?) (nicht?) fehlt.

5.1 Lehrkräfte und »die Behörde«

Fangen wir einmal da an, wo unsere Arbeitsverträge beginnen bzw. Beamtenurkunden ausgehändigt werden: bei »der Behörde«, wie es in Deutschlands Lehrerzimmern so heißt.

Wenn Lehrer*innen von »der Behörde« sprechen, dann meinen sie in der Regel die für sie zuständige Schulaufsicht, Personalsachbearbeitung, Beihilfestelle oder alles auf einmal. Es ist in vielen Bundesländern in Deutschland nicht umsonst so, dass man all diese Anlaufstellen in *einem* – meist ziemlich hässlichen, aber architektonisch funktional gut geplanten – »Behördengebäude« finden kann. »Die Bildungsbehörde« wird dabei meist konkret mit ganz bestimmten Entscheidungs- und Funktionsträger*innen gleichgesetzt, die die Einhaltung, Umsetzung oder Überprüfung eines bildungspolitischen Vorhabens umsetzen sollen. Damit ist in der konkreten Praxis zwar nicht immer dieselbe Person gemeint, aber der Zusammenhang zur selben Dienststelle wird klar. Das klingt komplizierter als es ist und soll deshalb durch einige Beispiel deutlich gemacht werden:

> Beispiel 1:
>
> *Die Schulleitung verkündet auf einer Gesamtkonferenz, dass »die Behörde« ein neues Verfahren zur Lernausgangsdiagnose im Fach Deutsch landesweit eingeführt hat und deshalb alle Kolleg*innen bitte daran denken mögen, die Instruktionen dazu zu lesen.*

Das Beispiel 1 zeigt anschaulich und praxisnah eine der vielschichtigen Deutungen des Begriffes Behörde. Mit »der Behörde« ist hier schlicht und ergreifend die Schulaufsicht als Anweisung gebendes Organ zu verstehen und keine Person im eigentlichen Sinne. In einem Bundesland wurde, egal auf welche Art und Weise, von einem erlesenen Personenkreis beschlossen, dass eine bestimmte

Herangehensweise an eine Lernausgangsdiagnose von nun an verbindlich ist. Diese Anweisung wird zentral an alle Schulen herausgegeben und durch die Schulleitungen verkündet. Im ersten Beispiel ist die Behörde also sozusagen als »Anweisungskasten« zu verstehen, aus der eine Ansage an die Schulen herausgeht und die wesentliche Planung, Durchführung, Kontrolle und Evaluation wird in der Praxis allerdings durch die Schulleitungen geregelt.

> Beispiel 2:
>
> *Einige Schüler*innen haben einen Bildungs- und Teilhabe-Nachweis (BuT) der dazu führt, dass das Bundesland einige Kosten übernimmt. Meiner Kenntnis nach ist in vierzehn von sechzehn Bundesländern angesetzt, dass bei der Planung und Organisation einer Klassenfahrt ins Ausland eine Genehmigung eingeholt werden muss, insbesondere, wenn die Kosten den normalerweise vorgegebenen Rahmen einer Klassenfahrt sprengen und damit zu Konflikten für diejenigen Schüler*innen führen würden, die einen BuT-Nachweis erbringen müssen. In dieser »Genehmigungskette« muss auch »die Behörde« abschließend ihre Genehmigung erteilen und sicherstellen, dass die Kosten für die Schüler*innen mit BuT-Nachweis übernommen werden.*

Im zweiten Beispiel ist die Ebene der Behörde natürlich nicht der graue Kasten, sondern eine darin befindliche Person – denn das Gebäude allein ist natürlich nicht in der Lage eine Genehmigung für irgendwas zu erteilen.

Das Beispiel Nr. 2 bezieht den Behördenbegriff also auf die Schulaufsichtsbeamten, die für einzelne Schulen in ihrem Bezirk oder Bereich verantwortlich sind und einzelne Entscheidungen von Schulleitungen auf sachliche und rechnerische Korrektheit überprüfen müssen. Hierdurch soll nicht nur Missbrauch erschwert werden, sondern durch gezielte Zusammenführung von Daten »an der Quelle« sichergestellt werden, dass die Bildungsbehörde als Ganzes mitbekommt, was sozusagen »an der Basis« passiert.

Beispiel 3:

Eine 60 jährige Kollegin hat, in Zeiten des Lehrermangels, einen Antrag auf Altersteilzeit eingereicht. Dieser wurde von »der Behörde« abgelehnt und nun klagt die Kollegin gegen »die Behörde«.

Das dritte Beispiel zeigt einerseits nicht nur die häufige Sicht der Lehrer*innen auf »die Behörde« – nämlich die Behörde als unpersonellen oder informellen Kasten zu sehen, mit dem man es *leider* immer mal wieder zu tun hat, sondern die Behörde als Einrichtung zu sehen, die sich durch getroffene Entscheidungen (un-)beliebt machen kann und somit auch auf die psychosoziale Zufriedenheit der Lehrer*innen Auswirkungen hat. Natürlich sind es nicht nur die Klassenleitungen, die sich über die Hülle und Fülle verwalterischer Aufgaben und sonstigen, etlichen Auflagen, Vorgaben und Anforderungen der Behörde ärgern. Trotzdem vergessen wir alle jedoch sehr schnell, dass eine funktionierende Verwaltung, auch zugunsten *unserer* Belange, unabdingbar ist. Viele Lehrer*innen werden zwar an dieser Stelle über das Wort »funktionierend« lachen, aber der Sinn des Satzes bleibt davon unberührt: Leider brauchen wir eine Einrichtung, die auf übergeordneter Ebene Ansprechpartner, Auflagenmacher, Evaluationsherd und Vorschriftenkontrolleur ist. Dahinter steckt allerdings die Frage nach der Ausgestaltung des *WIE*. Aus nahezu allen Gesprächen, die ich mit Kolleg*innen verschiedener Bundesländer, Schulen und Schulformen geführt habe, wird immer wieder deutlich, dass eine überaus große Mehrheit der Lehrer*innen massive und umfassende Kritik an der Behörde äußert und zutage trägt. Metaphorisch überspitzt könnte man sagen: viele Lehrer*innen stehen sozusagen *auf Kriegsfuß* mit der Behörde und sagen nicht selten Sätze wie »…die kann mir gestohlen bleiben! …«, »…hör mir auf mit der Behörde!…« oder Ähnliches. Ich will mich hier eines Mittels aus der Geschichtsdidaktik bedienen, um auf die Metapher für diese Situation näher einzugehen: der Analyse nach *Ursache* und *Auslöser*.

Wir sehen »die Behörde« als Arbeitgeber und haben Erwartungen an diesen im Rahmen seiner Fürsorgepflicht

Allen Problemen liegt eine *Ursache* zugrunde, die sich nicht immer klar und deutlich erkennen lässt und auch an konkreten Handlungen und Äußerungen nicht ableitbar ist. Die Ursache der destruktiven Sichtweise unserer Lehrerschaft gegenüber der Behörde ist mehrheitlich ihre Haltung: wir sehen in der Behörde hauptsächlich unseren Arbeitgeber und deshalb haben wir klare Erwartungen an die Behörde.

Im funktionalen Sinne ist es natürlich nichts besonderes, dass wir das so sehen, denn der Einstieg in dieses Unterkapitel machte ja bereits deutlich, dass unser Berufsleben in der Behörde beginnt – die ja *natürlich* der Arbeitgeber *ist*.

Der intentionale Sinn dahinter ist aber der Fokus, um den es mir geht. Weil wir darum wissen, haben wir klare Erwartungen unterschiedlicher Art, Weise und unterschiedlichen Umfangs. Diese Erwartungen sind in Deutschland bei allen Lehrer*innen einerseits zwar individuell, aber in vielen Belangen auch kollektiv abgestimmt und damit »mehrheitlich« oder auch »mehrheitsfähig«. Ich denke, *das* ist die Ursache unserer Konflikte und destruktiven Haltungen gegenüber der Behörde. Uns allen ist klar, dass unser Arbeitgeber natürlich eine Fürsorgepflicht uns gegenüber hat, die wiederum dafür sorgt, dass wir seine geleistete Fürsorge stetig überprüfen und fortwährend neue, weitere, Erwartungen an ihn stellen dürfen und müssen. Diese Erwartungen werden bei einem Versagen der Behörde durch eine bestimmte Entscheidung oder Handlung dann gezielt enttäuscht – ganz gleich welcher Bereich. Diese oder jene bestimmte Entscheidung oder Handlung der Behörde, mit der ich als Einzelperson nicht einverstanden bin und wegen der ich der Behörde ein Versagen attestiere, markiert den *Auslöser*. Ich finde es an dieser Stelle wichtig zu betonen, dass ein »Versagen« der Behörde *objektiv* nur sehr schwer festgestellt werden kann. Einerseits, weil alle Lehrer*innen individuelle Erwartungen haben und deshalb jeder für sich selbst sehr schnell der Behörde den schwarzen Peter zuschieben könnte. Andererseits aber auch aus dem Grund, dass wir als Lehrer*innen nur sehr schwer einen außerschulischen und aktuellen Vergleich aus unserer gelebten Erfahrung heranziehen können, um unsere Erwartungen sozusagen »zu drosseln« oder »realitätsnäher« zu machen.

Der Behörde ein Versagen zu attestieren geht deshalb also zwar schnell über die Lippen, muss jedoch in den einzelnen Vorwürfen konkret geprüft und diskutiert werden, sodass auch ich mich auf Beispiele beschränken möchte, die absichtlich breit angelegt sind und somit die überwiegende Mehrzahl aller Lehrer*innen betreffen. Die nachfolgenden Erwartungen an die Schulbehörden in Deutschland und genannten Beispiele im Rahmen ihrer Fürsorgepflicht sind vielerorts in Deutschland dieselben.

Die Vernachlässigung zentraler Rahmenbedingungen in Schulen – durch die Behörde und das Land

Zur Vernachlässigung zählen gemeinhin meist der Zustand des Gebäudes, die Ausstattung und arbeitsrechtliche Aspekte. Viele Lehrer*innen sind mittlerweile nur noch davon frustriert, dass an sie gezielte Forderungen herangetragen und Höchstleistungen erwartet werden, während sie sich gleichzeitig im Stich gelassen fühlen, was die Rahmenbedingungen am konkreten Arbeitsplatz angeht. Es ist in Deutschland leider keine Seltenheit, dass es noch immer Schulen mit sogenannten »Eimerdiensten« (bei Regen) gibt (falls das an Ihrer Schule nicht der Fall ist: fragen Sie einmal ältere Kolleg*innen danach), dass Klassenräume seit 6 Monaten ohne funktionierende Lampen »ausgestattet« sind, die Zustände der Schultoiletten medial breit diskutiert werden, dass es Computer in Lehrerzimmern gibt, auf denen noch *Windows XP* läuft, sofern denn überhaupt Computer und Internet vorhanden sind, dass es zu wenig Kopierer auf zu viele Personen gibt (und bei Kopien ist mir persönlich nicht eine einzige Schule bekannt, bei der in Farbe kopiert werden könnte), dass es vielerorts Klassenräume gibt, in denen Regale fehlen, dass die Etats der Fachbereiche seit Jahren zusammengestrichen werden, dass die medialen Ausstattungen der Schulen kaum oder stark fehleranfällig vorhanden sind und vieles mehr.

Diese Punkte versacken in besonders dunklem Licht, wenn wir als Vergleich Beispiele und Bedingungen aus »der freien Wirtschaft« heranziehen. Es stellt sich für einen »normalen« Arbeitnehmer gar nicht die Frage, ob für einen Bürojob der Computer, das Schreibmaterial und sonstiges Büromaterial gestellt wird, bei Arbeitern die Sicherheitskleidung gestellt oder anteilig übernommen wird oder Dienstreisen vergütet oder als Überstunden angerechnet werden. Die Lehrer*innen müssen sich hingegen nicht nur alles selbst kaufen und zur Schule mitbringen, sondern auch noch dafür Sorge tragen sich zu überlegen, ob man auch den Schüler*innen diese Materialien zur Verfügung stellt: »Wenn ich mit Plakaten arbeiten will, muss ich diese selbst mitbringen – natürlich die Eddings nicht vergessen – und wenn ich nicht bereit bin, diese Mehrkosten einzugehen, schrumpft mein Engagement mehr und mehr.« Das ist eine Beobachtung, die ich bei sehr vielen Kolleg*innen mache. Bei Klassenfahrten ist es vielerorts in Deutschland immer noch so, dass Lehrer*innen eine »freiwillige Verzichtserklärung« für die Kosten der Klassenfahrten unterschreiben sollen, auf die die Schulleitungen mit Versprechungen der Kostenerstattungen hinarbeiten. *Freiwillig* ist daran oftmals nicht sehr viel.

Seit dem Schuljahr 2018/2019 gibt es den Passus in Formularen für Klassenfahrten in Bremen beispielsweise nicht mehr. Ein anderes, eindrückliches, Beispiel ist die Mitteilung an den Arbeitgeber, dass man umgezogen ist. Diese ist für normale Arbeitnehmer circa eine Minute Arbeit, während Lehrer*innen entweder ein Formular der Behörde finden, ausfüllen, als Fax schicken müssen oder »einen Zweizeiler« formulieren sollen. Überhaupt ist es in Deutschland vielerorts ein Thema, wie die Lehrer*innen mit ihrem Arbeitgeber kommunizieren. Viele Bundesländer haben eine »Behördenpost«, bei der Unterlagen von Lehrer*innen in Schulen kostenfrei an die Behörde geschickt und gebracht werden – schade nur, dass man als Lehrer*in immer alles doppelt und dreifach kontrollieren und kopieren muss, weil ständig etwas verloren geht. Das hat übrigens oftmals zur Folge, dass viele Schulen in Deutschland sogenannte »Personalhandakten« von Lehrer*innen *vor Ort* führen, also weitgehend identische Kopien der Personalakten, die in der Behörde liegen, um eingereichte

Teilzeitanträge oder Ähnliches immer in der Schule vorliegen zu haben. Eine Praxis die höchst verboten und insbesondere mit der neuen Datenschutz-Grundverordnung überhaupt nicht in Einklang zu bringen ist.

In der freien Wirtschaft ist es keine Seltenheit, dass Teamleiter, vergleichbar mit schulischen Abteilungsleitern, ein eigenes Büro, ein Arbeitssmartphone, einen neuen Laptop oder gelegentlich sogar einen Dienstwagen zur Verfügung gestellt bekommen, während die schulischen *Pendants* sich vielerorts ein Großraumbüro teilen müssen und sich über abschließbare Schränke und einen eigenen Dienst-Computer freuen.

Leitungspositionen im mittleren Management, vergleichbar mit einer Schulleitungsposition, bekommen die Ausstattung von Teamleitungen selbstredend, sondern zusätzlich auch noch Bonuszahlungen, gelegentlich noch eine Bus- oder Bahncard, üppige Aufwandsentschädigungen oder Fitnessstudiomitgliedschaften. Mir persönlich sind Schulleitungen bekannt, in deren Büros die Fenster undicht sind, die von der Behörde zur Verfügung gestellten Computer uralt und mit überholter Software bespielt sind und oftmals ohne Administration von der Behörde »abgeladen« werden. Ich hatte einmal ein Vorstellungsgespräch in einer Schule, bei der die Schulleitung nicht einmal eine eigene, abschließbare, Bürotür hatte und die Behörde mit Verweis auf die baldige Sanierung des Gebäudes und den damit verbundenen Umzug in Container auch keine Notwendigkeit mehr sah, eine Bürotür aufzutreiben. Wir mussten das Vorstellungsgespräch in einem kleinen »Kabuff« führen, wo die Schulleitung auch Disziplinargespräche und alle anderen Dinge erledigen muss – ein Graus.

Äquivalent verhält es sich mit vielen arbeitsrechtlichen Regelungen, die in Schule schlichtweg gebrochen oder ignoriert werden. Ich bin verwundert, dass es nicht schon reihenweise Klagen gegeben hat, um dieses Wirrwarr einmal gerichtlich aufzulösen. Angefangen bei der Lautstärke in den Klassen und im Gebäude bis hin zu vielerorts übergriffigen Eltern, fortwährender Erreichbarkeit, überzogenen Präsenz- und Konferenzzeiten, nicht ausreichender Berücksichtigung von Familien- und Berufsvereinbarkeit oder offengelassenen und damit nicht vorhandenen Regelungen und Vorgaben für die Lehrerschaft. An dieser

Stelle kommen sehr oft Argumente, die auf die Aktivität und das eigene Engagement der Kolleg*innen abzielen und die Beweislast umkehren – nehmen wir einmal als Beispiel die Lautstärke im Gebäude und in den Klassen. Während Büroangestellte sich sicher sein können, dass ihr Arbeitgeber dafür sorgt, dass die rechtlichen Rahmenbedingungen zur sogenannten »Lärm- und Vibrations-Arbeitsschutzverordnung« eingehalten werden, gilt dies für Lehrer*innen selten. Ausnahmen bestätigen die Regel: Natürlich gibt es auch in der freien Wirtschaft zuhauf Unternehmen, die arbeitsrechtliche Bestimmungen und Regelungen nicht einhalten – diese können und werden aber von der Gewerbeaufsicht, stichprobenartig, kontrolliert und zum Teil mit horrenden Geldstrafen belegt, teilweise sogar mit Schließungen bis zur Ausmerzung der Probleme.

In Schulen finden allerdings keine oder kaum Kontrollen statt, denn die Behörden sind gleichzeitig *Ausführer* der arbeitsrechtlichen Bestimmungen im Sinne ihres Arbeitgeber-Seins, *Erlasser* der arbeitsrechtlichen Bestimmungen im Sinne ihrer Amtshoheit und daneben auch noch *Kontrolleur* der arbeitsrechtlichen Bestimmungen.

Das ist der Grund, wieso in staatlichen Schulen so wenig kontrolliert wird: weil die Behörde die Hoheit über die Schule hat, »wird schon alles seine Richtigkeit haben.« Arbeitnehmer*innen haben den Staat als Regulierungsmöglichkeit – wen haben wir Lehrer*innen? Wir haben nur uns selbst um für uns einzustehen, wenn unser Arbeitgeber seine eigenen Regelungen und Bestimmungen bereits von Anfang an hausintern anders angeht, als bei privatwirtschaftlichen Unternehmen. Lehrer*innen gegenüber wird bei diesem Beispiel besonders gerne argumentiert, dass ja gerade *wir* es seien, die für Ruhe sorgen müssen und sich fragen sollten, ob wir für den Beruf geeignet seien, wenn es »ständig laut« sei. Wenn ich so einen Blödsinn höre, frage ich mich, ob sich Arbeitnehmer*innen in der freien Wirtschaft auch die Frage nach ihrer beruflichen Eignung stellen, wenn *der Arbeitgeber* die nötigen Bedingungen nicht von Anfang an vorgibt? Fangen andere Arbeitnehmer*innen überhaupt an zu arbeiten, wenn sie wissen, dass sie in ein Arbeitsumfeld kommen, in dem *sie selbst* die Ruhe einbringen müssen, statt sich auf die Fürsorgepflicht ihres Arbeitgebers zu berufen? Ich denke eher nicht. Komischerweise wird von uns, mit Blick auf die Unausgereiftheit und den Nachholbedarf der Schüler*innen in diesen Punkten, erwartet, dass *wir* für Ruhe sorgen, um den Kindern ein störungsfreies Lernen und gehörtechnische Gesunderhaltung zu ermöglichen – während unsere individuellen Bedürfnisse durch unseren Arbeitgeber in den Schatten treten. In normalen Betrieben gibt es eine sogenannte *Gefährdungsbeurteilung*, in deren Rahmen der Arbeitgeber festzustellen hat, ob die Beschäftigten Lärm ausgesetzt sind oder ausgesetzt sein können. Zur Veranschaulichung: Ein Tages-Lärmexpositionspegel $L_{EX,8h}$ ab 80 dB(A) bzw. ein Spitzenschalldruckpegel L_{pCpeak} ab 135 dB(C) erfordert:

- Information der Beschäftigten – bei Erreichen des Auslösewertes
- Bereitstellung von Gehörschutz – bei Überschreiten des Auslösewertes
- Angebot von arbeitsmedizinischer Vorsorge – bei Überschreiten des Auslösewertes.

Interessant ist dabei, was 80 dB(A) etwa an Lärm bzw. Lautstärke heißen: lautes Sprechen, Streiten oder Klavierspiel sind ca. 80 Dezibel, während Saxofonspiel oder eine Hauptverkehrsstraße etwa 85 Dezibel markieren. Ein Kammerkonzert, Orchestergraben oder Türknallen sind ca. 90 Dezibel, wohingegen Musik mit Kopfhörern oder eine Holzfräsmaschine bei etwa 95 Dezibel liegen. Ein Schlagzeugspiel, Rockkonzert oder eine Motorsäge liegen bei ca. 110 Dezibel. Klassen, in denen Unruhe einkehrt, haben etwa dieselbe Lautstärke, insbesondere wenn es verdichtete Plätze wie die Schulmensa oder der Schulhof sind.

Ab einem Tages-Lärmexpositionspegel $L_{EX,8h}$ von 85 dB(A) beziehungsweise einem Spitzenschalldruckpegel L_{pCpeak} von 137 dB(C) gilt:

- Tragepflicht für Gehörschutz – bei Erreichen des Auslösewertes
- Arbeitsmedizinische Vorsorge veranlassen – Pflichtvorsorge, bei Erreichen des Auslösewertes

- Kennzeichnung von Lärmbereichen – bei Überschreiten des Auslösewertes
- Aufstellung eines Lärmminderungsprogramms – bei Überschreiten des Auslösewertes.

Ich kenne *keine* einzige Schule in Deutschland in denen es überhaupt eine Messung der Lautstärke *im Rahmen einer Gefährdungsbeurteilung* gegeben hat und wo aus dieser Messung heraus eine Information der Beschäftigten, die Bereitstellung von Gehörschutz oder gar das Angebot von arbeitsmedizinischer Vorsorge erfolgt wäre. Geschweige denn die verpflichtende Tragepflicht für Gehörschutz.

Entscheidender als die faktischen Zahlungen und geldwerten Vorteile, die Arbeitnehmer*innen in der freien Wirtschaft erhalten, die ich *eben nicht* in den Vordergrund stellen möchte, finde ich den *Einfluss* von Positionen in der freien Wirtschaft und die Arbeits*bedingungen* dieser Personen und Positionen an sich. Wenn Arbeitnehmer, Teamleiter oder Manager um die Behebung von Problemen am Kopierer oder Gebäude bitten, dann wird an schnellstmöglichen Lösungen gearbeitet. Während in Schulen ganz gerne mal Monate ins Land verstreichen und Papier bekanntlich geduldig ist.

Die Erwartungen an unseren Arbeitgeber, die Behörde, betreffen natürlich jeden arbeitsrelevanten Bereich. So ist mit Blick auf die Digitalisierung und die sich verändernden Umstände natürlich auch für Deutschlands Schulen zu erwarten, dass es Konsequenzen im Rahmen der Digitalisierung geben wird. Das anschaulichste Beispiel ist ja gerade jetzt in allen Schulen zu finden: die Corona-Krise sorgt dafür, dass vermehrt online gearbeitet wird. Was wir bisher zur Digitalisierung seitens des Bundes und der Länder wissen ist, dass sich *alle* Schulen in ganz Deutschland im Rahmen des derzeitigen Digitalpaktes 5 Mrd. Euro teilen müssen. Zum Vergleich: Die Kohle*regionen* erhalten währenddessen 40 Mrd. Euro und bei beiden wird in den vergangenen 2-5 Jahren kaum eine Gelegenheit ausgelassen zu erwähnen, dass sie einen Strukturwandel vollziehen müssen und sich auf viele Eventualitäten vorbereiten müssen – bereits aus den

Zahlen ist ja abzuleiten, wie klar die Prioritäten leider verteilt sind. Ist es in diesem Zusammenhang zu viel verlangt, von seinem Arbeitgeber zu erwarten, dass er sich um seine *Mannschaft* bemüht?

Ich brauche die Liste der Erwartungen an unseren Arbeitgeber nicht großartig zu verlängern, denn die Intention dahinter ist vermutlich klar geworden. All dieser Frust vieler Kolleg*innen bezüglich ihres Arbeitgebers, der Behörde, ist von Außenstehenden oftmals ungesehen oder wird gegen die Vorteile und Privilegien des Beamtenstatus' aufgerechnet und dadurch verharmlosend dargestellt. Für Lehrer*innen ist das nicht nur ärgerlich, sondern führt in ein Totschlagargument. Was bringt uns allen 1.000 Euro brutto mehr pro Monat, wenn die Arbeits*bedingungen* größtenteils und über sehr lange Zeiträume hinweg unverändert bleiben? Wie können wir den uns entgegengebrachten, hohen und hoheitlichen Erwartungen gerecht werden, während einfache, arbeitsrechtliche, Punkte kaum bis gar keine Beachtung finden? Was sollen wir noch alles aus eigener Tasche und unserer Motivation heraus in und für die Schule mitbringen und bezahlen, nur damit wir unsere Arbeit in den Mittelpunkt stellen können? Die Lehrer*innen in unserem Land sind, unabhängig von ihrer individuell ausgeprägten Lehrer*identität*, dennoch oftmals *Professionals*, die es verdient haben, gehört und gesehen zu werden.

Es ist höchstgradig verwunderlich, dass Lehrerverbände und Gewerkschaften zum Teil *seit 30 Jahren* die Beachtung vieler hier aufgekommener Punkte einfordern und sich um die Probleme der Lehrerschaft bemühen und nur sehr wenig davon zeitnah umgesetzt wurde.

Enttäuschte Erwartungen verändern nach und nach die Haltung

Die lange Aufzählung von Erwartungen seitens der Lehrer*innen an die Behörden sollte keinem *Behörden-Bashing* gleichkommen, sondern das Kernproblem untermauern, das damit einhergeht: die ständig enttäuschten Erwartungen vieler Lehrer*innen vonseiten ihres Arbeitgebers sorgen für sinkendes Engagement das auf der Oberfläche erkennbar ist, aber vor allem für eine veränderte

Haltung innerhalb der Lehrer*identität* infolge der enttäuschten Erwartungen. Das ist ein komplizierter Gedankengang, denn er fasst zwei verschiedene Ebenen in einer zeitlichen Reihenfolge, sodass ich versuchen möchte, ihn so einfach es geht zu formulieren und im Anschluss auch noch durch eine bildliche Darstellung zu verdeutlichen.

Alle Lehrer*innen haben Erwartungen an das schulische Bildungssystem und die Schule als Bildungseinrichtung. Ich habe versucht zu erklären, dass diese Erwartungen und inneren Haltungen sich mit der Lehrer*identität* decken, im Sinne aller bisherigen Überlegungen zu dieser. Bei mir persönlich ist zum Beispiel *eine* innere *Haltung*, dass die Schule *auch* ein Lebensraum ist, da die Schüler*innen hier tausende Stunden verbringen. Daraus folgt für mich, als eine von vielen *Erwartungen*, dass die Gebäude schön und in Stand gehalten sein müssen. Hier dürfen Erwartung und Haltung nicht verwechselt werden, denn **nur die Erwartungen zeigen sich an der Oberfläche**, während die inneren Haltungen nicht sofort zutage treten. Wenn nun diese Erwartungen der Oberfläche bereits schon nicht von meinem Arbeitgeber erfüllt werden, dann verändert das meine innere Haltung und damit weitere Erwartungen, die nicht an die Oberfläche kommen. Einfach formuliert heißt das: wenn ich schon sehe, dass meine Erwartung an ein halbwegs instand gehaltenes Gebäude enttäuscht wird, dann kann ich mich von vielen anderen, tieferen, Überzeugungen und Haltungen zu meinen Bildungsidealen bezüglich Schüler*innen und Schule im Allgemeinen gleich verabschieden, denn ich sehe ja bereits an den »eher einfacher zu lösenden« Erwartungen, dass diese schon nicht erfüllt werden. *An der Oberfläche* sinkt infolge dieser Enttäuschungen mein Engagement, während sich in meiner inneren Haltung immer mehr tiefgreifende Gedanken sozusagen »angegriffen fühlen« und damit mein Bildungs- und Berufsideal als solches ebenfalls in Frage gestellt wird.

Was die enttäuschten Erwartungen in Bezug auf die inneren Haltungen machen, kann man auch als Bild versuchen zu deuten (siehe Abb. 5.1 auf S. 187). Die meisten Lehrer*innen, vornehmlich diejenigen mit einer ausgeprägten Lehrer*identität*, haben mehrere innere Haltungen zu verschiedenen Bereichen –

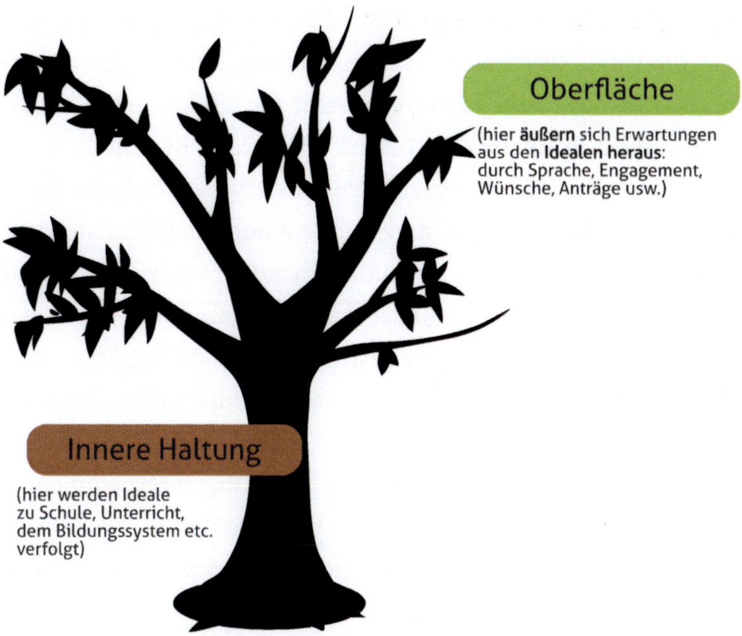

Abbildung 5.1: Die Sichtbarkeit der Erwartungen als Resultate der unsichtbaren inneren Haltung.

vergleichbar mit den Wurzeln eines Baumes. Diese inneren Haltungen wachsen über längere Zeit zu konkreten Verhaltensweisen, Charaktereigenschaften, Sprachmustern und vielem mehr heran, bis hin zu ganz konkreten Erwartungen. Das sind im Vergleich die Ausbreitung der Wurzeln und das Wachsen des Baumstammes und seiner Äste. Jede innere Haltung spiegelt sich in diesem Bild durch den Ast wieder: Je stärker und intensiver die innere Haltung, umso dicker und stärker der Ast. Die Zweige und Blätter der Äste verkörpern letztlich die Erwartungen, die wiederum an den anderen Ästen zu ganz anderen Haltungen passen.

Um mein eben erwähntes, persönliches Beispiel aufzugreifen und zu erklären: meine innere Haltung ist, dass die Schule ein Lebensraum ist. Diese innere Haltung ist umfassend und groß, weshalb der Ast, der daraus wächst, ebenso umfassend und groß ist. Die Erwartungen dieser inneren Haltung sind nun die vielen verschiedenen Blätter und Zweige an diesem Ast, die ganz unterschiedlich sind: ein Blatt, also eine Erwartung, steht für die Instandhaltung des Gebäudes, eine andere Erwartung, und damit ein anderes Blatt, steht für die Notwendigkeit vieler verschiedener Angebote im Ganztagsbereich, ein drittes Blatt steht für eine vorhandene Mensa mit gesundem und frischem Essen usw.

Nun stellen Sie sich vor, dass der Baum von außen von einem Pilz angegriffen wird und Hilfe benötigt. Die Blätter fangen an abzufallen, die Äste werden morsch und brüchig, der Baumstamm trocken und anfällig. Hier kommt die Behörde ins Spiel: sie ist die Gärtnerin in unserem Bilde und damit in der Lage, den Baum mit den richtigen Mitteln wieder »aufzupäppeln«, was aber nur sehr selten passiert. Sei es aus Geiz, weil sie nicht die richtigen Medikamente kaufen möchte oder aus Inkompetenz, weil sie den Pilzangriff nicht erkennen und einordnen kann, sei es aus falsch gesetzten Prioritäten oder weil sie sich lieber um die Zierpflanzen kümmert.

Deshalb fallen als erstes die Blätter und Zweige herab und verrotten auf dem Boden, woraufhin die Äste und der Baumstamm anfällig und trocken werden. Die Äste und der Baumstamm sterben, wie unsere inneren Haltungen, nicht sofort, sondern sie verlieren nach und nach ihre Kräfte. So wie der Baum versucht, durch gezieltes »Aufgeben« einzelner Äste seine letzten Reserven zu mobilisieren, so versuchen wir Lehrer*innen, die »wichtigsten« inneren Haltungen zu behalten und gegen andere Haltungen abzuwägen, auf die wir zu verzichten eher bereit sind.

Mir ist klar, dass das Bild des Baumes auf den ersten Blick nicht vollständig wirkt, denn man sieht an der Oberfläche eines Baumes ja nicht *nur* die Blätter eines Baums, sondern den ganzen Baum. In Gesprächen *über* das Lehrer-Sein stelle ich mehr und mehr fest, dass viele Außenstehende allerdings nur die Erwartungen der Lehrerschaft zu hören scheinen. Die inneren Haltungen hingegen werden schätzungsweise nur sehr selten bis niemals angesprochen oder gehört. Die enttäuschten Erwartungen und die daraus resultierende Veränderung der inneren Haltungen sind deshalb ein großes Problem, dem sich die unterschiedlichen Bildungsbehörden in Deutschland klar annehmen müssen: wenn sie denn endlich erkennen würden, dass »der Baum leidet«.

In der inhaltlichen Diskussion dieses Buches hat mein toller Kollege David Mautz sehr schön zusammengefasst, wieso das Bild des Baumes stimmig ist:

»Jeder von uns hat eine Vielzahl an inneren Haltungswerten und oberflächlichen Erwartungen – und in einem Wald sieht man oberflächlich betrachtet eine nicht genauer definierte Menge an Bäumen; im Inneren besteht er aber aus einem höchst komplexen Netzwerk miteinander verbundener Wurzelsysteme, einer völlig eigenen Ökologie, in der jedes kleinste Lebewesen seinen Beitrag dazu leistet, dass dieses Ökosystem aufrecht erhalten wird. Meine innere Haltung ist analog ein überaus komplexes Geflecht verschiedenster fachlicher, lerntheoretischer, persönlicher, emotionaler, soziologischer, psychologischer und physiologischer Einflüsse. Wird eine einzelne Komponente, der von außen sichtbaren (oberflächlich betrachtbaren) Elemente zerstört, passiert (ebenfalls oberflächlich betrachtet) erst einmal noch nicht so viel. Je mehr Bestandteile des Ökosystems Wald aber nach und nach beschädigt werden, desto stärker erodieren die einzelnen Komponenten des gesamten Systems, was mitunter bis zum Zusammenbruch oder Kollaps führen kann. Werden meine oberflächlichen Erwartungen analog hier und da enttäuscht, mag das noch nicht zu einem Verfall meiner inneren Haltung führen. Je mehr meiner oberflächlichen Erwartungen davon aber enttäuscht werden, desto stärker wird meine innere Haltung beschädigt, was wie im Ökosystem irgendwann zu einem Zusammenbruch führen kann – quasi zur Kapitulation vor meiner eigenen Haltung.«

Die Kapitulation vor der eigenen, inneren, Haltung hat auf der psychologischen Ebene den Nebeneffekt, dass man sich als »Versager« vorkommt, obwohl man selbst gar nichts dafür kann, dass die oberflächlichen Erwartungen ständig enttäuscht wurden und deshalb »schleichend« die inneren Haltungen angegriffen wurden und nach und nach abgestumpft, »verkleinert« oder gar abgestorben sind. Mit Blick auf diese Gedanken und Probleme ist es spätestens jetzt hoffentlich nicht mehr verwunderlich, warum Lehrer*innen in Deutschland ein *schwieriges* Verhältnis zur Behörde haben.

5.2 Lehrer*innen und die »Lehrergesundheit«

Ich habe mich bewusst dafür entschieden, die Lehrergesundheit an die Überlegungen zur Behörde anzuschließen, denn ich bin der Meinung, dass die Lehrergesundheit und viele Aspekte, die damit einhergehen, im Rahmen der Fürsorgepflicht *auf jeden Fall auch* Aufgaben der Behörde darstellen. Das Verhältnis von Lehrer*innen zur Behörde führt uns also zum Punkt der *Lehrergesundheit*. Der Begriff *Lehrergesundheit* ist seit ca. 10 Jahren wieder vermehrt in die Diskussion um Schule und Lehrerschaft »zurückgekehrt« und meint im Grunde die Selbstressourcen, Strategien und psychisch-physische Verfassung der Lehrer*innen vor dem Hintergrund ihrer beruflichen Anstrengungen. Die Unterscheidung zwischen psychischer und physischer Verfassung wird nicht immer sauber vorgenommen, sodass zur Lehrergesundheit oftmals auch Aspekte oder Empfehlungen gezählt werden, die gar nicht speziell Lehrer*innen betreffen, sondern ganz allgemein an die Bevölkerung gerichtet sind – beispielsweise mehr Sport zu treiben. Für alle nachfolgenden Betrachtungen finde ich es allerdings wichtig zu betonen, dass wir die Lehrergesundheit als ein Zusammenspiel zwischen der psychischen und physischen Verfassung betrachten müssen, auch wenn die physische Belastung von Lehrer*innen nicht im Entferntesten der von beispielsweise Bauarbeitern gleichkommt.

In diesem Zusammenhang ist interessant, dass in Gesprächen zur Lehrergesundheit oftmals eine Verknüpfung zwischen Lehrergesundheit und Unterrichtsqualität hergestellt wird – so nach dem Motto: »Gesündere Lehrer machen besseren Unterricht!« Das ist aus mehreren Gründen natürlich blödsinnig:

1. Es kann keine monokausalen Erklärungen für eine »gute« Unterrichtsqualität geben, wie ja bereits in Kap. 3.2 (*Qualitäten des Unterrichts*) gezeigt wurde. Die Unterrichtsqualität ist abhängig von vielen verschiedenen Kriterien und Lehrergesundheit ist selbstverständlich *nur ein Kriterium* von *vielen.*

2. Die Lehrergesundheit als »Quelle« fachlicher, pädagogischer und mensch-

licher Erfahrungen und Handlungsweisen anzusehen, ist *sehr allgemein* gedacht zwar nicht falsch (Gesundheit korreliert ja erwiesenermaßen mit *bewussterem* Leben und Arbeiten), allerdings würde das auch bedeuten, dass chronisch erkrankte Lehrer*innen *prinzipiell* schlechtere Unterrichtsqualität bieten. Auch dann, wenn sie an Erkrankungen leiden, die ihnen wenig Beschwerden machen und »gut in den Griff zu kriegen sind«. Dieser Gedanke ist natürlich quatsch und folglich zu verwerfen. Viele werden an dieser Stelle allerdings mit Argumenten kommen, dass bereits die Anwesenheit von Lehrer*innen gegenüber der Abstinenz von beispielsweise erkrankten Lehrer*innen ja eine Qualitätssteigerung bedeutet. Das mag zwar richtig sein, denn jemand der da ist, »macht« auch mehr, als jemand der krankheitsbedingt abwesend ist, allerdings meine ich mit Gesundheit nicht die bloße Anwesenheit, sondern auch die nachhaltige Ebene der Gesundheit.

3. Selbst wenn die beiden Gedanken für sich genommen vielleicht richtig wären, müsste man das empirisch nachweisen, um zweifelsfrei einen Zusammenhang zwischen der Lehrergesundheit und einer höheren Unterrichtsqualität nachzuweisen. Ein solches Forschungsdesign ist nicht in die Praxis überführbar und damit ist der Zusammenhang niemals nachweisbar. An so einer Behauptung festzuhalten ist also sinnlos.

Unabhängig von der Frage nach einem Zusammenhang zwischen Lehrergesundheit und Unterrichtsqualität hat es in den vergangenen Jahren viele Studien gegeben, die sich damit beschäftigt haben, herauszufinden, welche Aspekte der Lehrergesundheit förderlich und dienlich sind oder ihr Schaden zufügen und damit abträglich sind.[26] Nahezu alle Studien zeigen in dieselbe Richtung: Dreh- und Angelpunkt der Lehrergesundheit ist in ca. 90% der Fälle die psychische Verfassung, während in ca. 10% der Fälle die physische Verfassung ei-

[26] Um die Bandbreite der Forschungsergebnisse abzubilden, sei exemplarisch auf Singer 2000; Schumacher u. a. 2006; Gaertner 2016; Hedderich 2016; Lehr u. a. 2016; Hillert, Lüdtke u. a. 2016; Schoch 2017; Schultz 2017; Wesselborg 2017 verwiesen.

ne Rolle spielt. Das wurde in vielen Ländern der Welt erkannt und führt auch bei uns in Deutschland in der Praxis dazu, dass die meisten Therapien, Stärkungsseminare, Fortbildungen und vieles mehr sich ebenfalls zu circa 90% mit den psychischen Belastungen, Präventionsmöglichkeiten, Problemen, Bewältigungsstrategien und Hilfemöglichkeiten auseinandersetzen und circa 10% mit physischen Belastungen, Präventionsmöglichkeiten, Problemen, Bewältigungsstrategien und Hilfemöglichkeiten.

Die Psyche ist natürlich kein »Verschleißteil« und eine psychische Belastung als solches keine Sache, die »mal eben so« behoben werden kann, wie zum Beispiel eine gerissene Achillessehne in einer 30-minütigen Operation wieder zusammengenäht wird. Im Sinne der Lehrergesundheit ist also erkannt worden, dass die psychischen Faktoren vorrangig zu einer Schieflage der Lehrergesundheit als Ganzes beitragen können.

Wir alle wissen mittlerweile also viel besser als noch vor 30 Jahren, dass die psychischen Belastungen der Lehrer*innen extrem hoch sind, allerdings sind daraus nur wenige, ernstzunehmende Konsequenzen getroffen worden. Wir können deshalb klar und deutlich die zwei Seiten der Medaille in puncto Lehrergesundheit benennen: die Lehrergesundheit, die durch die Arbeitsbedingungen der Bildungspolitik und Behörde in Mitleidenschaft gerät einerseits und, andererseits, der Verschleiß und die Vernachlässigung der Lehrergesundheit durch die Lehrer*innen selbst.

Die Arbeitsbedingungen sind nicht gesundheitsförderlich

Im vorigen Unterkapitel 5.1 habe ich ja bereits versucht aufzuzeigen, dass die »verbockten« oder ausgebliebenen Taten der Behörde kurzfristig zu oberflächlich enttäuschten Erwartungen führen und langfristig zu einer bröckelnden, weil angegriffenen, inneren Haltung. Diese Überlegung ist allerdings vorwiegend auf das Ideal an *Bildung* und *Schule* bezogen – nicht auf die praktische, greifbare und vor allem sichtbare Lehrergesundheit. Doch insbesondere auch auf dieser Ebene haben die ausgebliebenen Taten und getroffenen Entscheidungen der Bildungspolitik und Behörde unserer Lehrergesundheit leider einen Bärendienst erwiesen. Im Einzelnen identifiziere ich diese Belastungsfaktoren:

1. Die seit Jahrzehnten massiv durch Lehrer*innen zu erledigenden Verwaltungsaufgaben. Diese kosten den Staat durch die teuer bezahlten Lehrerstunden nicht nur unnötig viel Geld und stellen damit eine Ressourcenverschwendung dar, sondern sie sind eine geistige Unterforderung der Lehrerpotenziale.

2. Das über Jahrzehnte vielerorts gestiegene Unterrichtsdeputat. Seit 1992 erhöhen die Bundesländer die Pflichtstunden der Lehrkräfte jeweils unter Verweis auf das Land *X*, das sie gerade vorher erhöht hat – das klingt zwar lustig, aber das ist leider Wirklichkeit.

3. Die Erhöhung der Präsenz- und Konferenzzeiten. Dies geschieht oft in Verbindung mit dem Unterrichtsdeputat – um einen »Ausgleich« herzustellen, der nur leider kein Ausgleich ist, wenn beides erhöht wird.

4. Die größer gewordenen Klassen. Auf unterrichtlicher Ebene habe ich ja bereits gezeigt, dass die Klassengröße nicht viel über die Unterrichtsqualität aussagt, allerdings führen größere Klassen zu mehr Verwaltungsarbeit und Lautstärke – was empirisch unstrittig belegt ist.

5. Zusammengestrichene Entlastungsstunden für verschiedene Aufgaben. Den Lehrer*innen diese Stunden zu nehmen, bedeutet faktische Mehrarbeit.

Die Punkte 1.-5. laufen alle auf denselben Faktor hinaus, der sich in den Aufzählungspunkten »nur« aus unterschiedlichen Perspektiven zeigt: uns fehlt immer mehr *Zeit*! Punkt 2 fällt beispielsweise für sich genommen kaum ins Gewicht, allerdings ist diese in Kombination mit den anderen Punkten natürlich eine faktische Arbeitszeiterhöhung. All diese Punkte rauben uns die Zeit, um in Ruhe Absprachen mit den Kolleg*innen zu treffen, um Beratungsgespräche mit den Schüler*innen oder ihren Eltern zu führen. Zeit, um mit externen Kooperationspartnern Absprachen und Beratungen zu ermöglichen, ist kaum vorhanden, geschweige denn die Zeit, um überhaupt außerschulische und externe Dinge *im Vorfeld* selbst einmal *in Ruhe* sichten und auf ihre Qualität hin überprüfen zu können. Zeit für eine ordentliche Unterrichtsvorbereitung fehlt genauso, wie die Zeit für Pausen, in denen man nicht »vollgelabert« wird und einfach mal in Ruhe eine tatsächliche *Pause* machen und frühstücken, Tee trinken, auf die Toilette gehen oder sich mit seinen Kolleg*innen über Privates unterhalten kann. Leider fehlt vor allem viel Zeit für allerlei und leider auch für »Ungewöhnliches«, z.B. Hausbesuche bei den Schüler*innen, kollegiale Hospitationen oder gemeinsame Vorbereitungen von Fallkonferenzen mit Kolleg*innen.

6. Ausgebliebene Verordnungen für gezielte Regelungen zu vielen Sachverhalten. Als bestes Beispiel dient mir hier die Stundenplangestaltung, denn die Bundesländer legen als Dienstherren zwar die Unterrichtsdeputate fest, haben aber in keinem Bundesland eine *verbindliche* Verordnung erlassen, die die Erstellung des Stundenplans regelt. Viele Schulleitungen sind auf sich gestellt und damit in einer Sandwich-Position. In Bremen ist die Situation 2019 gerichtlich »eskaliert«: die Behörde hat 2015 Lehrer*innen unter 50 Jahren dazu verpflichtet, eine zeitlich befristete Mehrarbeit zu leisten und fest versprochen, dass diese Stunden als Kontingente aufgehoben und auf Wunsch »zurückgezahlt« werden. Als zwei Lehrerinnen 2019 dann auf diese Stunden zurückgreifen wollten, argumentierte die Behörde vor Gericht, dass die Versprechungen aus dem Jahre 2015 ja ohne gesetzliche Grundlage gewesen seien und der Zugriff auf die vorgeleistete Mehrarbeit deshalb nicht nötig sei. Die Gerichte entschieden im Sinne der Lehrerinnen und bemängelten, dass es keine Verordnungen gibt, die diese und andere *Details* klären.

7. Durchsetzung verschiedener bildungspolitischer Entscheidungen ohne Mitbestimmung der Lehrerschaft – nicht nur bei der Frage nach dem *WAS* wurde die Lehrerschaft selten bis nie konsultiert, sondern vor al-

lem bei der Frage nach dem *WIE.* Das führte über die Jahrzehnte hinweg zu gestiegenen Erwartungen und Ansprüchen. Zwei klassische Beispiele wären die Einführung und Umsetzung der *Inklusion*, *Ganztagsschulen* oder *G8-Bildungsgänge.*

8. Die miserable Ausstattung und ausbleibende Instandhaltung von Schulen – überall in Deutschland. Das bezieht sich auf Gegenstände gleichermaßen wie auf die räumlichen Ressourcen.

9. Die eingestampften und gestrichenen Lehramtsstudienplätze. Ähnlich verhält es sich übrigens auch mit Professuren, der Größe von Studienseminaren und den Fachleiterstellen. Die Bildungspolitik und die Bildungsbehörden haben bundesweit bei der Bedarfsrechnung versagt und damit einen großen Beitrag zu schlechterer Unterrichtsversorgung geleistet. Es sind aktuell, je nach Datenlage, zwischen 10-18% »ungelernte« Lehrer*innen in Schulen eingesetzt, also Lehrer*innen, die als Seiten- und Quereinsteiger in den Beruf finden und praktisch bei Berufsbeginn keine bis magere Berufserfahrungen haben. Derzeit vergeht kaum eine Woche, in der durch Stiftungen und Studien der derzeitige und anhaltende Lehrermangel bis 2030 nicht erwähnt wird.

10. Die Anstrengung der eigentlichen Arbeit an sich. So traumhaft ich diesen Beruf finde und so sicher ich mir bin, dass ich dafür geboren wurde, so sicher bin ich allerdings auch, was die *Härte* des Berufs ausmacht: die zwischenmenschliche Intensität. Es ist unglaublich anstrengend und ein tatsächlicher »Knochenjob«, tagtäglich auf so viele verschiedene Menschen mit ihren individuellen Bedürfnissen einzugehen, mehrere hundert Entscheidungen pro Tag zu treffen, allen Anforderungen versuchen gerecht zu werden, abstrakte(re) Ziele und Verantwortlichkeiten zu verfolgen, verfügbar zu sein und überhaupt eine verbindliche und belastbare Beziehungsebene zu all diesen Menschen aufzubauen und diese vor allem *zu pflegen.* Dazu kommt der ganze »Papierkram« und das »Nebenher« –

was aber nicht im entferntesten halb so anstrengend ist, wie alles andere.

Ich könnte diese Auflistung noch lange fortführen, aber es ist sicherlich klar geworden, dass die psychische Belastung keine Erfindung ist, sondern von reellen Situationen und Aspekten herrührt. Wir können an dieser Stelle zusammenfassen, dass immer größere Erwartungen auf immer weniger Personal und mit immer weniger Zeitressourcen gestemmt werden sollen. Dass diese Bedingungen kein »Zuckerschlecken« sind und vor allem die Psyche dadurch belastet ist, diese Spannungen auszuhalten und vor allem austarieren zu müssen, sollte also nicht verwunderlich sein. Allerdings ist die Ebene der Arbeitsbedingungen, die jetzt lang und breit dargestellt wurde, nur die *eine Seite* der Medaille. Die andere Seite der Medaille bezieht sich auf die Persönlichkeitsstrukturen der Lehrer*innen.

Falsche Vorstellungen der Berufstätigkeit und fehlender Selbstschutz und Selbstachtsamkeit sind ein großer Aspekt geschädigter Lehrergesundheit

In vielen Lehrerzimmern in Deutschland findet sich mittlerweile eine qualifizierte Meinung: vielen Lehrer*innen ist im Vorfeld nicht ganz klar gewesen, was sie sozusagen *wirklich* in diesem Beruf alles erwartet. Mit Blick auf die älteren Kolleg*innen ist das auch nicht verwunderlich, denn diese hatten vor allem in ihrer universitären Ausbildungsphase kaum bis gar keine Praktika an Schulen und damit auch kaum bis keine Gelegenheit die Realität in Deutschlands Schulen und Lehrerzimmern während ihrer eigenen Ausbildungsphase kennenzulernen und zu erleben. Dadurch haben viele Kolleg*innen älteren Semesters leider erst im Referendariat feststellen können, »wie die Wirklichkeit ist«. Das ist nicht von mir ausgedacht, sondern wird mir immer wieder von Kolleg*innen bestätigt, die ca. 50 Jahre und älter sind.

Ein wenig anders verhält es sich mit den jüngeren Generationen, denn diese haben im Rahmen ihrer universitären Ausbildung nicht nur vereinzelt immer mehr Praktika absolvieren müssen, sondern durch einen immer größeren Fokus auf den Lehrerberuf in Publikationen, Veranstaltungen, Fortbildungen und durch eine etwas größere Thematisierung in der Öffentlichkeit einen *etwas besseren* Einblick in den Schulalltag bekommen können. Nichtsdestotrotz besteht eine erhebliche Diskrepanz zwischen der Erwartungshalt vieler Lehrer*innen an ihren beruflichen Alltag und der erfahrenen Wirklichkeit. Das muss man leider feststellen, denn diejenigen, die in ihrem Berufsleben berufsbedingt erkrankt sind, bestätigen gerade diese Tatsache immer wieder. Das ist ein großer Punkt, denn er wird von vielen Lehrer*innen gerne versucht wegzudiskutieren, indem immer wieder auf die Arbeitsbedingungen verwiesen wird und die damit verbundene Tatsache, der unterlassenen Fürsorge durch die Behörden. Dass die Arbeitsbedingungen zum Teil miserabel sind und dass die Behörde sehr oft die Fürsorgepflicht unterminiert ist *wahr* und wurde von mir durchleuchtet, allerdings ist das *eben nicht* (!) die *einzige* Ursache einer geschädigten Lehrergesundheit.

Mit einem ehrlichen Blick auf unsere Kolleg*innen können wir nämlich nicht die Tatsache wegdiskutieren, dass viele Lehrer*innen *schlicht und ergreifend* ungeeignet für diesen Beruf sind. Das hat primär nichts mit ihrer Fachlichkeit zu tun, sondern ich meine an dieser Stelle vor allem die eben angesprochene Diskrepanz zwischen den Erwartungen an diesen Beruf und der situativen Wirklichkeit. Ich wiederhole es deshalb gerne noch einmal: Viele Lehrer*innen haben eklatant falsche Vorstellungen von den *ganz konkreten* Tätigkeiten, die später »auf sie warten«, also dem schulischen Alltag! Das ist ein Problem, aber kein Problem der Behörde – sondern eins der jeweiligen Personen und Persönlichkeiten. Ich möchte hier den Hauptbegriff dieses Buchs noch einmal ins Spiel bringen, denn man könnte es auch anders formulieren: das ist das Problem der Personen, *weil* sie *keine* Lehreridentität haben. Ich will auf diese falschen Erwartungen und die damit einhergehenden Diskrepanzen im Detail eingehen.

In den vergangenen Jahren und Jahrzehnten hat sich eine große Veränderung eingestellt, die insbesondere von älteren Kolleg*innen immer wieder bestätigt wird: früher ging es in Deutschlands Schulen um ca. 80% Bildung und um 20% Erziehungsanteil, während es heute nahezu ins Gegenteil verkehrt ist. Viele denken allerdings heute leider immer noch, es sei zu 80% ein deutlich dominierender Bildungsauftrag. *Das* zu glauben ist die weitverbreitetste Fehlvorstellung vom Lehrerberuf. Ich habe immer wieder in Unterhaltungen mit Kolleg*innen die Frustration, das Desinteresse, die Zurückgezogenheit und die kaum noch vorhandene Motivation hören, sehen und spüren können. Auch wenn das gemein klingen mag, so verwundert mich dieser Frust und die Apathie mittlerweile nicht mehr wirklich, weil ich auf kognitiver Ebene verstehen kann, dass viele Kolleg*innen regelrecht darunter leiden, dass sie einst voller Elan, Idealen und Vorfreude diesem Beruf nachgehen wollten und nach einiger Zeit plötzlich und mit Erschrecken feststellen mussten, in einer »Einbahnstraße« gefangen zu sein, die überhaupt nicht ihren Vorstellungen, Träumen und Idealen entspricht beziehungsweise nicht mehr oder gar nie entsprach.

Viele dieser Betroffenen können, aufgrund von privaten Verpflichtungen und Abhängigkeiten, auch nicht »mal eben so« ihre Berufstätigkeit wechseln und kommen mit ihrer Ausbildung auch selten wo anders unter. Ältere Kolleg*innen, die nach dem Studium oder Referendariat im Rahmen der Einstellungsstops keine Anstellung als Lehrer*innen gefunden haben, können ein Lied davon singen, wie schwer es ist, wenn man viele Jahre investiert hat, um einer ganz bestimmten Tätigkeit nachzugehen und dann festzustellen, wie schlimm dieses »Loch« sein kann, wenn man beruflich etwas anderes und eventuell auch unbefriedigendes machen muss. Es ist hoffentlich deutlich geworden, dass wir uns nicht in die Tasche lügen dürfen: wer in den Lehrerberuf geht, um *ausschließlich* seinen Unterricht zu machen und dabei die Erwartung hat, fast keinen bis gar keinen Erziehungsanteil zu übernehmen, der wird unglücklich werden.

Mit der Fehlvorstellung des überwiegenden Unterrichtens hängt oft auch die tatsächliche Unterrichtssituation in den Klassenräumen und das Arbeitspensum zusammen – also die Dinge, die man *ganz konkret macht*. Immer wieder haben mir Kolleg*innen bei Veranstaltungen, Fortbildungen, Netzwerktreffen, Empowermentseminaren, kollegialen Hospitationen und Beratungen, Super- und Intervisionen erzählt, dass sie sich auch nach vielen Jahren immer noch nicht an die Lautstärke in den Klassenräumen und im Gebäude gewöhnen können und sich dem Arbeitspensum von Korrekturen, Vorbereitungen, Präsenz-

und Konferenzzeiten, Beratungsterminen, oder Elterngesprächen nicht mehr gewachsen fühlen und deshalb »unter Hochspannung« stehen. Das ist erschreckend, denn gerade diese Kolleg*innen sind diejenigen, die in der Öffentlichkeit als besonders »erfahren« gelten und denen regelrecht Beileid ausgesprochen wird, wenn die veränderte Schülerschaft zum Thema wird oder überhaupt der »Schulwandel«.

Auch an dieser Stelle stellt sich die Frage, was genau die Ursachen dieser Hochspannung und Belastungen sein können. Leider ist ein besonders gerne erwähntes Argument in diesem Zusammenhang, dass »früher« ja nur bis 13.00 Uhr unterrichtet wurde. Ich finde dieses Argument völlig sinnlos, denn das Unterrichtsdeputat war früher nicht eklatant weniger, sondern wurde im wöchentlichen Stundenraster nur *zeitlich anders* eingeteilt – während dafür andere Aufgaben, beispielsweise Beratungen und Konferenzen, »früher« kaum in Anspruch genommen wurden. Wer sich diese Zeiten zurückwünscht, statt das Deputat *an sich* zu diskutieren, hat nicht verstanden, dass »Schule« heute *mehr* als »früher« *leistet* – nämlich viele Aufgaben, die früher meist in den Elternhäusern problemlos erledigt wurden. Das kann man gut oder schlecht finden, aber von heute auf morgen in alte Zeiten zurückzufallen, scheint mir nicht der richtige Weg, um eine Entlastung oder gar Verbesserung zu erreichen.

Allerdings möchte ich die Hochspannung und Belastung im Zuge der gestiegenen Arbeitsbelastung noch einmal von einer anderen Perspektive durchleuchten: diejenigen Kolleg*innen, die über eine massiv gestiegene Arbeitslast und ein »sich-gehetzt-fühlen-Gefühl« beschreiben, *kontrastieren* die Zeit zwischen früher und heute nur – statt die Ausgangslage und die Fehlvorstellungen an das Berufsbild zu beschreiben. Damit will ich sagen: diejenigen, die zu früheren Zeiten in den Beruf gegangen sind und im Studium oder Referendariat steckten, haben sich vermutlich nicht für diesen Beruf und die damit verbundenen Tätigkeiten interessiert, weil sie wussten wie viele Entlastungsstunden sie für diese oder jene Aufgabe bekommen würden. Was wäre das auch für eine Haltung? So klingen allerdings einige dieser schwachsinnigen Argumente, die in diese Richtung gehen. Wir können aus solchen Argumenten ableiten, dass diese Kolleg*innen früher also »entspannter« arbeiten konnten. Die falsche Vorstellung der *konkreten* beruflichen Tätigkeiten scheint aber bei diesen Kolleg*innen *eine* der tatsächlichen Ursachen für eine psychisch große Belastung zu sein. Natürlich konnte niemand wissen, wie sich Schule entwickeln würde und auch diese Kolleg*innen konnten nicht ahnen, dass sich ihre Arbeit massiv wandeln würde. Allerdings dürfen wir uns auch hier nicht in die Tasche lügen: auch früher war es anstrengend Lehrer*in zu sein! Einiges wurde anders und entlastender, wohingegen anderes zur Erhöhung der Belastungen führte. Wären dann also diejenigen Kolleg*innen, die heute immer wieder diesen Kontrast und Vergleich zu früher bemühen, eventuell gar nicht erst Lehrer*in geworden, wenn sie gewusst hätten, dass sich ihre Arbeitslast in Zukunft derart steigern würde?

Die zwischenmenschliche Intensität geht »an die Substanz«

Das Argument falscher Vorstellungen an den Lehrerberuf kann und ist natürlich nicht die einzige Erklärung, auch wenn es bisher vielleicht so klang. Ich finde wichtig zu betonen, dass selbst bei einer falschen Vorstellung natürlich auch nicht unmittelbar davon ausgegangen werden kann, dass die Kolleg*innen nur deshalb schlechter oder weniger arbeiten würden. Richtig ist: viele mussten lernen, sich damit »zu arrangieren« – und das gelingt jedem anders und einigen gar nicht.

Ein viel entscheidender Aspekt, der Belastungen für die Lehrergesundheit mit sich bringt, ist die enorme zwischenmenschliche Intensität dieses Berufs. Viele Kolleg*innen halten die zwischenmenschliche Intensität in dieser Größenordnung nicht aus: Konflikte, Spannungen und zu hunderten Schüler*innen in-Beziehung-zu-treten. Hier fehlt das Zauberwort: *nicht mehr*. Die Kolleg*innen da draußen werden bestätigen können, dass diese Intensität unglaublich schön und erfüllend sein kann und an anderer Stelle wieder die Lehrer*identität* »füttert« oder auftankt. Allerdings ist es nicht verwunderlich, dass viele ältere Kolleg*innen nach *Jahrzehnten* des Schuldienstes davon erzählen, wie sehr ihnen diese Begegnungen zuweilen auch »an die Substanz« gegangen sind und wie sie sich in diesen Jahren zeitweilig ausgelaugt und erschöpft fühlten. Mich verwundert das gar nicht, denn gerade die Kolleg*innen, die *wirklich* über eine *Lehreridentität* verfügen, nehmen den Teil der Beziehungsarbeit in unserem Berufsauftrag sehr ernst und bemühen sich um den Aufbau von verbindlichen und verlässlichen Beziehungen zu ihren Schüler*innen. Man kann sich vorstellen, wie anstrengend das ist. Insbesondere ist das dann anstrengend, wenn man diese Beziehungen über 4-6 Jahre auf- und vor allem »ausbauen« muss.

Diese Beziehungsverantwortungen sind ein ständiger Prozess im großen Geflecht *aller* Aufgaben – gleichzeitig prägnant und eben unglaublich anstrengend (s. Abb. 5.2).

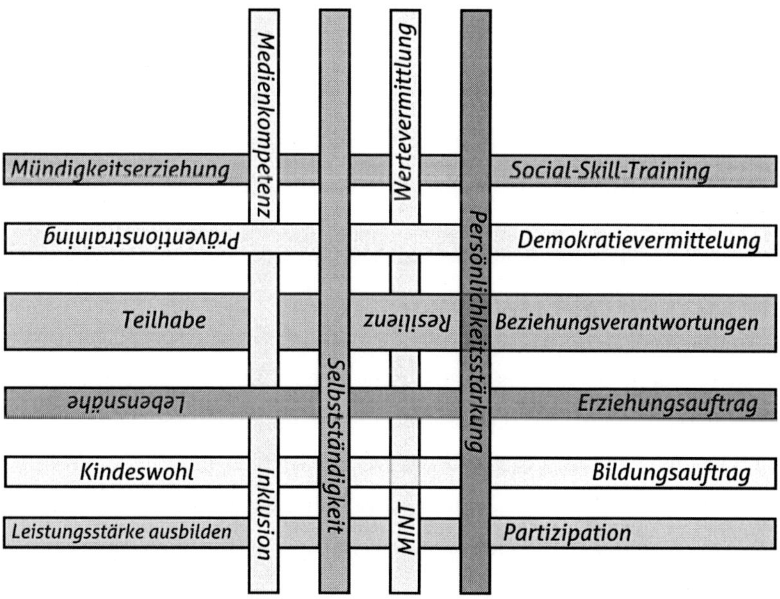

Abbildung 5.2: Ein beispielhaftes Geflecht *einiger (!)* Aufgaben des Lehrerberufs.

Jeder der tagsüber viele Begegnungen mit anderen Menschen hat, wird bestätigen können, wie anstrengend das ist. An dieser Stelle dürfen wir nicht *Begeg-*

nungen damit verwechseln, dass man *zu* anderen Menschen *in Beziehung* tritt – denn das ist nicht die Beziehungsebene, die ich hier meine. Die hunderten Begegnungen eines Kassierers mit anderen Menschen sind unglaublich anstrengend und kräftezehrend, aber an Intensität sind sie nicht ansatzweise mit den unzählig vielen, aufgebauten Beziehungen einer Klassen- oder Fachlehrerin zu ihren Schüler*innen vergleichbar.

Die Beziehungsarbeit ist aber nur eine Ursache von einigen anderen. Ich sehe vor allem die Tatsache, dass viele der Kolleg*innen Probleme damit haben Kompromisse einzugehen, wenn sie ihr Bildungsideal und die schlechten Arbeitsbedingungen nicht verändert sehen und deshalb dann eben mit sich selbst ausmachen müssen, welche Konsequenzen das für ihren Alltag hat. Das ist die permanent aufkeimende Verhandlungsfrage gegenüber sich selbst: »*Gefällt mir das, was ich hier tue, immer noch und kann ich mir vorstellen, das weiter zu machen?*«

Es fehlt bei vielen Lehrer*innen an genug Selbstfürsorge

Es ist klar geworden, dass viele äußere, das heißt ressourcenabhängige, Arbeitsbedingungen unvorteilhaft sind und sich negativ für und auf die Lehrergesundheit auswirken. So richtig und wichtig es auch ist, diese Aspekte nicht aus den Augen zu verlieren, so wichtig und richtig ist aber auch, dass wir uns klar machen, dass erstaunlich viele Lehrer*innen nur einen sehr geringen Aufwand investieren, um ihre Lehrergesundheit durch einen *Eigenanteil* zu beschützen oder zu verbessern. Wir dürfen uns auch hier keine Illusionen machen und müssen einsehen, dass die Lehrerschaft genauso zusammengesetzt ist, wie unsere Gesellschaft und damit denselben Problemen unterliegt.

Je nach Quelle zeigt sich ein unterschiedliches, aber erschreckendes Bild. Zwei Drittel der Männer (67%) und mehr als die Hälfte der Frauen (53%) in Deutschland sind beispielsweise übergewichtig. Knapp ein Viertel aller Erwachsenen (23% der Männer und 24% der Frauen) ist stark übergewichtig (*adipös*) und damit in der Risikogruppe von Herz-Kreislauferkrankungen. Dass diese Zahlen auch bei Lehrer*innen vorzufinden sind, ist kein Wunder. Allerdings ist die Zusammensetzung »unserer« Zahlen entscheidend auffällig und entspricht einem häufig mitgeteilten Volksgedanken: nach der Verbeamtung auf Lebenszeit kommt die Fettleibigkeit.

Fast jeder hat diesen Gedanken schon einmal bei Polizist*innen gehabt, die man mit kugelrundem Bauch im Polizeiauto sitzen sieht und sich fragt, ob diese Beamten überhaupt in der Lage wären, einen flüchtenden Täter auch nur länger als 250m zu Fuß verfolgen zu können. Komischerweise fragt sich das bei den Lehrer*innen leider viel zu selten jemand – bei uns geht es natürlich auch nicht um sicherheitsrelevante Aspekte, das ist schon klar. Wir können bei den Beamten *aller* Bundesländer und des Bundes die eben angesprochene Tendenz aber hervorragend nachweisen: nach der Beamtung auf Lebenszeit kommt die Fettleibigkeit. Natürlich werden nicht *alle* fettleibig im Sinne einer Adipositas des Grades I-III, aber was wir erkennen können, ist ein sprunghafter Anstieg des Körpergewichts zwischen den amtsärztlichen Untersuchungen *vor* der Verbeamtung auf Lebenszeit und der Zeit danach.

Die Zahlen liefern uns die amtsärztlichen Untersuchungen und die veröffentlichten Zahlen der gesetzlichen und privaten Krankenkassen. Natürlich ist dieser Vergleich nicht 100% sicher, allerdings ist die Kausalität unbestreitbar, dass Lehrer*innen im Laufe ihres Lehrerlebens zunehmen und ein »kilohafter« Sprung wie gesagt kurz bis sehr kurz nach der Verbeamtung kommt. Wer in die Lehrerzimmer Deutschlands guckt, wird auch schnell sehen, was einen großen Beitrag dazu leistet: viele Kolleg*innen bringen sich, wenn überhaupt, ungesundes Essen mit in die Schule. Häufigstes Beispiel: weil ständig jemand Geburtstag hat und etwas »ausgegeben« wird, steht auf den Tresen der Lehrerzimmer fast tagtäglich Schokolade oder anderes ungesundes Zeug. Viele Lehrer*innen schaffen es überhaupt gar nicht erst, regelmäßig etwas in Ruhe zu essen. Natürlich sind die Gegenargumente klar: Nervennahrung müsse ja sein und außerdem sei natürlich die Menge und individuelle, physische Konstitution maßgeblich. Allerdings möchte ich diese Argumente gerne mit der Tatsache beantworten, dass es *keine* ökotrophologisch vertretbaren Argumente gibt, jeden Tag unregelmäßig und ungesund zu Essen, sich im Schulalltag wenig zu bewegen, Schokolade oder Süßigkeiten statt Obst und Gemüse als Snack mitzubringen. Viele Lehrer*innen berichten mir immer wieder, dass sie sich tagtäglich etwas zu Essen auswärts vom Bäcker, Döner-Imbiss oder dem Burger-Laden holen und somit natürlich nicht wirklich einen Beitrag zur gesunden Ernährung leisten können. Ich will es nicht als *Bashing* aufziehen, denn ich weiß natürlich ganz genau, wie schwer es ist, genug Bewegung in den schulischen Alltag zu bringen, die richtige Ernährung zu fokussieren und bei Bürotätigkeiten nicht mal auf höhenverstellbare Schreibtische zurückgreifen zu können. Allerdings kann die Antwort auf diese Probleme nicht der Status quo sein, sondern muss in Überlegungen und Handlungen münden, die der Lehrergesundheit klar und deutlich entgegenkommen. Immer mehr Lehrer*innen berichten mir davon, dass sie beispielsweise eine Schulmensa hätten, die Qualität des Essens dort aber ungenießbar oder gar unzumutbar sei und sie sich lieber etwas auswärts kaufen würden, als in der Schulmensa zu essen. Das ist schade, aber leider die traurige Realität. Viele Schulkantinen funktionieren nach dem sogenannten *Cook and hold*-Prinzip, bei dem das Essen mehrere Stunden vor Essensausgabe vorgekocht und anschließend warm gehalten wird. Das ist nicht nur ein Geschmackskiller, sondern vor allem Gemüse, Fisch und Fleisch werden dadurch zäh und »unknackig« gemacht, was nicht gerade dazu einlädt, tagtäglich dort zu essen. Ernährung ist aber nur eine Facette von vielen. Was die Bewegungshäufigkeit angeht, sehen wir: erstaunlich viele Beamte geben bei ihrer amtsärztlichen (Nach-)Untersuchung an, dass sie wenig bis gar keinen Sport betreiben – damit liegen die Lehrer*innen zwar wieder im bundesdeutschen »Normalverhalten«, allerdings hilft gerade in unserem Beruf ein Bewegungsreichtum und körperliches »auspowern« ungemein gegen psychische und physische Anfälligkeit, die durch unsere berufstypischen Belastungen entstehen kann. Diese Ebene ist aber nur die Ebene der Physis – die Psyche ist hierbei ja noch völlig außen vor.

Die mangelnde Selbstfürsorge und Selbstachtsamkeit zeigt sich aber nicht nur in der Ernährung, sondern auch im Umgang mit der beruflichen und privaten Spreizung. Wie in vielen anderen Berufen, kann es eine enorme psychische Belastung sein, wenn keine eindeutige Trennschärfe zwischen Beruf und Privatleben entsteht. Dies äußert sich heutzutage besonders durch die Technik: eine ständige Erreichbarkeit schafft keine Verbesserungsaussichten im Sinne der Lehrergesundheit. Es ist leider eine Tatsache, dass Lehrer*innen in ihrer Freizeit viel zu häufig mit ihren beruflichen Aspekten in eine Auseinandersetzung gehen und damit innerlich »nicht abschalten« können. Ich habe an vielen Stellen in diesem Buch den zentralen Begriff der Lehreridentität ausgeführt und auch klargestellt, dass damit zusammenhängt, dass man sich sozusagen *absolut reinkniet* und sich seinem Beruf und seiner Berufung, vor dem Hintergrund der eigenen Fähigkeiten und Fertigkeiten, vollständig hingibt. Zu einer ausgeprägten Lehreridentität gehört aber auch die Fähigkeit, sich abgrenzen und »abschalten« zu können. Es ist nicht nötig, tagtäglich mehrfach E-Mails zu checken oder an seinen freien Tagen in die Schule zu fahren oder mit Freunden immer wieder auf die Schule als Gesprächsthema zu kommen – im Gegenteil: für die »psychosoziale Hygiene« ist es viel wichtiger, klare innere Grenzen ziehen zu können, um sich selbst und die eigene Gesundheit zu schützen und wichtige Ressourcen zu schonen, um diese abrufen zu können.

Ein sehr gutes, weil häufig diskutiertes, Beispiel ist das *Burnout-Syndrom*, welches bei Lehrer*innen überdurchschnittlich – verglichen mit anderen Berufsgruppen – häufig festgestellt wird. Entgegen der landläufigen Meinung, dass viele Lehrer*innen *hauptsächlich* wegen der miserablen Arbeitsbedingungen einen Burnout haben, haben Studien zeigen können, dass dies *die absolute Ausnahme darstellt.* Empirisch ist erwiesen, dass viele Lehrer*innen aufgrund ihrer Charaktereigenschaften, individuellen Arbeitsmoral, Abgrenzungsproblemen, genereller psychischer Instabilität und anderen psychischen Individualfaktoren in den Burnout kommen.[27] Dazu zählen vor allem die Fähigkeit Berufliches und

[27] Da es hunderte Studien gibt, sei exemplarisch auf diese verwiesen: Christ 2004; Käser und Wasch 2011; Hillert, S. Koch und Lehr 2013; Hillert 2013; Dick 2015; Schneider und Ziemainz 2015; Hillert 2015; Jungbauer und Ehlen 2015; Zimmermann und Klusmann 2016; Linde 2016; Zimmermann, Kaiser u. a. 2016; Fürst 2018; Poschkamp 2019.

Privates trennen zu können, Konflikte und Gedanken »nicht mit nach Hause« zu nehmen, die Intensität aller zwischenmenschlichen Facetten psychologisch verarbeiten zu können, sich nicht ständig unter Druck gesetzt fühlen, der Verantwortung gerecht zu werden und einiges mehr. Viele Lehrer*innen kümmern sich viel zu wenig um ihre »Baustellen«, indem sie beispielsweise Fortbildungen, Seminare oder Workshops in Anspruch nehmen, um sich selbst weiterzuentwickeln. Zu einer solchen Weiterentwicklung gehört natürlich auch die Lehrergesundheit. Jeder kennt sich selbst in der Regel am besten. Wer um seine Anfälligkeiten und Probleme weiß oder darum ahnt, der sollte sich um sich selbst bemühen, um seine Ressourcen zu schonen und gar nicht erst in eine »Abwärtsspirale« zu kommen.

Wie bei vielen anderen Dingen auch, gibt es für Burnout nur sehr selten monokausale Ursachen, weshalb ich hier keine Diskussion vom Zaun brechen will, ob nun die Arbeitsbedingungen »mehr wiegen« und die Gesundheit sozusagen »mehr« angreifen oder die Persönlichkeiten der Lehrer*innen »anfälliger« dafür sind oder Ähnliches. Beides ist bei vielen Betroffenen der Fall. Mir ging es hier schlicht und ergreifend darum klarzumachen, dass *sowohl* äußere, *aber auch* innere Faktoren eine Rolle für eine angegriffene Lehrergesundheit spielen. Es wird nunmal sehr oft über die äußeren Faktoren gesprochen, weil diese natürlich sichtbar und somit auch schneller thematisierbar sind, während die inneren Faktoren und Aspekte noch immer zu wenig Beachtung finden. Das ist schade, denn wie ich gezeigt habe, ist es im Lehrerberuf leider viel zu oft der Fall, dass viele Kolleg*innen zu wenig für sich selbst tun.

5.3 Bildungspolitische Themen als »Dauerbrenner«

Das Verhältnis der Lehrer*innen zur Schule und zum Bildungssystem zeigt sich in Deutschlands Lehrerzimmern Tag für Tag: in den Unterhaltungen zwischen den Kolleg*innen. Auch wenn wir immer weniger Zeit haben, uns in Ruhe mit unseren Kolleg*innen zu unterhalten, so steht doch sehr oft fest: sobald es um Schulisches geht, wird in jedem dieser Gespräche sehr schnell deutlich, welche

Bildungsideale einige Kolleg*innen haben und wie sich diese Kolleg*innen ihre Schule und das Bildungssystem vorstellen. Ich lade Sie herzlich ein, auch bei uns im Lehrerzimmer zu sitzen und an solchen Gesprächen und Diskussionen teilzunehmen und einmal mitzuerleben, wie das »Lehrerhirn« so tickt und wofür das »Lehrerherz« schlägt.

Diese Auseinandersetzung vieler Lehrer*innen mit bildungspolitischen Themen ist nicht umsonst ein Dauerbrenner: sie ist der Ausdruck einer inneren Haltung gegenüber des Berufes. Hier muss natürlich wieder der hauptsächliche Begriff dieses Buches ins Spiel kommen: die Lehreridentität. Denn nur wer über eine Lehreridentität verfügt, der wird sich ernstgemeint und *in der Tiefe* mit Bildungspolitik und den positiven und negativen, ganz praktischen und konkreten Konsequenzen im Schulalltag auseinandersetzen und dadurch zeigen, dass man »innerlich bewegt« ist.

Das lässt sich vielleicht am ehesten im Vergleich mit einem anderen Berufsbild – den Ärzt*innen – veranschaulichen. Es gibt, hoffentlich nur sehr wenige, Ärzt*innen, die sich den wirtschaftlichen Regeln und Verordnungen der Kassenärztlichen Vereinigungen (KV) vollends beugen und, obwohl sie es besser wissen, ihren Patienten von Anfang an Medikamente verschreiben, die schlechter vertragen werden, die aber kostengünstiger und von der KV vorgegeben sind. Erst wenn die Patienten kommen und ihr Leid klagen, wechseln diese Ärzte auf besser verträgliche Medikamente. Wieso sie das tun? Weil sie den Papierkram mit der KV vermeiden und Regressforderungen aus dem Weg gehen möchten. Denn erst wenn der Patient wieder vorstellig wird und davon berichtet, das anfänglich verordnete Medikament schlecht zu vertragen, können die behandelnden Ärzte auf ein besser verträgliches, aber teureres, Medikament ausweichen und müssen keine Regresse fürchten, weil sie eine medizinisch einwandfreie Erklärung für ihr Handeln haben. Eine solche Haltung, immer nur das zu machen, was die KV möchte, führt zu schlechterer Patientenversorgung. Ich kann natürlich meine These zur Lehreridentität nur eingeschränkt auf Ärzte übertragen, aber *für mein Verständnis* wären solche Ärzte *nicht* mit einer Ärzteidentität ausgestattet. Sie können zwar nichts dafür, dass die KV fast ausschließlich wirtschaftlich handelt, aber sie können in ihrem tagtäglichen Handeln und Tun ihrer inneren Ärzteidentität Ausdruck verleihen und sich so verhalten, dass ihre Haltung klar wird.

So ähnlich ist es bei den Lehrer*innen: man kann aus den Gesprächen in Deutschlands Lehrerzimmern sehr schnell heraushören, ob und mit wieviel Herzblut Argumente hervorgebracht und besprochen werden, wie viel Motivation schon flöten gegangen ist oder wie weit eine Resignation schon vorangeschritten ist. Viele Lehrer*innen machen in Unterhaltungen deutlich, was sie selbst von bildungspolitischen Entscheidungen halten und wie sich diese in ihren Augen im schulischen Alltag präsentieren und zu welchen Miseren oder Erfolgen sie ganz praktisch führen. Ich denke dabei an zwei ganz konkrete Themen, an denen sich viele Lehrer*innen in Deutschland mit ganz unterschiedlichen Perspektiven »abarbeiten« und ihre eigenen Erfahrungen, Erlebnisse und Bildungsideale austauschen und durch diese damit ihre innere Haltung zu Tage tragen: die »Veränderung des Unterrichts« innerhalb der letzten beiden Jahrzehnte und die »Chancengleichheit«. Natürlich wären hier auch viele andere und höchstinteressante Themen möglich und denkbar, allerdings sind mir diese beiden aus ganz unterschiedlichen Gründen immer wieder zu Ohren gekommen und ich möchte deshalb auf beide eingehen und an ihnen exemplarisch das »Lehrerhirn« und »Lehrerherz« zeigen.

Veränderte Unterrichtskonzepte als Anstoß

Offener Unterricht und mehr Selbstständigkeit haben zur Folge, dass sich viele Lehrer*innen nicht mehr oder nicht vollständig in ihrer Position wohlfühlen, weil sie sich nicht mehr *primär* um Unterricht kümmern können. Natürlich spielen auch die veränderten Startbedingungen der Schüler*innen, die Elternhäuser oder umgesetzte Schulreformen eine Rolle – allerdings liegt das Hauptaugenmerk auf den pädagogischen Konzepten.

Die Öffnungen und der Methodenwandel sind in der pädagogischen Diskussion der letzten 20 Jahre *immer wieder* aufgeflammt, insbesondere unter dem

Aspekt der Organisation von Schulen: Während im Verhältnis zwischen Lehrer*innen und Schüler*innen die starren und oftmals durch Gehorsam, Angstmacherei und negative Autorität geprägten Hierarchien der vergangenen hundert Jahre zum Glück und Gottseidank in den Hintergrund gedrängt und abgeschafft wurden, sind die Hierarchien zwischen Schulaufsicht und den Lehrer*innen *nicht* in den Hintergrund geraten. Damit einhergehend sind die von Lehrer*innen verlangten Aufgabenfelder auch nicht kleiner, sondern fast ausnahmslos größer geworden. Diese beiden Punkte führ(t)en zu vermehrten Diskussionen um die *tatsächliche* pädagogische Freiheit der Lehrer*innen.

Befürworter dieser unveränderten Hierarchie rund um Schule sehen die positiven Anreize und Wendungen als Chancen und Möglichkeiten des Systems, sich weiterzuentwickeln und in Krisensituationen »gelenkt« zu Handeln: beispielsweise konnte auf den »PISA-Schock« aus dem Jahre 2001 nur durch eine solch vorhandene Hierarchie reagiert werden, die schließlich einen großen Beitrag geleistet hat, strukturell viele Anstöße und Änderungen zeitgleich einzuführen. Das sagt natürlich *noch nichts* zu der inhaltlichen Ebene aus, also *ob* und *wie* all diese Anstöße und Änderungen etwas zum Positiven hin verändert haben könnten. In Folge des Pisa-Schocks wurden mehr Methodenvielfalt, Lernbegleitung, handlungs- und praxisorientierter Unterricht und generell ein »offeneres« Lernen in Deutschland flächendeckend *gepusht*.

Gegner dieser Hierarchien sind der Meinung, dass vielen Lehrer*innen nicht wirklich eine pädagogische *Freiheit* geblieben ist und diese immer mehr in den Hintergrund gerät, da im Zuge der ganzen Hierarchien von früher sogar noch weitere Hierarchien entstanden sind: Immer mehr Vereinheitlichungen, was die Lehr- und Lernpläne, Prüfungen oder Zeitschienen der Unterrichte angeht, genauso wie immer mehr Vereinheitlichungen von Fachschafts-, Jahrgangs- und Schulleitungsteams. Hierarchien-Gegner argumentieren, dies führe zu immer mehr beteiligten Personen, was zwangsweise eine Verlangsamung *aller* Prozesse zur Folge hat. Schließlich kann eine Person für sich allein viel mehr und vor allem viel schneller Dinge durchsetzen, als konsensuale Entscheidungen zu erwirken und diese dann durch viele verschiedene Gremien bringen zu müssen oder gar deren Akzeptanz abzuwarten. Die Hierarchien und alles damit Zusammenhängende sind meiner Auffassung nach in den Diskussionen der Lehrerschaft aber gar nicht einmal das Hauptthema, sondern vielmehr die praktische Einflussnahme bildungspolitischer Entscheidungen auf das Unterrichtsgeschehen und die damit verbundenen, tagtäglichen Entscheidungen der Lehrer*innen. Das klingt jetzt so, als würden die Bildungsminister*innen uns Lehrer*innen durch bildungspolitische Entscheidungen *unmittelbar* vorschreiben, mit welcher Methode wir welche Inhalte koppeln sollen – so ist es natürlich nicht gemeint. Wir können aber nicht unter den Tisch fallen lassen, dass die bildungspolitischen Entscheidungen einen *mittelbaren* Einfluss auf unser tägliches Brot haben. Dies möchte ich an einigen Beispielen konkretisieren.

Im Grunde kann man für Deutschland sagen, dass bis zum Pisa-Schock ein Satz deutlich beschrieben hat, was die Lehrer*innen so machen: der Lehrer lehrt. Das heißt: die Lehrerschaft war der zentrale Mittelpunkt des Unterrichts, während die Schüler*innen die Objekte im Lernprozess waren. Dieses Verhältnis hat sich vor allem durch die Einführung des kompetenzorientierten Unterrichtsschemas umgekehrt: die Schüler*innen sind Subjekte ihres eigenen Lernens geworden und werden seitdem als aktiv Lernende mit mehr Verantwortung für ihr Lernen betraut.

Der Wechsel in dieser Auffassung des Unterrichts hin zu offeneren Konzepten wurde in Deutschland heiß diskutiert und hat sich schlussendlich durchgesetzt. Allerdings mit unterschiedlichen Folgen und Konsequenzen. Ich möchte hier insbesondere mit Blick auf die Lehrer*innen sprechen, denn Auswirkungen auf die Schüler*innen sind an anderer Stelle passender. Für die Lehrerschaft waren die Umstellungen und Öffnungen *verheerend*. Damit will ich nicht sagen, dass ich besonderer Gegner oder Befürworter der Kompetenzorientierung bin, sondern schlicht und ergreifend nur mit einem Blick auf die Lehrerschaft antworten. Wie an mehreren Stellen besprochen, gilt die derzeitige Lehrergeneration »Ü-50« als »besonders erfahren«. Viele Kritiker der Bildungs- und Schulreformen der vergangenen Jahre werden – mit Blick auf die baldigen Pensionierungen der erfahrensten Lehrer*innen in den kommenden Jahren – Tränen vergießen, da angeblich »nur noch diese Lehrergeneration« in der Lage sei, die Bildungsmisere abzuwenden. Dahinter steckt der Gedanke, dass die ganze Kompetenzorientierung und Öffnung des Unterrichts die Herabsenkung des Gesamtniveaus begünstigt habe. Diejenigen Lehrer*innen, die schon in der Zeit vor dieser »Bildungswende« im Dienst tätig waren, würden den bitteren Vergleich am eigenen Leibe spüren und könnten als Zeugen erster Stunde bestätigen, dass das Niveau *seit Jahren* immer weiter sinke, der Lernstoff immer weiter zusammenschrumpfe oder die Schüler*innen immer laxer behandelt werden würden.

Ich möchte diese Kritik nicht einfach wegwischen und für nichtig erklären, allerdings auf einige Gedankengänge eingehen und damit deutlich machen, wie bildungspolitische Entscheidungen auf die Lehrer*innen Einfluss nehmen *können*. In der Kritik an bildungspolitischen Entscheidungen wie dieser, ist leider nur sehr selten die kausale Folge zu erkennen. Ob zum Beispiel das Niveau *in Folge* solcher Schulreformen gesunken ist oder mit einer sich veränderten Schülerschaft zusammenhängt, wird beispielsweise völlig außer Acht gelassen. Es macht auch keinen Sinn hier und jetzt auf inhaltliche Details einzugehen und sich damit auseinanderzusetzen, ob und wie Auswirkungen entstanden sind. Das wäre nämlich die Frage nach dem Huhn oder dem Ei: Sind zuerst die Schüler*innen »blöder« geworden und daraufhin wurde mit Reformen und allem Pipapo reagiert, woraufhin das Niveau sank? Oder haben wir zuerst Reformen angestoßen und beispielsweise durch Öffnungen oder Lehrplanänderungen begünstigt, dass die Schüler*innen weniger lernen? Diesen Fragen hinterherzuhecheln, macht keinen Sinn.

Ich sehe hingegen ein großes Problem darin, dass die angeblich »erfahrenste« Generation der Lehrer*innen immer wieder als Beispiel herangezogen wird und in allen repräsentativen Zirkeln überdeutlich vertreten ist. Überall sind an der Spitze Kolleg*innen zu sehen, die eine laute und öffentlichkeitswirksame Stimme haben und zu einem großen Teil zu einer Lehrergeneration gehören, die sehr große Probleme hat, in der heutigen Zeit als Lehrer*innen zu arbeiten und zwar völlig unabhängig von der Frage nach Reformen, dem Huhn, dem Ei oder der Schlauheit der Schüler*innen. Ich will hier kein *Kollegen-Bashing* betreiben, sondern nur verdeutlichen, dass sich diese Probleme im Grunde auf drei allgemeine Bereiche zurückführen lassen, in denen es in den vergangenen 30 Jahren schlicht und ergreifend *massivste* Veränderungen gegeben hat. Die Lehrer*innen sind also nicht schuld daran, sondern gewissermaßen Leidtragende. Diese drei Bereiche sind gleichzeitig auch die Zusammenfassung der »Brennpunkte« bei den »Lehrer*innen, die die Welt retten könnten«:

(a) Zusammensetzung der Schülerschaft,

(b) Unterrichtsgeschehen,

(c) Ressourcen und Rahmenbedingungen.

An dieser Stelle noch einmal der Hinweis: ich möchte gar nicht bewerten, sondern schlicht aufzeigen, inwiefern diese drei Punkte bei den Lehrer*innen immer wieder zu Konflikten führen.

Zu (a): Viele Kolleg*innen sind mit der Verantwortung für die Schüler*innen »von heute« überfordert. Das klingt gegenüber den Schüler*innen gemein, ist aber nicht so gemeint und ist erst recht nicht auf die Schüler*innen bezogen. Ich meine wirklich die Lehrer*innen – *sie* können kaum bis gar nicht damit umgehen, dass viele Schüler*innen immer weniger von zuhause aus mitbringen und deshalb der Erziehungsanteil der heutigen Lehrer*innen erheblich größer geworden und der Bildungsanteil drastisch anders geworden ist. Die lexikalischen Sprachstände und Register der Schüler*innen sind heute viel schlechter als noch vor 25 Jahren, der Anteil derjenigen, die aus bildungsfernen Häusern kommen, ist explodiert, viele haben Probleme im klassischen *Schulsetting*. Eine solche, veränderte Zusammensetzung der Schülerschaft sollte logischerweise ganz andere Prioritätensetzungen zur Folge haben, aber diese Erwartung ist nicht erfüllbar – und zwar nicht, weil sie unrealistisch ist, sondern weil sie an Kolleg*innen herangetragen wird, die in einer anderen Zeit aufgewachsen, ausgebildet und praktisch tätig geworden und so zu ihrer *Expertise* gekommen sind. Diese Kolleg*innen *kennen* vieler der heutigen Zustände aus ihren 30 Jahren Erfahrung gar nicht, weshalb viele *völlig überfordert* mit den *heute* an sie herangetragenen Herausforderungen sind. Sie sind Experten – aber nicht für *diese* Schüler*innen, sondern für die der letzten 20-30 Jahre. Deshalb ist es natürlich auch kein Wunder, dass gerade diese Kolleg*innen ständig den Vergleich »zu früher« ziehen und »wie anders« es mit den Schüler*innen doch früher so war. Diese Kolleg*innen können allerdings nichts dafür, denn diese Entwicklungen kamen schleichend und sie wurden im Stich gelassen: keine Fortbildungen und kaum Interventionen durch die Bildungspolitik.

Zu (b): Das Unterrichtsgeschehen leitet sich natürlich unmittelbar aus der Zusammensetzung der Schülerschaft ab. Eine »ganz andere« Schülerschaft vor sich sitzen zu haben, erfordert eben auch eine ganz andere Herangehensweise an eben diese Schülerschaft, um das Unterrichtsgeschehen bestmöglich und qualitativ hochwertig gestalten zu können. Gerade diese Sache fällt den erfahrenen Kolleg*innen extrem schwer. Das ist auch nicht verwunderlich, denn: Kolleg*innen, die viele Jahre ihres Berufslebens lehrerzentriert, kleinschrittig und mit homogenen Gruppen gearbeitet haben, sollen jetzt den Unterricht öffnen, die Schüler*innen dazu bringen, immer mehr Verantwortung und Selbstständigkeit zu übernehmen, die Schüler*innen in fächerübergreifendem und projektartigem Lernen unterrichten, Schüler*innen im Rahmen der Inklusion beschulen, die sie in den letzten Jahrzehnten *praktisch nie* im Unterricht mit dabei hatten und mit Medien arbeiten, die es die letzten 30 Jahre in den Schulen faktisch nicht gab. Das kann und wird natürlich nicht funktionieren. Ich möchte hier wie gesagt kein Kollegen-Bashing betreiben, denn die älteren Kolleg*innen sagen all diese Dinge oft selbst und geben oftmals offen und *viel schonungsloser* als ich zu, dass sie nur noch in sehr geringen Anteilen denselben Beruf ausüben wie früher.

Zu (c): Die veränderten Ressourcen und Rahmenbedingungen werden von älteren Kolleg*innen oftmals als Ursachen und Gründe aufgeführt, wieso das Berufsbild für sie selbst immer unerträglicher geworden ist. Wer beispielsweise in den letzten 40 Jahren Grundschullehrerin gewesen ist, wird in den *ersten* 20 Jahren eine oder mehrere Entlastungsstunden bekommen haben, eine Klassengröße von ca. 24/25 Schüler*innen, ehe keine geflüchteten Kinder, eine Elternschaft, in der viele Eltern berufstätig waren, deutlich weniger Schüler*innen, die von Armut betroffen waren, keine oder nur extrem vereinzelt Schüler*innen mit geistiger Beeinträchtigung und deutlich (!) weniger Schüler*innen mit Lese-Rechtschreib-Störungen (ICD 10 GM, F81.0), Rechenstörungen (ICD 10 GM, F81.2) oder kombinierten Störungen schulischer Fertigkeiten (ICD 10 GM, F81.3). Dies alles gilt vielerorts in Deutschland. In den *letzten* 20 Jahren haben sich all diese Bedingungen und Ressourcen dramatisch verändert – ohne, dass die Lehrer*innen daran hätten etwas ändern können. Was bringt gerade diesen Lehrer*innen also ihre Erfahrung in einem Bereich, auf den die Lehrer*innen noch nie großartigen Einfluss hatten und der sogar heutzutage für viele ebendieser Lehrer*innen eine Last darstellt, unter der sie zusammenbrechen?

Diese Gespräche sind in Deutschlands Lehrerzimmern wirklich keine Seltenheit und deshalb meine ich es, wie ich es sage: Ich lade Sie herzlich ein, bei uns im Lehrerzimmer an solchen Gesprächen teilzunehmen und einmal mitzudiskutieren – denn die Haltungen, Einstellungen, Pläne, Belastungen und Ideen der Kolleg*innen, kurzum die nicht vorhandene Lehreridentität ist daran deutlich erkennbar.

Chancengleichheit als Aufhänger für Schulaspekte

Der letzte Punkt, an dem ich zeigen möchte, dass Lehrer*innen bildungspolitische Themen dauerhaft und fortwährend debattieren und zum Thema machen, ist die Chancengleichheit. Gerade erst kürzlich hat die OECD in einer Meta-Analyse mal wieder belegt, dass auch in einem Land wie Deutschland der Bildungserfolg in extrem hohen Maße von soziodemografischen Faktoren abhängt.[28] Die wichtigsten Erkenntnisse von Forschungen zur Chancengleichheit der vergangenen 20 Jahre lassen sich kurz und knapp zusammenfassen:

I. Bildungserfolg hängt stark vom Elternhaus und dem Bildungsstand der Eltern ab. Je niedriger der Bildungsstand der Eltern...

   ... desto höher das Armutsrisiko der Kinder,

   ... desto geringer die Lesekompetenz der Kinder,

   ... desto niedriger die Chance, dass die Kinder dieser Eltern später ein Hochstudium abschließen werden. Wenn Eltern einen Hochschulabschluss haben, studieren in der Regel auch ihre Kinder. Haben die Eltern eine berufliche Ausbildung und kein Abitur, studieren hingegen »nur« ca. 25 Prozent der Kinder.

   [Hier muss man allerdings klarstellen, dass es mittlerweile fast jeder vierte in Deutschland schafft, einen höheren Bildungsabschluss als die eigenen Eltern zu erlangen.]

II. Es gibt kaum eine »gleiche« Verteilung von Schüler*innen verschiedener »Schichten«.

   i. Mit steigender Tendenz ist zu sehen, dass es immer weniger zu einer Durchmischung von benachteiligten und weniger benachteiligten Schüler*innen an Schulen kommt. Schüler*innen, die sozial und ökonomisch benachteiligt sind, werden vielerorts fast ausnahmslos mit Schüler*innen beschult, denen es ähnlich geht.

[28] OECD 2018b.

ii. Das »privilegierteste« Viertel der deutschen Schüler hat gegenüber Gleichaltrigen, die am stärksten benachteiligt sind, beim Lesen einen extremen Leistungsvorsprung, sogar noch etwas mehr als vor zehn Jahren.

iii. Schüler*innen, die einen Migrationshintergrund haben, erzielen in Deutschland bei Lesetests systematisch schlechtere Ergebnisse als Schüler*innen ohne ausländische Wurzeln.

III. Die Kluft zwischen »Gebildeten« und »Abgehängten« wird größer.

i. Die Anzahl der akademischen Abschlüsse hat sich in den letzten 20 Jahren beinahe verdoppelt, der Anteil der Menschen mit Abitur in der Bevölkerung ist gestiegen. Allerdings verlassen ca. 6% der Schulabgänger die Schule ohne Abschluss – Tendenz steigend.

ii. Je höher der individuelle Bildungsstand, umso besser ist die Ernährung. Gebildete ernähren sich nicht nur besser, sie sind auch aktiver, rauchen seltener und wählen öfter.

iii. Je höher der individuelle Bildungsstand, umso höher auch das Gehalt: Eine Frau mit Hochschulabschluss verdient im Schnitt fast acht Euro pro Stunde mehr als eine Frau mit einer beruflichen Ausbildung.

Wir können also drei Faktoren isolieren, die als entscheidend für die Entwicklung aller Kinder in puncto Chancengleichheit gelten: Die finanziellen und sozialen Verhältnisse, in denen sie aufwachsen sowie die Frage, wie ihre Eltern beruflich qualifiziert sind. In Deutschland ist bei jedem dritten Kind mindestens einer dieser drei Faktoren nicht ausreichend vorhanden und damit ein Risikofaktor.

Mir persönlich sind kaum Kolleg*innen bekannt, die diese »Zahlen und Fakten« kennen, aber das ist auch nicht zwingend nötig. Dies zeigt sich am anschaulichsten am Beispiel *Inklusion*. Egal mit welchen Kolleg*innen ich spreche, alle sagen mir, dass sie sich wünschen würden und vorstellen können, demunddem Schüler oder dieser einen Schülerin unter anderen Rahmenbedingungen und Ressourcen viel besser helfen und somit gerechter werden zu können. Solange diese Rahmenbedingungen aber nicht existent seien, leide zwangsläufig das »vernachlässigte« Kind in der Schule.

Dieses kleine Beispiel bestätigt meine Wahrnehmung zu den allermeisten Lehrer*innen rund um den Globus. Viele Lehrer*innen sind sich nämlich bezogen auf eine Sache, eine Idee – also das WAS – *eigentlich* einig: wir brauchen mehr Inklusion und mehr Chancengleichheit in der Schule. Die Sachlage ist allerdings sehr abhängig vom WIE. Das markiert beispielsweise den springenden Punkt in der Debatte um Inklusion in Deutschland. Mir sind keine Lehrer*innen bekannt, die öffentlich oder gar heimlich erklären, wie schlecht Inklusion sei – sondern fast alle sind sich einig, dass Inklusion *mit den derzeitigen Bedingungen* nicht machbar sei. Zu wenig Personal, zu schlechte räumliche Ausstattung, zu große Klassen, zu wenig Zeit der Kolleg*innen für die Schüler*innen. Die Argumentation lautet daher oftmals: unter den derzeitigen, gegebenen Voraussetzungen sollte es lieber keine Inklusion geben, als schlechte Inklusion.

Bezogen auf die Chancengleichheit fallen mir sehr viele Beispiele ein, bei denen ich mit nahezu allen meiner Kolleg*innen schon interessante Gespräche darüber geführt habe, welche veränderten Bedingungen zu welchen Ergebnissen führen könnten. Und immer zeigt sich dasselbe Schema: bei dem WAS sind wir uns fast einstimmig einig, aber das WIE zerstreut die Einigkeit sehr schnell, denn bei dem WIE gehen wir zwangsläufig vom Status quo aus.

Im konkreten Falle der Chancengleichheit ist das deshalb einfach zu beantworten (siehe Abb. 5.3 auf S. 218). Es herrscht Einigkeit darüber, dass es *für alle* Schüler*innen mehr Chancengleichheit geben *muss*. Einige Lehrer*innen, insbesondere jene mit Lehreridentität, halten sich bei der Suche nach Lösungsansätzen nicht an Einzelbeispielen auf sondern verfolgen das »große Ganze« und schwimmen damit gegen den Strom der vielen WIEs an. Selbstverständlich möchte ich auch hier eine herzliche Einladung aussprechen und dafür werben

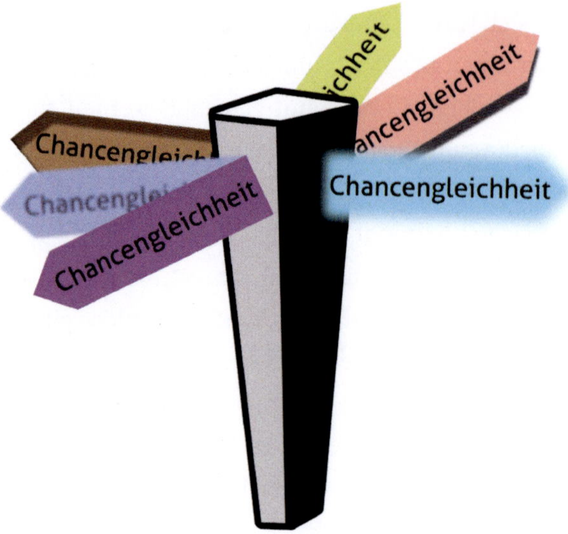

Abbildung 5.3: Wir sind uns oft einig um WAS es geht: Chancengleichheit. Nur WIE wir dorthin kommen zerstreut unsere Einigkeit. So ist es mit sehr vielen bildungspolitischen Themen und Inhalten in den Lehrerzimmern Deutschlands.

im Lehrerzimmer an diesen sehr interessanten Gesprächen teilzunehmen und einmal zu hören, wie der »innere« Blick auf diese Themen ist, denn in der Schule werden Themen wie Chancengleichheit, Inklusion und viele andere Themen wesentlich *ehrlicher* und *praxisbezogener* besprochen und diskutiert, als in der Bildungspolitik und in Talkshows mit nichtssagenden Bildern.

6 Ausblick: Was muss sich ändern?

Try again. Fail again. Fail better.

(Samuel Beckett, Wortward Ho)

Dieses Kapitel bildet den Schlussakkord dieses Buches und soll es deshalb einerseits harmonisch zu Ende bringen, aber auch die Dissonanzen und Spannungen abschließend aufzeigen. Ich möchte abschließend auf drei große Bereiche eingehen und anhand der Durchleuchtung dieser Beispiele aufzeigen, dass es große Ungleichgewichte in der Haltung vieler Lehrer*innen gibt, die dazu beitragen, dass unser Bildungssystem leider immer mehr Risse bekommt.

Zum Bildungsverständnis

Es ist vielleicht überflüssig zu betonen, aber Bildung und Unterhaltung unterscheiden sich fundamental voneinander (siehe Abb. 6.1).

Abbildung 6.1: Die größten Unterschiede zwischen Unterhaltung und Bildung einander gegenübergestellt.

Ich erwähne diesen Unterschied, weil ich ein *klares* Bildungsverständnis bei vielen Lehrer*innen vermisse. Erstaunlich viele Lehrer*innen haben sich in meinen Augen nur am Rande tiefgreifende Gedanken darüber gemacht, welche einzelnen Bildungsideale sie ihren Schüler*innen unbedingt »mitgeben« wollen – und in welchem Verhältnis ein solches Bildungsideal zu anderen Bildungsidealen überhaupt steht oder stehen kann. Als anschauliches Beispiel möchte ich kurz auf das Lesen eingehen.

Auf einer Fortbildung sagte mir eine Kollegin, wie wichtig sie es beispielsweise finde, dass die Schüler*innen lesen: »Egal was, Hauptsache sie lesen, lesen, lesen!« Die Formulierung ist natürlich unglücklich, denn wir alle wissen, dass Bildung nicht vom Lesen kommt, sondern vom Nachdenken über das Gelesene. Deshalb ist es natürlich auch nicht vollkommen egal, was gelesen wird. Allerdings kann man das wundervolle Bildungsideal der Kollegin trotz unglücklicher Formulierung sofort auf einer höheren Ebene erkennen. Als Lehrer*innen wissen wir, dass sich die Schüler*innen die meisten Informationen auf dieser Welt fast ausschließlich nur textuell erschließen können und dazu braucht es natürlich Lesekompetenzen! Nur: In welchem Verhältnis steht das große Bildungsideal Lesen zu anderen Bildungsidealen? Beispielsweise bin ich als Mathelehrer im Rahmen des bekanntesten Dreigespanns Mathe, Englisch, Deutsch sehr oft damit konfrontiert, darüber abzustimmen oder im Rahmen einer Beratung eine Empfehlung abzugeben, in welchen Bereichen eine Nachhilfe oder zusätzliche Förderung angeraten scheint.

Natürlich ist meine Aufgabe als Mathelehrer die Perspektive *meines* Faches abzubilden. Ich selbst sehe als Mathelehrer allerdings Rechenkompetenzen absolut eindeutig *nachrangig* gegenüber Lesekompetenzen an, da sich das Rechnen prozedural aus den Lesekompetenzen ableitet und nur durch deutlich vorhandene Lesekompetenzen auch rechnerische Grundlagen festigen lassen. Mit anderen Worten: wenn es zur Frage kommt, ob eine betroffene Schülerin Lese- oder Rechennachhilfe bekommen sollte, dann stimme ich fast immer für Lesenachhilfe – weil die Fähigkeit, eine Aufgabe *wirklich* durchdrungen zu haben, bedeutet, die Aufgabenstellung gelesen und verstanden zu haben. Dieser Leseprozess stellt *mindestens* die Hälfte des Bearbeitungs- und Lernprozesses sicher. Die »richtige« Reihenfolge des bekanntesten Dreigespanns ist *für mich* deshalb Deutsch, Mathe, Englisch. Diese Reihenfolge resultiert daraus, dass *auch ich* mir über »meine« Bildungsideale Gedanken gemacht habe und machen muss und so zu einem »ganzheitlichen« Bildungs*verständnis* komme, in dem klar wird, welche Inhalte und Aspekte einen Anteil an Bildung für meine Schüler*innen haben sollten. Ich benutze meine didaktischen Fähigkeiten und Kenntnisse nicht dazu, um klügere Tipps zu geben, die ausschließlich in die mathematische Richtung gehen – denn das wäre nur ein Tropfen auf den heißen Stein. Das Gegenteil ist der Fall: meine didaktischen Kenntnisse, Fähigkeiten und Erfahrungen kommen mir zugute, um »das große Ganze« zu verfolgen und an der Grundsteinlegung beteiligt zu sein, einen Lernerfolg nachhaltig und ganzheitlich möglich zu machen.

Erstaunlich viele Kolleg*innen betrachten ihre Tätigkeiten jedoch nur noch mit einem Tunnelblick und bestätigen damit, dass kein »großes Ganzes« als Ziel anvisiert ist und verfolgt wird – sondern, dass nur einzelne Symptome und Auffälligkeiten »behandelt« werden, ohne an Nachhaltigkeit und Ganzheitlichkeit orientiert zu sein.

Zur Lehrertätigkeit

Ich habe an vielen Stellen dieses Buches betont, dass leider immer noch sehr viele Kolleg*innen nicht verstanden haben, wie die *alltäglichen* Tätigkeiten in der Schule konkret aussehen und was diese insbesondere gedanklich bedingen und mit sich bringen. Den konkreten und praktischen Bereich unseres Berufes auszublenden oder nicht sehen zu können, stellt keinen »blinden Fleck« dar, sondern bestätigt, dass die eklatanten Rahmenbedingungen und sachlich-didaktischen Voraussetzungen nicht vorliegen, um gelungen und erfolgreich als Lehrer*in tätig zu sein.

Um die konkreten Lehrertätigkeiten klar zu erkennen, reicht noch einmal ein wiederholender und abschließender Blick auf die Bereiche Erziehung, Beziehung und Bildung. Im Grunde lassen sich alle inhaltlichen Gedanken zu den

Bereichen Beziehung, Erziehung und Bildung allgemeinpädagogisch in einer besonders einfachen und verkürzten Form darstellen: im sogenannten »didaktischen Dreieck« (siehe Abb. 6.2).

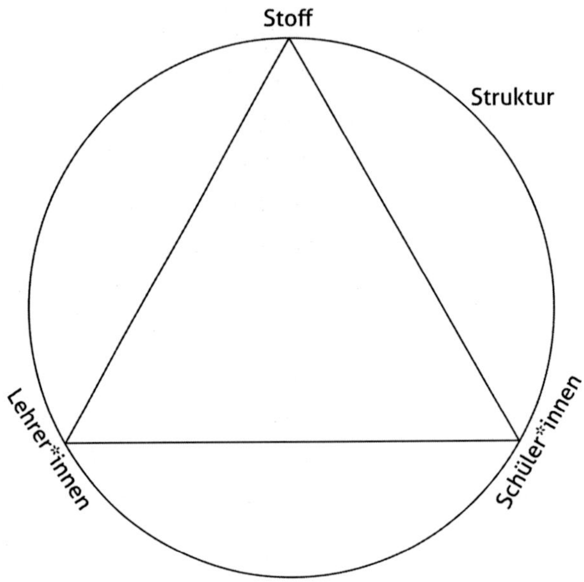

Abbildung 6.2: Das didaktische Dreieck: die reduzierteste Darstellung des Zusammenspiels von Lehrer*innen, Schüler*innen und dem Unterrichtsstoff.

Das didaktische Dreieck zeigt uns auf einfache Art und Weise das Zusammenspiel zwischen Lehrer*innen, Schüler*innen und dem unterrichtlichen Inhalt – umgeben von einem strukturellen Rahmen. Die Einfachheit der Darstellung birgt gleichzeitig die Vielschichtigkeit aller Erklärungsansätze und zeigt uns damit, was alles, »Konkretes« auf uns wartet: nämlich ein umfassendes Gebilde.

Als Lehrer*innen stehen wir in ständiger Beziehung zu unseren Schüler*innen. Das ist nicht nur auf der Meta-Ebene wichtig, um besseren Unterricht zu planen und durch ein »Kennen« meiner Schüler*innen die Lernausgangslage deutlich vor Augen zu haben, sondern vielmehr für mein eigentliches Unterrichten. Alle Inhalte, die in der Schule transportiert werden, werden hauptsächlich *über die Beziehungsebene* transportiert und nicht nur durch bloßes Gerede. Die Beziehung zwischen Lehrer*innen und ihren Schüler*innen zeigt sich also in der menschlichen Präsenz, dem Nähe-Distanz-Verhältnis und der inhaltlichen Zu- und Abgewandtheit. Die Beziehungsebene zu den Schüler*innen ermöglicht allerdings gleichzeitig auch eine Erziehungsebene. Nur wer in Beziehung zu seinem menschlichen Gegenüber tritt und sich seiner annimmt, sich auf sein Gegenüber einlässt und an sein Gegenüber glaubt, ist an einem erfolgreichen Erziehungsprozess beteiligt. Eine solche Erziehungsarbeit funktioniert nicht ohne Beziehungsebene – schlicht und ergreifend bereits aus dem Grund, dass man durch das bloße »Kennen« seines Gegenübers wissen muss, welche Erziehungsmaßnahmen geeigneter oder ungeeigneter sind, als andere.

Die Lehrer*innen müssen zugleich aber auch mit dem Stoff in Kontakt kommen, denn der Inhalt muss sorgfältig ausgewählt und für die Schüler*innen elementarisiert, differenziert, strukturiert, kurzum aufgearbeitet werden. Das erfordert nicht nur eine Beziehungsebene als Grundlage, um Inhalte gezielter und damit besser auszuwählen, sondern vor allem auch die Bereitschaft, die Inhalte meinen Schüler*innen entsprechend anzupassen und nicht meine Schüler*innen auf Biegen und Brechen dazu zu bringen, sich mit Inhalten und Materialien zu beschäftigen, die kaum oder gar nicht auf sie zugeschnitten sind.

Hier kommt der Kontakt zwischen den Schüler*innen und dem Stoff ins Spiel. Die Schüler*innen können zwar mit jedem x-beliebigen Material in Kontakt kommen und in eine Konfrontation gehen, allerdings werden sie es lieber, einfacher, interessierter und damit erfolgreicher tun, wenn das Material so ausgewählt ist, dass es einerseits sie selbst anspricht, interessiert und begeistert und andererseits gleichzeitig zur Lehrkraft passt – damit auch klar ist, dass diese problemlos Bezug dazu nehmen kann und eine gemeinsame Erarbeitung viel leichter fällt. Fast jeder von uns hat schon Mal die Erfahrung gemacht, dass man Material durch einen Lehrer oder eine Lehrerin bekommen hat, bei dem *sofort* klar war, dass sie oder er noch nicht einmal *wirklich* drübergeschaut haben. Vielen Kolleg*innen fehlt es leider immer noch an einfachen Grundüberlegungen zu diesem Zusammenspiel. Das wird mir beispielsweise dann immer wieder deutlich, wenn Kolleg*innen davon sprechen, dass sie *ausschließlich* mit Buch und Heft arbeiten und etwas verwundert sind, dass der Unterricht »so zäh« vonstatten geht. Es ist natürlich klar, dass man sich nicht immer die Mühe machen muss, Material selbst zu erstellen. Aber ein vollständiger Verzicht darauf heißt gleichzeitig auch vollständiger Verzicht auf viele Möglichkeiten, die Beziehungsebene gezielt »auszunutzen«, damit das Material und der Stoff so ausgewählt werden kann, dass der Unterricht *eben nicht* so zäh wird.

Mit Blick auf die Lehrer*innen vor dem Hintergrund der eingesetzten Unterrichtsmaterialien gibt es drei Aspekte zu beachten (Grundstruktur abgewandelt nach Michael WINTERHOFF):

1. Eine »gute« Lehrkraft, im Sinne einer qualitativen Einschätzung vor sich selbst, bringt auch mit »schlechten« Ressourcen oder nicht-vorhandenen Unterrichtsmaterialien den Lerngruppen viel bei und sorgt damit für einen Lernzuwachs und eine nachhaltige, inhaltliche Vertiefung.

2. Der Unterricht einer »schlechten« Lehrkraft wird auch durch »gute« Ressourcen und Unterrichtsmaterialien kaum besser.

3. Sogar das beste zur Verfügung stehende Lehrmaterial ist ohne professionelle Lehrer*innen im Grunde nutzlos. Ausnahmen bilden natürlich diejenigen Lehrmaterialien, die durch Lehrer*innen gezielt ausgewählt und aufbereitet wurden, *um ohne* Lehrkraft damit zu arbeiten – ich denke hier konkret an Hausaufgaben.

Viele Lehrer*innen machen sich auch dazu schlicht und ergreifend viel zu wenig Gedanken und entwickeln deshalb folglich auch keine Haltung zu diesen Aspekten, was sich in der konkreten und praktischen Lehrtätigkeit dadurch zeigt, dass viele unterrichtliche Phasen im Vergleich zu durchdachten Phasen extrem defizitär und anfällig sind.

Zur Frage nach sich selbst

Im Zentrum einer *professionellen* Lehrertätigkeit steht letztlich das Zusammenspiel von einer ganzen und individuellen Persönlichkeit, Kompetenzen, Performanzen und Haltungen – in Hinblick auf die Schüler*innen, das Fach, die Didaktik und die Pädagogik als Ganzes.

Dieses Zusammenspiel ist das, was ich »Lehreridentität« nenne und was ich in diesem Buch immer wieder versucht habe, in allen Facetten aufzuklären und zu durchleuchten. Wer keine Lehreridentität besitzt, wer nicht für seinen Beruf brennt und sich nichts anderes vorstellen kann, wer nicht rastlos bleiben kann, wenn es um die ihm anvertrauten Schutzbefohlenen und Schüler*innen geht, der wird über kurz oder lang nicht erfolgreich oder geschweige denn glücklich im Lehrerberuf bestehen können.

Was sich wie eine Drohung liest, die abschreckend auf unseren Beruf wirken soll, ist überhaupt nicht so gemeint. Ganz im Gegenteil: Mir geht es um die abschließende Frage nach sich selbst.

In Deutschland ist es nämlich leider so, dass man in fast allen Bundesländern ohne großartige Hürden in das Lehramtsstudium kommt und dieses mehr oder weniger problemlos absolvieren kann. Ich finde das aus mehreren Gründen schade bis zum Teil verheerend und meine ganz konkret diese Punkte:

- Die extrem niedrigen Hürden zeigen, dass es offenbar gewollt ist, »alles und jeden« anzuziehen und für das Lehramt zu gewinnen. Das führt nicht nur *vollkommen* an allen bisherigen Überlegungen vorbei, sondern zeigt insbesondere, dass jahrelang auf Quantität statt Qualität gesetzt wurde. Im Zuge des aktuellen Lehrermangels ist sogar deutlich zu erkennen, dass auch dieser Ansatz an fast allen Universitäten Deutschlands nicht mal besonders clever gewesen ist. Dazu gehört auch, dass jetzt tausende von Seiten- und Quereinsteiger*innen plötzlich das machen sollen, wofür andere zumindest einen fast hürdenlosen Studienweg hinter sich bringen mussten.

- Die wenigen Hürden, die dann allerdings doch hin und wieder vorhanden sind, sind alle »fachlicher« Natur. Damit ist der Schwerpunkt für die Zulassung zur Lehrerausbildung dahin verschoben, dass eine vorhandene »Grundfachlichkeit« dazu führt, in das Studium zu kommen oder das Studium nicht bestehen zu können. Beispielsweise braucht man vielerorts mindestens *X* Punkte im Mathematik-Leistungskurs, wenn man Mathematik als Unterrichtsfach in die Fächerkombination einbringen möchte. Das ist eine kleine Katastrophe, denn wie ich bereits gezeigt habe, ist die vorhandene Fachlichkeit *nachrangig* gegenüber menschlich-sozialen, pädagogisch-psychologischen Fähigkeiten, sich auf seine Schüler*innen einzulassen. Bindung geht vor Bildung – und das heißt, dass wir *insbesondere auf der Ebene der Lehrer*innen* darauf achten müssen, dass die Bindungsfähigkeiten und alles was damit zusammenhängt, den Schwerpunkt bilden und nicht vorrangig deren Fachlichkeit.

- Sofern man ins Studium gekommen ist, konnte es bis vor kurzem sogar passieren, dass man je nach Studienort *ohne ein einziges Praktikum* das komplette (!) Lehramtsstudium beendet hat und nach der Studienzeit zum ersten Mal vor einer Klasse stand. Diese Praxis hat an allen bekannteren Universitäten zwar ein Ende gefunden, aber man denke nur an *Generationen* von Absolvent*innen, die erst nach vier bis fünf Jahren die praktische Gelegenheit bekommen, herauszufinden, ob das »ihr Ding« ist oder nicht – und an die Generationen von Schüler*innen, die dann diese Leute vor sich stehen haben.

- Die persönlichen Begegnungen an der Universität führen leider auch nicht zu einer besseren Auslese, denn das System ist nicht darauf ausgelegt darauf zu achten, was für »Typen« durchkommen oder nicht. Damit meine ich einen einfachen Punkt. Es könnte ja sein, dass man wider Erwarten Lehrveranstaltungen bei Dozenten hat, die hauptberuflich Lehrer*innen sind und nebenberuflich an der Universität tätig. Wenn diese Dozenten mich nun ansprechen und mir sagen, dass sie mich aus bestimmten Gründen für den Lehrerberuf ungeeignet finden, dann hat das in Deutschland keine Konsequenzen. Ich kann schlicht und ergreifend die Dozent*innen wechseln und komme dann halt bei jemand anderem »durch«.

Ich könnte diese Liste fortführen, aber ich denke, das größte Defizit ist klar geworden – die eben erwähnte *Frage nach sich selbst.* Deutschlands Universitäten achten nicht auf die individuellen Persönlichkeiten, die sich für ein Lehramtsstudium einschreiben und animieren sie höchstens dazu, einen Selbsttest oder verschiedene Assessments abzulegen. Ihnen bleibt nichts anderes, denn viele der zwischenmenschlichen Aspekte, Feinheiten und Nuancen sind natürlich nicht zweifelsfrei und ohne Weiteres überprüfbar – allerdings ist eine völlige Freiwilligkeit wirklich ein Armutszeugnis.

Es fehlt in Deutschland an einer Konfrontation der angehenden Lehrer*innen, die bei der Frage nach sich selbst in sich hineinhören müssen:

- Will ich das? Will ich das wirklich? Ist das Lehramt mein Traum, meine wahrhaftige und innere berufliche Verwirklichung? Oder geht es mir nur um einen Plan G auf meiner Liste, um nicht ohne etwas dazustehen oder vielleicht sogar von meinen Eltern enterbt zu werden?

- Habe ich mich schon immer zu einer Lehr-Lern-Situation hingezogen gefühlt und das Bedürfnis verspürt mit anderen in einen nachhaltigen, beziehungsbasierten und verbindlichen Kontakt zu kommen?

- Gibt es in meiner Gedankenwelt Bildungsideale, die ich verfolge? Oder ein weitreichendes und zusammenfassendes Bildungsverständnis, um das es mir geht?

- Wie fühle ich mich bei Gedanken an unser Bildungssystem und unsere Bildungspolitik? Habe ich das Bedürfnis in der konkreten unterrichtlichen Praxis etwas zu verändern oder zu verbessern?

- Sehe ich mich in der Schule als jemanden, der den Schüler*innen zugewandt ist und ihnen das Gefühl geben kann, dass sie *gesehen* werden?

- Besitze ich eine Lehreridentität, die dazu führt, dass es für mich beruflich nicht mal im Traum einen anderen Ort gäbe als die Schule?
- *Bin* ich Lehrer*in oder arbeite ich nur als eine(r)?

Mir bleibt an dieser Stelle nichts anderes, als allen Lehrer*innen zu sagen: Stellen Sie sich selbst diese Fragen! Vor allem dann, wenn Sie überlegen Lehrer*in zu werden. Fühlen, hören und horchen Sie in sich hinein, denn es ist keine Schande und auch nicht schlecht, zu erkennen, dass eine Lehreridentität fehlt, sondern die Gelegenheit eine irrtümliche Weichenstellung zu korrigieren und sich dadurch sozusagen »selbst zu retten«.

Trotzdem kann und sollte diese Selbstrettung aber nur ein Nebenziel sein. Wir sollten nämlich das Allerwichtigste nicht vergessen: unsere Schüler*innen. Die Schüler*innen haben schließlich nichts Geringeres verdient, als dass jemand vor ihnen steht, der nirgends sonst lieber sein möchte, als bei ihnen.

Danksagungen

Trotz der Widmung möchte ich einigen Personen ganz deutlich meinen Dank sagen und sozusagen »den Kreis schließen«, denn durch insbesondere diese Einflüsse bin ich zu dem Lehrer geworden, der ich bin.

Mein allererster Dank geht an meine engagierten, überaus humorvollen und fantastischen Kollegen Frau Theresia Katharina Ellebracht und Herrn David Mautz. Ihr habt dieses Manuskript gelesen und diverse Ideen mit mir besprochen, eine Vorabkorrektur erstellt und mir damit gleichzeitig viele wertvolle Impulse gegeben. Insbesondere möchte ich dir, liebe Katja, danken: für deine Ruhe, Herzlichkeit, deine Lehrerzimmer-Tischnachbarschaft und dein Vorbild als Lehrerin. Du hast positiven Einfluss auf mich und wir haben hoffentlich noch viele interessante und lustige Stunden an unserem Tisch!

Ein herzlicher Dank gilt auch an die von mir ausgebildeten Referendar*innen: Ann-Christin, Hilke, Seval und Cevahir. Euch auszubilden hat mir nicht nur unendlich viel Spaß gemacht, sondern insbesondere hat der Austausch mit euch auch bei mir viel Eigenreflexion ausgelöst. Hierbei stecht ihr beide hervor: Seval und Cevo! Ich freue mich, dass ihr zu solch tollen, engagierten und warmherzigen Kollegen geworden seid und mit euch zusammen zu arbeiten, ist für mich eine große Freude.

Liebe W.F. († 03|2016) – durch dich habe ich endlich eine Mitstreiterin in der Sache gefunden, um die sich dieses Buch dreht: nämlich, dass Bindung *vor* Bildung kommt. Du hast mit mir tagtäglich versucht, für »unsere« Kinder da zu sein, die Kinder in der Schule so zu nehmen wie sie sind, mit den Kindern mitzufühlen aber sich gleichzeitig auch abgrenzen zu müssen. Du hast mir gezeigt, wie man mit Wärme in der Stimme die Stimmung einer Stunde verändern kann und wie Ruhe auf Schülerinnen und Schüler abstrahlt. Dass ich dich kennenlernen durfte, hat in mir die innere Überzeugung geschaffen, dass die Fokussierung auf die Beziehungsebene die Lehrer-Seele sozusagen auch »heilen« kann. Deine Größe und dein Anmut werden in der Schule fehlen und eine Lehrerin wie dich wird es leider nie mehr geben. Es ärgert mich und macht mich traurig, leider nie wieder mit dir zusammenarbeiten zu können – wenn du nur wüsstest, wie viele coole und tolle Dinge du verpasst. Danke, dass du mir die menschliche Seite des Lehrerberufes vorgelebt hast, dass ich meine Schülerinnen und Schüler dank dir noch ganzheitlicher sehe, dass du mein Potenzial erkannt hast und Danke für jede einzelne Stunde, die ich mit dir gemeinsam professionell-kollegial aber auch menschlich verbringen durfte! Du fehlst mir sehr. Du fehlst mir vor allem immer dann, wenn ich in einer Teamteaching-Situation unterrichte: ich wünsche mir jedes Mal, du wärst auch mit im Klassenraum.

Herzlichsten Dank auch an Herrn Prof. Dr. Karlo Meyer – meine hervorragende universitäre Ausbildung habe ich zu einem sehr großen Teil dir zu verdanken. Von dir konnte ich lernen, wie fachliche Inhalte tagtäglich im Unterricht vonnöten sind. Das ist insbesondere in allen anregenden Diskussionen, gemeinsamen Veröffentlichungen, Projekten, Treffen und Telefonaten mit dir deutlich geworden.

Großer Dank geht auch an meinen brüderlich-verbundenen Freund Herrn Martin Rischer – dein Unterricht und deine menschliche Zugewandtheit haben den Lehrer-Wunsch meinerseits schon als Schüler bestärkt und verfestigt und in mir die Leidenschaft zur Musik ausgelöst.

Vielen Dank auch an meinen Freund und Kollegen Herrn Vladimir Devakov – für die unendlich vielen Gesprächsrunden über den spirituellen Aspekt unseres Traumberufs! Viele Ideen, die ich in diesem Buch notiert und diskutiert habe, haben wir so oder so ähnlich angestoßen und biblisch, koranisch und ethisch ausdiskutiert.

Das größte Dankeschön bekommen natürlich meine Schülerinnen und Schüler – ich kann und darf eure Namen nicht alle hier aufzählen, aber ihr seid das Schönste an diesem Beruf! Wenn es euch nicht gäbe, gäbe es mich in der Schule nicht. Jeder einzelne von euch hat mir ein Lächeln, ein Schmunzeln, eine pulsierende Ader und eine Grimasse aufs Gesicht gezaubert. Ich freue mich auf viele Jahre mehr mit meinen Schülerinnen und Schülern und hoffe, ihr habt wenigstens *eine einzige Sache*, die ich erwähnt habe, für euer Leben gebrauchen können und könnt das auch weitergeben. Ich hoffe, ihr findet eine Beschäftigung und einen Inhalt für euer Leben, der euch glücklich macht und ich hoffe, ihr schaut irgendwann auf eure Schulzeit zurück und erkennt, dass es Lehrer*innen gab, die sich um euch bemüht haben – einfach, weil ihr ihnen wichtig seid. Bei einigen von euch habe ich das Gefühl, dass auch ihr für diesen Beruf gemacht seid. Sucht euch also »euren« Beruf und habt Freude daran und bitte, teilt es mir mit! Es klingt langweilig, aber ich wünsche euch allen dasselbe: Ich wünsche euch ein wunderschönes Leben.

Abschließend und an wichtigster Stelle: Mira, Yiva und Yasha Yanık! Ihr drei habt mich ganz praktisch mit eurer Lebensfreude unterstützt und einen geduldigeren, glücklicheren und hoffentlich auch liebenswerteren Menschen aus mir gemacht, was mich wiederum *auf jeden Fall* zu einem besseren Lehrer gemacht hat. Ich hoffe, auch ihr konntet einen ganz neuen Einblick in meine Berufswelt bekommen. Vor allem dir, Mira, möchte ich Danke sagen, denn deine psychologisch-psychotherapeutische Sichtweise auf viele Situationen hat dazu geführt, dass ich mir Fachliteratur aus diesem Bereich mit großer Freude angeschaut habe und einen Gewinn daraus ziehen konnte.

Kızım ve oğlum, size ayrıyetten de söyleyeceğim var: inşallah sizin öğretmenleriniz size nasıl davranacağını bilir ve bütün çocukları insan olarak değerli görürler. Umarım hoşça ve mutluluk ile okulu başarırsınız. Kalbimden size bol şanslar dilerim. Eğitim önemli – onun için bu sözü unutmayın: okumaktan daha güzel bir şey var mı?

Literaturverzeichnis

Asadullah, M. Niaz (2005): »The effect of class size on student achievement: Evidence from Bangladesh«. In: *Applied Economics Letters* 12.4, S. 217–221.

Auernheimer, Georg (1996): »Interkulturelle Erziehung – Eine Replik auf die Thesen von F.-O. Radtke.« In: *Zeitschrift für Pädagogik, Bd* 42, S. 425–430.

Avenarius, Hermann und Bernd Jeand' Heur (1992): *Elternwille und staatliches Bestimmungsrecht bei der Wahl der Schullaufbahn: die gesetzlichen Grundlagen und Grenzen der Ausgestaltung von Aufnahme- bzw. Übergangsverfahren für den Besuch weiterführender Schulen.* Berlin: Duncker und Humblot.

Baumann, Sigurd (2018): *Psychologie im Sport.* Meyer & Meyer.

Baumert, Jürgen, Kai Maaz und Ulrich Trautwein (2010): *Bildungsentscheidungen.* Zeitschrift für Erziehungswissenschaft, Sonderheft 12. Wiesbaden: VS, Verl. für Sozialwiss.

Beuttler, Holger (2018): »Lehrer ohne Lehramtsstudium«. In: *Nachrichten aus der Chemie* 66.2, S. 140–144.

Böhm, Thomas (2017): *Nein, du gehst jetzt nicht aufs Klo! - Was Lehrer dürfen: Der Experte für Schulrecht hilft bei allen kniffligen Lehrerfragen.* mvg Verlag.

Brahm, Grit im (2006): »Klassengröße: eine wichtige Variable von Schule und Unterricht?« In: *bildungsforschung* 3.1. Online abrufbar unter `https://bit.ly/39jAltL`, zuletzt abgerufen am 27.03.2020.

Caspari, Daniela (2018): »Zur Professionalisierung von Fremdsprachenlehrpersonen - Überlegungen im Kontext von Quer-und Seiteneinstieg«. In: *Rolle und Professionalität von Fremdsprachenlehrpersonen – Arbeitspapiere der 38. Frühjahrskonferenz zur Erforschung des Fremdsprachenunterrichts.* Hrsg.

von Eva Burwitz-Melzer, Claudia Riemer und Lars Schmelter. Tübingen: Gunter Narr Verlag, S. 32–43.

Christ, Oliver (2004): *Psychosomatische Erkrankungen bei Lehrerinnen und Lehrern*. Schattauer Verlag.

Destatis (2020): *Lehrkräfte nach Schularten und Beschäftigungsumfang*. Online abrufbar unter `https://bit.ly/2xjtKlX`, zuletzt abgerufen am 26.02.2020.

Di Vesta, Francis J. und George G. Thompson (1970): *Educational Psychology: Instruction and Behavorial Change*. Ardent Media.

Dick, Rolf van (2015): »Alles fließt (oder korreliert): erste Befunde im Callcenter, bei Lehrern und Fusionsbetroffenen«. In: *Stress lass nach!* Springer, S. 35–46.

Ekici, Gülay (2008): »Sınıf yönetimi dersinin öğretmen adaylarının öğretmen öz-yeterlik algı düzeyine etkisi«. In: *Hacettepe Üniversitesi Eğitim Fakültesi Dergisi* 35.35, S. 98–110.

Ernst, Franklin H. (1971): »The OK Corral: The Grid for Get-On-With«. In: *Transactional Analysis Journal* 4, S. 231–240.

Fabel-Lamla, Melanie und Nicole Welter (2012): »Vertrauen als pädagogische Grundkategorie«. In: *Zeitschrift für Pädagogik* 58.6, S. 769–783.

Freytag, Hans Ludwig (1969): *Schulwahl und Schulsystem: modelltheoretische Entwürfe, verlaufsstatistische Analysen*. Bildung in Zahlen: Modelle, Prognosen, Alternativen. Weinheim [u.a.]: Beltz.

Fürst, Fabian (2018): *Burnout bei Lehrkräften: Theorie-Ursachen-Prävention-Intervention*. Tectum Wissenschaftsverlag.

Gaertner, Elena (2016): *Klassenführung als Ressource für die Lehrergesundheit: Eine salutogene Interventionsstudie mit erfahrenen Lehrkräften*. Bd. 29. Herbert Utz Verlag.

Gängler, Hans und Thomas Markert (2010): »Hausaufgaben. Ein Auslaufmodell im Zeitalter der Ganztagsschulen«. In: *Schulmanagement* 3, S. 14–17.

Golluch, Norbert (2017): *Das Survival-Handbuch für Lehrer: Entspannt von Ferien zu Ferien*. Riva.

Goodlad, John I. u. a. (1990): *The moral dimensions of teaching.* John Wiley & Sons.

Gürster, Martina (2009): *Mitarbeitermotivation. Die Bedürfnispyramide nach Abraham H. Maslow.* Düsseldorf: Fachhochschule Düsseldorf.

Haase, Klaus C. (1968): *Die deutsche Hochsprache im Unterricht: Stimme und Sprache von Lehrer und Schüler.* 2., durchges. Aufl. Kiel: Hirt.

Halbfas, Hubertus (2012): *Religiöse Sprachlehre: Theorie und Praxis.* Ostfildern: Patmos Verlag.

Hedderich, Ingeborg (2016): »Lehrergesundheit im Kontext schulischer Inklusion«. In: *Prävention und Gesundheitsförderung* 11.1, S. 34–39.

Hennig, Gudrun und Georg Pelz (2002): *Transaktionsanalyse: Lehrbuch für Therapie und Beratung.* Junfermann Verlag GmbH.

Hillert, Andreas (2013): »Psychische und psychosomatische Erkrankungen von Lehrerinnen und Lehrern«. In: *Belastung und Beanspruchung im Lehrerberuf.* Springer, S. 137–153.

– (2015): »Lehrergesundheit - individuelle und systemische Aspekte zwischen Flow und Burnout: berufsbezogene Präventions-und Behandlungsansätze und die Rolle des Amtsarztes«. In: *Das Gesundheitswesen* 16.04, S. 16–V36.

Hillert, Andreas, Stefan Koch und Dirk Lehr (2013): »Das Burnout-Phänomen am Beispiel des Lehrerberufs«. In: *Der Nervenarzt* 84.7, S. 806–812.

Hillert, Andreas, Kristina Lüdtke u. a. (2016): *Lehrergesundheit: AGIL-das Präventionsprogramm für Arbeit und Gesundheit im Lehrerberuf.* Schattauer Verlag.

Horn, Dietrich von (2013): *111 Gründe, Lehrer zu sein: Eine Hommage an den schönsten Beruf der Welt.* Schwarzkopf und Schwarzkopf.

Imgrund, Bettina (2015): *Lehrertypen und Unterrichtsqualität im Fremdsprachenunterricht: Multiperspektivische Fallstudien zur Kompetenzentwicklung und Kompetenzerleben im Französischunterricht.* Fachportal Pädagogik.

Ingenkamp, Karlheinz, Hanns Petillon und Manfred Weiss (1985): *Klassengröße: Je kleiner, desto besser?: Forschungs-und Diskussionsstand zu Wirkungen der Klassenfrequenz.* Beltz.

JEPSEN, Christopher und Steven RIVKIN (2009): »Class size reduction and student achievement the potential tradeoff between teacher quality and class size«. In: *Journal of human resources* 44.1, S. 223–250.

JUNGBAUER, Johannes und Sebastian EHLEN (2015): »Stressbelastungen und Burnout-Risiko bei Erzieherinnen in Kindertagesstätten: Ergebnisse einer Fragebogenstudie«. In: *Das Gesundheitswesen* 77.06, S. 418–423.

KÄSER, Udo und Jennifer WASCH (2011): »Burnout bei Lehrerinnen und Lehrern. Eine Evaluation theoretischer Erklärungsmodelle«. In: *Bildung und Erziehung* 64.3, S. 325–342.

KNOLL, Ulrich (2014): *Schuljahr: Der ganz normale Wahnsinn: Erlebnisse eines Schulleiters*. Schwarzkopf und Schwarzkopf.

– (2015): *33 Lehrer, mit denen ihr Kind rechnen muss: Typen, Tipps & Tücken - Das Buch für eine glückliche Schulzeit*. Schwarzkopf und Schwarzkopf.

– (2017): *Live aus dem Klassenzimmer: Was in der Schule wirklich abgeht*. Goldegg Verlag.

KORNECK, Friederike u. a. (2010): »Quereinsteiger in das Lehramt Physik–«. In: *Lage und Perspektiven der Physiklehrerausbildung in Deutschland. Bad Honnef: DPG.*

LEHR, Dirk u. a. (2016): »Occupational eMental Health in der Lehrergesundheit«. In: *Prävention und Gesundheitsförderung* 11.3, S. 182–192.

LEIBOLD, Jürgen und Steffen KÜHNEL (2006): »Islamophobie. Differenzierung tut not«. In: *Deutsche Zustände*. Hrsg. von Wilhelm HEITMEYER. Frankfurt am Main: Suhrkamp. Kap. Folge 4, S. 135–156.

LEISEN, Josef (2010): *Handbuch Sprachförderung im Fach: sprachsensibler Fachunterricht in der Praxis; Grundlagenwissen, Anregungen und Beispiele für die Unterstützung von sprachschwachen Lernern und Lernern mit Zuwanderungsgeschichte beim Sprechen, Lesen, Schreiben und Üben im Fach*. Bonn: Varus-Verl.

LINDE, Désirée (2016): *Pädagogen-Burnout vermeiden: Selbsthilfe für gestresste Lehrer*. Springer-Verlag.

LUTHER, Martin (2009): *D. Martin Luthers Werke: kritische Gesamtausgabe.* Hrsg. von Ulrich KÖPF. Deutsches Sachregister zur Abteilung Schriften: Band 1 - 60. Weimar: Böhlau.

MAIO, Gregory R. (2017): *The psychology of human values.* A psychology press book. London: Routledge, Taylor und Francis Group.

MASLOW, Abraham Harold (1943): »A theory of human motivation.« In: *Psychological review* 50.4, S. 370.

– (1981): *Motivation und Persönlichkeit.* 15. Auflage. Reinbek bei Hamburg: Rowohlt Taschenbuch.

MERGEL-HÖLZ, Hildegard und Jochen WILLERSCHEIDT (2010): »Beziehungsarbeit in der Schule-eine täglich neue Herausforderung: Psychoanalytisches Supervidieren für den schulischen Bereich«. In: *Zeitschrift für Individualpsychologie* 35.4, S. 378–391.

MILSTER, Julia-Josefine und Volkhard NORDMEIER (2016): »Qualifizierung von Quereinsteiger* innen im Master of Education«. In: *PhyDid B-Didaktik der Physik-Beiträge zur DPG-Frühjahrstagung.*

MOCKRIDGE, Luke (2014): *Mathe ist ein Arschloch: Wie (m)ich die Schule fertigmachte.* Kindle Edition.

NAROWSKI, Claus (1974): *Vertrauen: Begriffsanalyse und Operationalisierungsversuch.* W. Blasaditsch.

NIGGLI, Alois, Ulrich TRAUTWEIN und Inge SCHNYDER (2010): »Die Rolle der Lehrpersonen bei den Hausaufgaben«. In: *Empirische Pädagogik* 24.1, S. 42–54.

NILSHON, Ilse (1999): »Hausaufgaben und selbständiges Lernen«. In: *Projektheft des Projekts »Lebenswelten als Lernwelten«.*

NYE, Barbara, Larry V. HEDGES und Spyros KONSTANTOPOULOS (2000): »The effects of small classes on academic achievement: The results of the Tennessee class size experiment«. In: *American Educational Research Journal* 37.1, S. 123–151.

OECD (2018a): *Education at a Glance 2018.* Online abrufbar unter https://bit.ly/39kUJee, zuletzt abgerufen am 27.03.2020. OECD Publishing.

– (2018b): *Equity in Education: Breaking Down Barriers to Social Mobility.* Online abrufbar unter: `https://bit.ly/39fIwHq`, zuletzt abgerufen am 07.11.2018. Paris: OECD Publishing.

– (2018c): *The Resilience of Students with an Immigrant Background.* Online abrufbar unter `https://bit.ly/2QEpmVq`, zuletzt abgerufen am 23.03.2020. OECD Publishing.

Öğülmüş, Selahattin und Servet Özdemir (1995): »Sınıf ve okul büyüklüğünün öğrenciler üzerindeki etkisi«. In: *Kuram ve Uygulamada Egitim Yönetimi Dergisi* 1.2, S. 261–273.

Omer, Haim, Nahi Alon und Arist von Schlippe (2016): *Feindbilder–Psychologie der Dämonisierung.* Vandenhoeck & Ruprecht.

Omer, Haim und Arist Von Schlippe (2015): *Autorität durch Beziehung: die Praxis des gewaltlosen Widerstands in der Erziehung.* Vandenhoeck & Ruprecht.

Peschel, Markus und Alexander Koch (2014): *Lehrertypen - Typisch Lehrer? Clusterungen im Projekt SUN.* Bd. 34. Gesellschaft für Didaktik der Chemie und Physik. Kiel: IPN.

Poschkamp, Thomas (2019): *Ausgebrannt!: Burnout erkennen, heilen, verhindern.* Verlag Ferdinand Schöningh.

Rademacher, Kevin Callahan andJoyce und Bertina Combes (1998): »The effect of parent participation in strategies to improve the homework performance of students who are at risk«. In: *Remedial and Special Education* 19.3, S. 131–141.

Reason, James T. (2009): *Human error.* Cambridge [u.a.]: Cambridge Univ. Press.

Rogers, Carl Ransom (1970): *Carl Rogers on encounter groups.* HarperCollins.

– (1976): *Entwicklung der Persönlichkeit (On becoming a person). Psychotherapie aus d. Sicht eines Therapeuten.* Stuttgart: Klett.

– (1995): *On becoming a person: A therapist's view of psychotherapy.* Houghton Mifflin Harcourt.

Sahrakhiz, Sarah, Matthias Witte und Marius Harring (2016): *Nähe und Distanz in der Lehrersprache – eine Konversationsanalyse am Beispiel Drau-*

ßenschule und Klassenzimmer. Baltmannsweiler: Schneider Verlag Hohengehren GmbH.

SALDERN, Matthias von (2011): *Klassengröße: Über ein vernachlässigtes Merkmal*. BoD - Books on Demand.

SCHNEIDER, Markus und Heiko ZIEMAINZ (2015): »Burnout im Sportlehrerberuf Ursachen und Präventionsmaßnahmen«. In: *Gute Vorsätze: Schulsportbezug und Praxisnähe*, S. 15.

SCHOCH, Simone (2017): *Gesundheit im Lehrberuf: Von Belastungen und Ressourcen zu gesundheitsfördernden Massnahmen*. Online abrufbar unter `https://bit.ly/3bmcgUu`, zuletzt abgerufen am 23.03.2020.

SCHRADER, Friedrich-Wilhelm u. a. (2001): »Klassengröße und Mathematikleistung«. In: *Empirische Pädagogik* 15.4, S. 601–625.

SCHUCHART, Claudia, Ursula SCHULZECK und Oliver BÖHM-KASPER (2007): *Kontexte von Bildung: erweiterte Perspektiven in der Bildungsforschung*. Münster [u.a.]: Waxmann.

SCHUKAJLOW, Stanislaw und Werner BLUM (2011): »Zum Einfluss der Klassengröße auf Modellierungskompetenz, Selbst-und Unterrichtswahrnehmungen von Schülern in selbständigkeitsorientierten Lehr-Lernformen«. In: *Journal für Mathematik-Didaktik* 32.2, S. 133.

SCHULTZ, Tina (2017): *Das gesundheitsbezogene Selbstkonzept von deutschen und indischen Lehrkräften und dessen Bedeutung für die Lehrergesundheit*. Greifswald: Ernst-Moritz-Arndt-Universität.

SCHULZE, Henning und Klaus SEJKORA (2017): »Wertschätzende Führung durch Beziehungsgestaltung mit „Landkarten "aus der Transaktionsanalyse«. In: *Eigenschaften und Kompetenzen von Führungspersönlichkeiten*. Springer, S. 91–116.

SCHUMACHER, Lutz u. a. (2006): *Lehrergesundheit-Baustein einer guten gesunden Schule. Impulse für eine gesundheitsfördernde Organisationsentwicklung*. Hamburg: Deutsche Angestellten Krankenkasse (DAK).

Siemann, Christiane (2018): »Hochqualifizierte Migranten sind wenig begehrt«. In: *Jobware*. Online abrufbar unter `https://bit.ly/2xWc2VI`, zuletzt abgerufen am 22.11.2018.

Singer, Kurt (2000): *Wenn Schule krank macht: wie macht sie gesund und lernbereit?* Weinheim [u.a.]: Beltz.

Slavin, Robert E (1989): »Class size and student achievement: Small effects of small classes«. In: *Educational Psychologist* 24.1, S. 99–110.

Suter, Peter (2013): *Determinanten der Schulwahl: elterliche Motive für oder gegen Privatschulen*. Wiesbaden: Springer VS.

Thaler, Engelbert (2014): »Lehrersprache«. In: *Praxis Fremdsprachenunterricht. Basisheft* 11.1. 2, S. 15–16.

Thiersch, Sven (2014): *Bildungshabitus und Schulwahl: Fallrekonstruktionen zur Aneignung und Weitergabe des familialen 'Erbes'*. Studien zur Schul- und Bildungsforschung – Nr. 52. Wiesbaden: Springer VS.

Tippelt, Rudolf und Bernhard Schmidt-Hertha (2018): *Handbuch Bildungsforschung*. 4., überarbeitete und aktualisierte Auflage. Springer Reference Sozialwissenschaften. Wiesbaden: Springer VS.

Weichselbaumer, Doris (2016): *Discrimination against Female Migrants Wearing Headscarves*. Online abrufbar unter `http://ftp.iza.org/dp10217.pdf`, zuletzt abgerufen am 22.11.2018. IZA.

Wesselborg, Bärbel (2017): »Lehrergesundheit im Zusammenhang mit Lehrer-Schüler-Beziehungen–Zentrale Befunde und Perspektiven für die Forschung«. In: *Entwicklungen und Perspektiven in den Gesundheitsberufen – aktuelle Handlungs- und Forschungsfelder*. Hrsg. von Ulrike Weyland und Karin Reiber. W. Bertelsmann Verlag, S. 247–267.

Winterhoff, Michael (2019): *Deutschland verdummt: Wie das Bildungssystem die Zukunft unserer Kinder verbaut*. 6. Auflage. Gütersloher: Gütersloher Verlagshaus.

Yaman, Erkan (2006): »Eğitim sistemindeki sorunlardan bir boyut: büyük sinifiar ve sinif yönetimi«. In: *Türk Eğitim Bilimleri Dergisi* 4.3, S. 261–274.

ZIELONKA, Markus (2017): *Revision und Stabilisierung von Schulwahlentscheidungen in der Sekundarstufe 1*. Logos.

ZIMMERMANN, Friederike, Johanna KAISER u. a. (2016): »Veränderungsverläufe in Burnout-Dimensionen. Die Bedeutung personaler und sozialer Faktoren angehender Lehrkräfte im Vorbereitungsdienst«. In: *Psychologie in Erziehung und Unterricht* 63.4, S. 258–277.

ZIMMERMANN, Friederike und Uta KLUSMANN (2016): »Burnout und Stress beim Übergang in den Lehrerberuf«. In: *Psychologie in Erziehung und Unterricht* 63.4, S. 241–243.